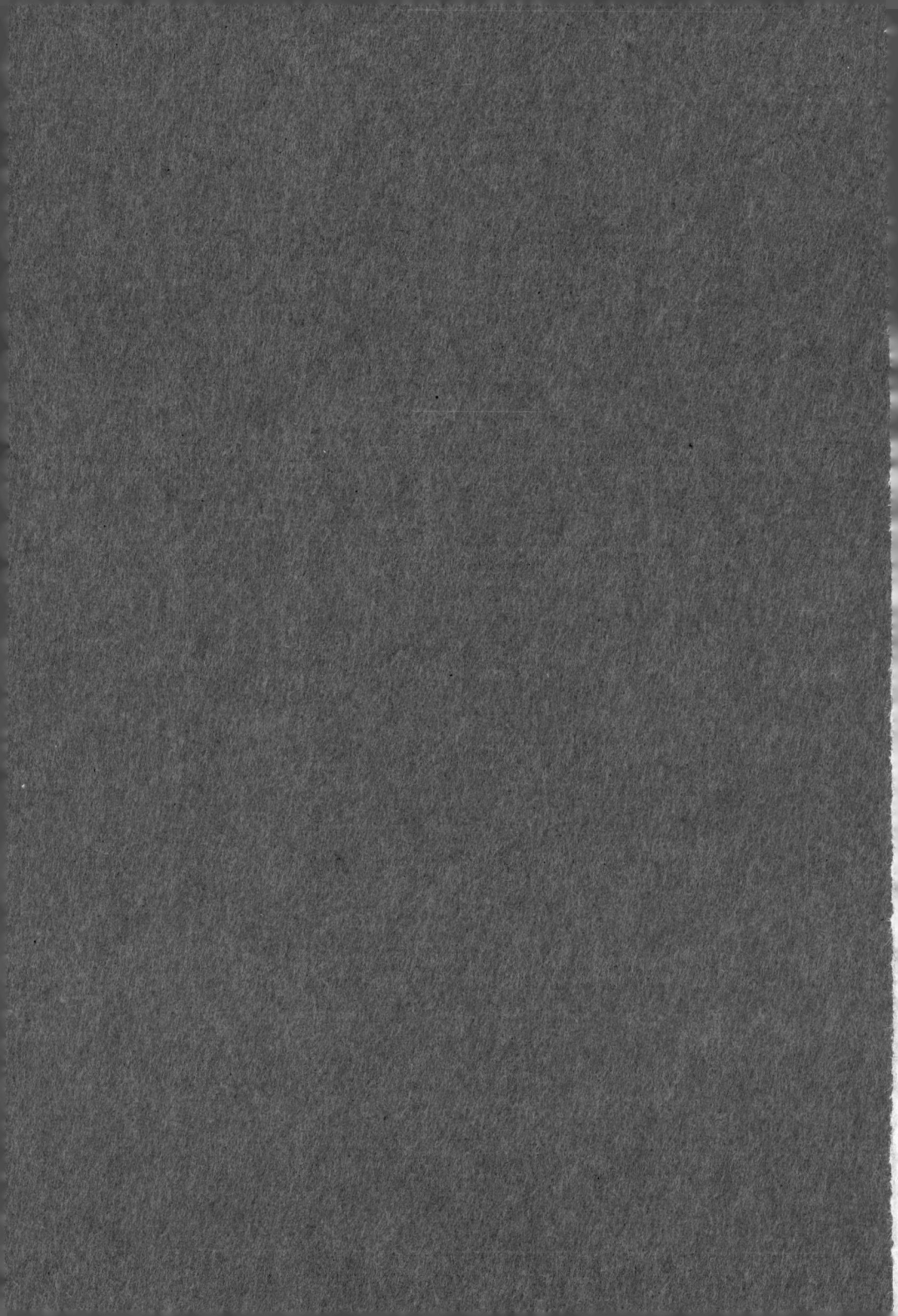

马奇论管理

真理、美、正义和学问

[美] **詹姆斯·马奇** 著
James G. March

丁丹 译

人民东方出版传媒
People's Oriental Publishing & Media

东方出版社
The Oriental Press

图字：01-2010-5367 号

图书在版编目（CIP）数据

马奇论管理／（美）詹姆斯·马奇（James G. March）著；丁丹 译. —北京：东方
出版社，2016. 11

书名原文：MARCH ON MANAGEMENT

ISBN 978-7-5060-9397-2

Ⅰ.①马…　Ⅱ.①詹…②丁…　Ⅲ.①管理学　Ⅳ.①C93

中国版本图书馆 CIP 数据核字（2016）第 303413 号

马奇论管理：真理、美、正义和学问
（MAQI LUN GUANLI: ZHENLI MEI ZHENGYI HE XUEWEN）

作　　者	［美］詹姆斯·马奇
译　　者	丁　丹
责任编辑	刘晋苏
出　　版	东方出版社
发　　行	人民东方出版传媒有限公司
地　　址	北京市朝阳区西坝河北里 51 号
邮　　编	100028
印　　刷	北京联兴盛业印刷股份有限公司
版　　次	2019 年 7 月第 1 版
印　　次	2019 年 7 月第 1 次印刷
印　　数	1—7500 册
开　　本	880 毫米×1230 毫米　1/32
印　　张	12
字　　数	288 千字
书　　号	ISBN 978-7-5060-9397-2
定　　价	68.00 元

发行电话：(010) 85924663　85924644　85924641

版权所有，违者必究

如有印装质量问题，我社负责调换，请拨打电话：(010) 85924602　85924603

目录
CONTENTS

引　言

第 1 篇

马奇论决策制定

1

第2篇

马奇论变革与创新

目 录

第 3 篇

马奇论组织学习

第4篇

马奇论领导力

第5篇

马奇论以管理为业

推荐序一 马奇：老师、学者、诗人

编辑借《马奇论管理》出版精装本的契机，希望我写一篇推荐序。为马奇的著作写序，我尽管力不能及，但是义不容辞。

我与马奇的缘分

我不是马奇的学生，但马奇是我的老师。

与大师见面

我与马奇第一次见面，是 2008 年的 6 月，在他位于斯坦福大学教育学院的办公室里。

我当时是《世界经理人》杂志总编辑，在做一个以领导力为主题的系列访谈。我知道马奇在斯坦福大学把一门领导力课程开成了传奇，也提前读了根据他的课程讲义而出版的《论领导力》一书。

当时马奇已经是 80 岁高龄，但是思路依然非常敏捷。除了领导力，我们还聊到诗歌、博尔赫斯、庄子……因为聊到诗歌，他赠送给我一本他的诗集，在上面题词为"给另一位诗人刘澜"。

成为大师的学生

我在 2008 年访谈了十余位领导力大师，包括沃伦·本尼斯、约翰·科特、罗纳德·海菲兹、彼得·圣吉、吉姆·柯林斯等人。这些访谈分别以中英文结集成书。这一系列的访谈也改变了我，让我走上了领导力研究和教学的道路。

这些大师的思想，我都认真研究过，因此可以说他们都是我的老师。不过其他任何一个人，都没有马奇对我的影响力大。其他人对我的影响只是一个点，或者一个面，而马奇对我的影响是全方位的。马奇教我怎么研究管理和领导力，怎么当老师，怎么过一个真、善、美的人生。

我被马奇强大的知识魅力和人格魅力所征服，成为马奇的学生。

帮助马奇在中国出书

我自己学习马奇，也希望大家都学习马奇。马奇的主要学术思想，收录在他的三本论文集中。我向马奇建议，由我从他的论文集中选出那些适合大众阅读的篇目，编为一本书在中国出版。

我初选出一批论文篇目，确定了大致的架构，最后由马奇审定，并协助联系了东方出版社出版。这就是《马奇论管理》一书的由来。

马奇对我的帮助

我一直通过电子邮件向他请教各种问题。后来还两度拜访他，一次是在他在斯坦福大学商学院的办公室中，另一次是在他居住的养老院。

马奇不仅在思想上指导我，还在一些琐碎小事上帮助我。

事例一：他在《哈佛商业评论》对他的访谈中提到，他早年与人合著的一本讲社会科学模型的小书是他的最爱。当时那本书已经绝版，我想他自己应该有，于是问他是否能给我复印一本。后来见面时，他给了我一本二手书。我猜测也许是他自己去买来的。

事例二：我后来要选择一所美国大学做访问学者。我当然首先想到了斯坦福大学，因为可以近距离追随他学习。马奇努力为我想了办法，不过出于种种原因，我后来去了别的大学。我现在非常后悔。即使当时去不了斯坦福，也可以联系别的位于加州的大学。但我去了一所美国中部的大学，失去了多跟马奇亲近的机会。

事例三：2016年初，北京大学汇丰商学院决定聘请我作为他们的第一位教学教授。我已经报到入职之后，人力资源部才告诉我作为规定的手续，我还需要三封推荐信。我跟马奇说：尽管他们已经录用我了，我还是希望您来写一封；尽管他们只要电子版的，我还是希望您寄一份纸质版的给我，我要留作纪念。马奇认认真真写了一封推荐信，并打印出来寄给了我。

事例四：马奇自己出版了许多诗集，最后合成一册出版。他把这个最终版的诗集给我寄了一本，我没有收到。他又寄了一次。我还是没有收到。但是我不好意思再让他老人家寄了。我想，我下次去看望他时可以当面要一本。可惜，再没有跟马奇见面的机会了。

"他已经静静地离开"

我最后一次跟马奇联系，是在2018年6月8日，写邮件告诉他《论领导力》一书终于要出中文版了，出版社邀请我写一个推荐序，希望他不要介意。他很快回了邮件，说很荣幸有我写序。

2018年9月29日，传来马奇教授在前一天去世的消息。尽管我知道这一天迟早会来，但我依然十分悲痛，后悔最近几年没有去看望他。

国外一个学术网站在报道马奇去世的消息时，引用了他的一首题为《成功》的小诗：

在他走后

没有人需要他，

留下来的人

不再依靠他，

如果他做了正确的事情。

没有人问

为什么会长出花，

或者夏天怎么结束，

或者会久久地注意到

他已经静静地离开

消失在黑暗中。

这是诗人马奇的成功观。这也是老师马奇的成功观。正如他在跟我对话时所说：老师要把学生的成功作为自己的成功。这也是马奇认为领导者应该具有的成功观：领导者要把下属的成功作为自己的成功。

马奇有很多个侧面。下面，我分别从我较为熟悉的三个角度，介绍一下马奇。

老师马奇

马奇不喜欢别人称呼他为大师，他喜欢别人称他为老师。

如何当老师

在我跟马奇对话时，他谈到对如何当老师的想法，深刻地影响了我。

比如，他认为老师的工作不是提建议，而是创造一个可以让学生自主学习的环境。老师的一个重要手段是提问，是告诉学生，你现在所想到的答案，还不是答案的全部。

比如，他认为老师需要跟学生建立关系：你需要先跟学生喝上三年酒，然后才能直截了当地批评对方。

比如，他认为老师可以自相矛盾，因为对不同的学生要说不同的话。

好老师的标准

根据我对马奇的观察，我在《极简管理学》一书中总结了好老师的三个标准。

第一，鹅卵石人格。这指的是既要自信，又要谦卑。

马奇对我说："我知道我只是沙滩上的一颗小鹅卵石，但是我是一颗非常坚硬的鹅卵石——就是这样一种感觉。"

好老师知道自己知道很多，所以自信。但是好老师就像一个圆，他知道的越多，圆周就越大，他知道自己不知道的东西也就越多，所以反而更加谦卑。

第二，π形知识。π形知识是对所谓的T形知识的发展。

有人提倡 T 形知识结构，指的是既对某个领域有很深的钻研，又有广泛的涉猎。

我认为，只掌握一个领域是不够的，容易落入某种形式的"锤子陷阱"：因为只会用锤子，所以看什么都是钉子。所以应该是 π，而不是 T。如果在不同的领域深入钻研，还有可能发现共同的底层结构。

马奇是管理学教授、社会学教授、政治学教授、教育学教授、心理学教授。不过他在接受《哈佛商业评论》采访时说："我的研究领域其实相当狭窄，而这个相当狭窄的领域正好位于几个学科的交叉之处，事情就是这样。"

我们可以这么理解：马奇是问题导向而非学科导向的。为了搞清楚他关心的主要问题（比如组织如何决策和学习），他调动了各个学科的知识资源。

第三，"3/3/3 感受"。这就是马奇给我的感受：他有 1/3 的思想让我拍案叫绝，有 1/3 我似懂非懂，还有 1/3 我完全不懂。所以在很大程度上，马奇对我来说依然是个宝藏。

下面，我就说说马奇让我拍案叫绝的部分（领导力）和似懂非懂的部分（诗歌）。

领导力学者马奇

我把领导力研究概括为三种范式：科学范式、经验范式、人文范式。它们的主角不同，分别是学院派、实践者、思想家。它们的目的不同，分别是求真、求善、求美。马奇是人文范式学派的代表人物。

科学范式

科学范式是学院派的范式。他们以实验、调查、统计等科学方法，借用自然科学的套路对领导力进行研究。绝大多数象牙塔之内的学者都可以归入这一派。他们也许在学术圈内是知名领导力学者，但对领导力实践几乎没有影响，他们的研究是做给其他研究者看的。

科学范式基本上是在自娱，而且还没有做到自乐。领导力学者尼廷·诺瑞亚（从2010年起担任哈佛商学院院长）与同事一起指出："尽管领导力位于大多数高等教育机构的使命和目的的核心，但在这些学院里关于领导力的严肃学术研究少之又少。"

科学范式的代表人物之一加里·尤克尔在自己撰写的领导力教材中也有这样一段灰心丧气的话："过去几十年中，领导学领域一直陷于争论和混乱之中。关于有效领导完成了数以千计的实证研究，但大多数研究得到的结果并不显著、不一致，并且难以解释。"

经验范式

经验范式是实践者的范式。市面上绝大多数领导力书籍都是经验范式的产品。其作者有些是实践者本人，还有些是咨询顾问。

有少数经验范式的代表人物也栖身于象牙塔之中，不过处于边缘地带。比如以提倡学习型组织而知名的彼得·圣吉尽管在麻省理工学院任教，但并不拥有终身教职。彼得·德鲁克大概是这群边缘人物中最有名的。他尽管是拥有终身教职的教授（生前在以他的名字冠名的一个小型商学院任教），但是他的研究并不符合现在的学术规范。

这句话可以代表德鲁克的研究风格："所有我遇到过的卓有成效的领导者——既有我与之共事过的，也有我只是旁观过的——都知道四件简单的事情。"德鲁克基于亲身的观察，直接得出大胆的结论。

德鲁克去世后，《哈佛商业评论》中一篇纪念他的文章这么写道："一些人，尤其在学术界内，认为他与其说是学者，不如说是记者；与其说是记者，不如说是油嘴滑舌的概括者罢了。"

经验范式认为科学范式没有用，科学范式认为经验范式不科学。

人文范式

科学范式是象牙塔之中的主流，经验范式是象牙塔之外的主流。在象牙塔内外都是非主流的，是人文范式。马奇是这一范式的代表人物。

马奇其实也是科学范式的代表人物，他早期所做的一个对大学校长领导力的研究被认为是对领导者绩效的两个经典研究之一。不过他后来在领导力这个课题上有了一个"范式转换"。他对我说"领导方面的研究文献不是很好"，于是开创了领导力的人文范式。

从 1980 年到 1994 年，马奇在斯坦福大学商学院开设了 15 年的"组织领导力"课程。马奇说这门课程建立在三个信念之上：

●信念一：领导力的主要问题和人生的主要问题密不可分。

●信念二：对于受过教育的人来说，伟大的文学作品是研究这些问题的最佳渠道。

●信念三：包括商学院在内的教育不应该只是为学生提供成功秘诀，而应该回归教育的古典意义，即"帮助人们考虑多种方式，用来理解关于人类存在的基本难题和人性的本质"。

因此，这门课程的主要教材是莎士比亚的《奥赛罗》，萧伯纳的《圣女贞德》，托尔斯泰的《战争与和平》，还有塞万提斯的《堂吉诃德》。通过对这些经典文学作品的讨论，马奇引导学生从多个角度和深度来思考领导力。

人文范式其实很难称为一派，因为其人数稀少。在马奇之外，组织社会学家加雷斯·摩根和哈佛商学院商业伦理学教授小约瑟夫·巴达拉克也许可以归入这一派。他们的共同特征都是不求"真实"的结论或"确定"的行动指南，而是激发对"可能性"的思考。

诗人马奇

马奇是个诗人，一共出版了 11 本诗集。

在领导力中发现诗

一方面，马奇在领导力中发现诗。

马奇说：领导力有两个维度——书写诗歌和疏通水管。马奇用的英文词是 poetry 和 plumbing，我这里用了两个 shu（"书"和"疏"）来试图传递马奇的头韵游戏。

疏通水管指的是保持日常工作中的效率；"然而，领导力也要求有诗人的天赋，以为行动找到意义，为人生找到吸引力"。

马奇在跟我的对话中承认：书写诗歌是通常所说的领导，疏通水管是通常所说的管理。

在诗中发现领导力

另一方面，马奇在诗中发现领导力。

马奇建议领导者读诗。"领导者的一个问题是他们生活在一个要求清晰的世界，清晰的目标，清晰的理解，精确的判断。

但是他们生活的世界并不清晰，自相矛盾，等等。"因此他们应该读诗。"因为在大多数时候，诗歌都在两个方向展开。两件事同时进行，你必须同时看见它们。"

马奇写了题为《诗歌和管理辞令：〈1916 年复活节〉》的文章，分析爱尔兰著名诗人叶芝《1916 年复活节》一诗的领导力启示。

马奇指出：这首诗歌"既颂扬又谴责 1916 年的英雄，敬佩之情和鄙夷之情难分难解"，"隐含的意思是：模糊、矛盾和正反感情并不是错误的，不该排除在意识之外，要想明智地理解现实，就必须意识到它们的存在。每个优点都有其缺点，每个缺点都有其优点"。

在马奇的诗中发现领导力

作为诗人的马奇，用诗歌探索人生的主要问题。但是，既然马奇认为领导力和人生的主要问题密不可分，那么可以用马奇的诗歌来探讨一下他所谈论过的领导力的主要问题。

我从马奇赠送给我的诗集《足迹》一书中，选出了以下几首。

首先，来看这首题为《雪中足迹》的诗：

雪中的足迹
提醒天堂

我们的存在

也记录下我们

到过的地方。

但是不会久长。

更多的雪落下

用新的虚空

填满凹痕；

而当太阳重现，

就连雪也融化。

与马奇的许多诗歌一样，这首诗谈论的是一个重大主题：个人的渺小。这也是马奇用托尔斯泰的小说《战争与和平》讲述的领导力课程："人在历史上是渺小的，个人的行动是无能为力、无关紧要的。"推演开来，"领导者的行动，对结果的影响实际上也是无关紧要的，这也是我们常常对领导者失望的原因"。

我们再来读这首题为《档案》的诗。

焚化我遗弃的文字

当你焚化我的身体。

它们不会被想念；

而我宁愿被遗忘

也不愿意被记起

因为一些可能逃脱的碎片。

我们应该保留的唯一档案

是岩石和山

和那些微小的刮痕

我们留在它们的皮肤上面。

一方面，这首诗延续了《雪中足迹》的主题，谈论了人与岩石和山相比的渺小和无力；这首诗也延续了之前引用的《成功》的主题，希望大家遗忘自己。

另一方面，这首诗中仍然有"那些微小的刮痕"。尽管微小，但是依然留在了岩石和山的皮肤上面，而且"我"认为应该与岩石和山一起保留下来。

这也是马奇用塞万提斯的小说《堂吉诃德》讲述的领导力课程，即领导者的行动不一定来自对伟大结果的预期。马奇说：堂吉诃德给我们上了一课，"他教给我们，期待取得有利的后果才行动，是不体面的"。知道没有结果，为何还要行动？因为这是领导者的本分。

我们再来读这首题为《春之乐》的诗。

那个走过的美人

她的乳房承载着

这附近的

每只眼睛的重量。

与其说招请这个负担

不如说承受，但并不抗拒，

就像一只鸟允许陌生人

录下它求偶的鸣声。

马奇在跟我的谈话中说："（在领导力中）有两件我们不怎么谈论的事情是很重要的，一个是快乐，另一个是美。"快乐和美是马奇强调的两个被人忽视的领导力主题。马奇指出，领导力提供了几种类型的快乐：成为一个领导者的快乐，与角色相联系的快乐，被承认是领导者的快乐。领导者可以乐在其中，尤其是在快乐来自过程的体验而非职位的虚荣的情况下。这也是《堂吉诃德》的领导力课程之一。

《春之乐》这首诗有美，更有快乐。标题中的"乐"用的是复数（joys），那就应该不止一种。这里面有哪些"乐"呢？至少有两种："这附近的每只眼睛"有欣赏美之乐，而美人同样有被欣赏之乐。这两种乐都合情，而且在此时此刻，也都合理。

值得一提的是，这首诗中还有"性"。领导力不仅关乎性别，还关乎性欲。马奇同样讨论过领导力中的性。马奇指出：领导力和性欲也缠绕在一起；领导者的身份和权力是性魅力和性身份的要素；性关系和对性行为失当的担责在领导中也屡见不鲜。

如果我们把"这附近"设定为一个组织情境，这首诗就更加令人遐想了。她并不"招请"这些眼光，但是也并不"抗拒"，那么，她会利用这些眼光达成个人目的吗？这些眼光会如何影响组织决策呢？两种与美相关之乐，尽管在此时此刻合情又合理，但它们将如何发展变化，影响组织领导力涉及的种种情与理的关系？

让我用马奇的《传记作者》一诗来结束这篇序言：

诗人的传记作者

把一个诗人的诗

作为通往爱情故事的地图

把爱情故事作为理解

诗人本性的

途径，

因此揭露得更多的

是传记作者

而非诗人。

这篇序言"揭露得更多的"，显然是我作为"传记作者"对"诗人"的理解。但是我多少怀有一个卑微的愿望：也许这篇文章，就是马奇在岩石和山上留下的一道"微小的刮痕"。

刘　澜

2019 年 4 月 23 日于北京车公庄

（作者为正道领导力中心创始人，北京大学汇丰商学院副教授）

推荐序二　聪明的组织要为疯子和天才留下足够广阔的空间

一、关于冒险的悖论：创造风险，规避风险

我们今天生活在一个名副其实的大时代。大时代也意味着大混乱和大动荡，包括政治和社会混乱。从发达国家到发展中国家，各个国家内部的社会冲突、阶层对立、观念撕裂，似乎都进入了火山活跃期。虽然国家之间、民族之间、经济体之间的摩擦自二战以来从未平静过，但总体上与人类历史上任何时期比，当前应该是一个罕见的长时跨度的和平期，或者叫"火山休眠期"。不过这几年情况有点不妙，世界变得越来越"躁狂"，无论是政治、经贸、意识形态，还是军事，方方面面都有大动荡的乌云和风暴在聚集。

科技，也同样进入到了大混乱的时代、大混沌的时代。不确定性日益成为科技发展的长期趋势。对于华为这样世界领先的信息技术企业来说，面临的挑战是多重叠加、无比艰巨的。本质上技术就是技术，商业就是商业，但有些国家有些政客非要给你贴上政治的标签，阻挠、打压你的发展；与此同时，作为一家行业领先企业，如何像普罗米修斯一样，在技术的山巅

为人类"盗火"？过去一百多年中，西方有一批这样的伟大公司，他们既是尖端技术的投资者，又将许多实验室的科技发明产业化、普及化，从而大大改善了人类的生存条件，引领了人类的物质与精神文明。今天的华为就是要有这样的野心、霸气，有这样的人类使命精神，在今后20—30年，与那些身处技术前沿的世界领先企业一道，为人类未来的新文明做"盗火者"。

当然，企业不是大学，不是纯粹的科学团体，即使是谷歌、微软、亚马逊这样的顶级高科技公司，IBM、惠普这样的传统高科技企业，他们面临的共同问题是，寻求探索与开发之间的平衡。华为曾经是一个以产品开发见长的优秀公司，正是一大批充满智慧和奋斗精神的"工程师商人"，高度聚焦客户的眼前需求、现实需求，将华为从一个不起眼的"蚂蚁"快速催化成一个大公司，但华为人并不满足于此，因此才有过去10年观念和组织的转型：从"工程师商人"到"科学家+工程师商人"，也才有了华为5G技术从基础研究到技术、产品开发的世界领先。在华为遍布全球的1500个实验室中，有许多是在从事面向未来的探索。3年前，公司明确规定，每年研发投入的约30%要投入到基础研究。

探索是华为未来重要的创新使命，而探索面对的问题就是风险，所有的探索无不构建在失败、浪费这样的冒险之上。风险是人类生存的必要、必然的特征。假使我们的先祖们不敢冒险尝试某些陌生的植物，我们今天赖以生存的蔬菜、水果等等，都不会有。假使始祖人类不敢跋山涉水，就不会有遍布地球的人类子孙们。石头变成石器，还有火的发明，是人类最具颠覆性的创新，但这些原创发明是和冒险、殉难密不可分的。同时，人类在冒险过程中，又本能性地形成了关于冒险的悖论，既要玩火，又不能引火烧身，既要创造风险，又要规避风险，这样的悖论思维在人类数万年的演变过程中已经成为一种基因。一个好的商业组织，如果在冒险和避险之间找到一种悖论的平衡，那么这个组织既是发展的，又是相对安全的，当然它是有未来的。

大家千万不要忘掉乔布斯。在乔布斯去世后，《时代》周刊中有一篇文章我印象特别深刻，说 100 年之后人类还会铭记乔布斯，因为这个人以巨大的梦想精神和巨大的冒险精神颠覆了人类传统的生活方式、交际方式、思维方式。未来手机这个终端还是不是手机，我不知道，但我们绝对清楚，它在今天并将在未来给人类的生存模式带来巨大的影响，它甚至会重新定义人类文明。乔布斯是上帝在亿万人中创造的"异类"，他拥有经典骑士般的使命感和疯狂。

我从少年时期起就看大量的人物传记，尤其是政治家和科学家的传记，这些年看的比较多的是欧美企业家的传记。在这些卓越人物包括乔布斯的身上我的深刻感受是，人类不是用理性来实现自己的目标，而是用激情与意志战胜自己的怯懦和保守。人类的科学史、商业史，包括人类对自然的探索史，大多是某一个疯子般的领袖用理想的旗帜牵引了一大群的追随者，实现了某种不可能。华为不就是最经典的案例吗？但是我们还需要另外一个人或一种机制，我们称其为理性的化身。苹果今天的领袖库克是一个理性主义者。2012年我写了《下一个倒下的会不会是华为》，在书中对离开了乔布斯、由库克掌舵的苹果公司的命运有明确的判断。苹果是疯子创造的，但是疯子走了，留下来一个资本代言人，一个典型的资本至上，而不是以梦想来牵引苹果的职业经理人，这个职业经理人把市值推到了上万亿美元，所以他是资本最好的代言人，但是，他会让创新受挫。

完美的科技组织应该是乔布斯+库克，或者是乔布斯+理性机制。苹果最辉煌的时期是乔——库搭台唱戏，这哥俩是最佳搭档，在探索与开发的双频舞台上跳探戈。设想没有库克的苹果，乔布斯这个疯子会把苹果带上巅峰，也极有可能让苹果从巅峰坠落渊谷，库克让乔布斯成了完满的、不朽的英雄，而苹果却在乔布斯离开后逐渐褪去惊艳，除非新的天使——乔布斯二世降临。

世界是用常识构成的，但这样一个人类社会没有色彩，无法让人激动。所以人类也需要梦想和冒险，正是想象力和对风险的偏好把人类从蒙昧时代带到今天这样一个令人无比激动，同时又无比恐惧的时代。

常量靠理性，变量靠想象力。我觉得对于华为2012实验室这样的大航母，华为海思这样的攻击舰来说，这两种东西都需要。但是，对今天的华为来说，变量之多之复杂不可想象，所以想象就显得尤其重要。我们有多少人拥有丰富的想象力，我们的组织对人的想象力，尤其是极端的想象力有多大的容忍度和欣赏度，是华为走向伟大或者平庸的相当重要的辨识标志。

二、关于疯子与天才

詹姆斯·G. 马奇是领导力研究领域的"大师中的大师"，他的书对我影响很深。他不仅很早就具有学术界公认的地位，而且在多个科学领域都有研究，还写了 8 本诗集。《马奇论管理》是马奇作品里比较独特的一本，它收录了由马奇本人遴选的代表性文章，这些文章谈到了决策、变革、组织学习、管理和领导力等方方面面。马奇对领导力的思考很值得我们借鉴，比如"疯子""天才"这样的概念。

天才与疯子大概是离上帝最近的"外星人"，我们现今人类生活的 99% 是由这些天才和疯子来定义的。什么是"疯子"？挑战上帝规制、世俗规制、人类当下认知极限的理想主义者，是虔敬的、富于热忱和罕见激情的使命家。某种程度上，正是一代又一代的"疯子"们，把人类从一个又一个的不可知、不可为带到了可知与可为，从蒙昧时代带到了理性与科学的时代。

人类仍然需要"疯子"引路，需要"女娲"与"普罗米修斯"，需要"补天者"和"盗火者"。然而，客观地讲，至少过去500年，我们中国在科学、艺术、哲学、经济学等领域对人类的贡献有限，"有人统计，科学界4000到6000多条定律或定理，犹太人贡献15%，而其占世界总人口数不到1%；中国人一直占世界人口20%左右，贡献率不到1%"。不是因为智力差异，中华民族的聪明智慧恐怕是任何人也无法否认的，也不是我们缺乏冒险家和使命家，缺乏"盗火"的疯子，缺乏理想主义者，问题应该出在文化与环境，"枪打出头鸟"的文化哲学怎么能够诞生爱因斯坦——一个"不务正业"的妄想者？怎么能够产生牛顿——不就是苹果掉在地上吗，有什么可吹嘘的？怎么能够容忍霍华德·休斯——一个伟大的飞行冒险家同时又是一个强迫症患者、一个"代表着美国时代"的伟大企业家同时行为又极度乖张、一个被总统接见过的"民众偶像"同时又是瘾君子？我们的社会与舆论环境会包容乔布斯和艾隆·马斯克吗？我们的家庭教育、学校教育、社会教育会崇尚个性的张扬吗？会鼓励幻想、妄想、梦想吗？

天才和疯子从来是在反对者们营造的不宽容中确定真理的。反对者更多的是旧秩序、旧概念、已知体系的卫道者，他们更多的是用确定性的标尺去检验和衡量不确定性事件和不确定性的想法，所以天才和疯子这些异端的人和异端的力量，常常在组织中被排斥，被打压，被边缘化。

天才和疯子在什么时候能够被组织和大众所认可呢？很不幸很悲哀的结论是，在组织陷入困境甚至绝境时他们才能获得理解与宽容，才能有自由呼吸、放纵想象的空间。

我这几年经常思考两个问题，一个问题是：假使华为不是一家完全的私人合伙制企业，而是一个国有控股或参股企业，或是一家上市公司，抑或是一家外资参股企业，华为会不会有今天的发展？我认为不会。因为很简单，绝不会有股东容忍任正非这样的"疯子"把理想凌驾于股东利益之上，也不会有财务型股东允许管理层每年把面向未来的研发投入、面向人才的战略投入提高到年均利润的两倍和三倍，这也就命定了华为企业属性的纯粹性——员工饱和持股制，这是华为的制度根基，也是华为巨大的战略回旋空间，才使得华为能够不断张扬自身的创新意志，从理念创新、制度创新到组织创新，尤其是技术和产品的创新。

另一个问题更值得深思：假使过去的 30 年华为的发展一马平川，没有经历一个又一个的外部打击和内部挑战，没有遭遇一次又一次的苦难和危机，华为还会不会有今天的成就？我认为也不会，肯定不会。没有人喜欢苦难，但历史就是这么乖谬和沧桑：苦难不一定带来辉煌，但辉煌常常与苦难孪生，华为 30 年的危机不断逼出了华为的持续创新和持续发展。这背后有一个隐性逻辑，就是任总常说的"家贫思良妻"。我理解他的意思应该是越是困难的时候越要重视人才，重视人的大脑，既要给人的大脑定高价，更要给空间、给自由。

华为从来都没有一帆风顺过，所以华为才在 30 年间凝聚了 18 万精英，这样的因果关系正确吗？是必然还是或然？既让人迷惑，也值得深入研究。

今天的华为面临着又一次艰难期，化危为机的重要方面同样是持续和进一步加大创新的宽度和力度，以更强大的创新实力应对更严峻的挑战。毋庸置疑，为人才、为天才和疯子们构建一个宽松、宽容、宽厚的组织氛围至为重要。

三、喝咖啡的兔子与亲吻丑陋的青蛙

天才和疯子们在人群中为什么生存得艰难？他们自身也有问题。他们是制度与流程的局外人。所以，我们不能用常规的方式去约束、管控这些人，比如上下班打卡。天才和疯子们没有很好地被社会化，他们总是给组织制造麻烦。读科学家、发明家的传记，你会发现他们对世界的理解，尤其是对人类社会的理解总是离经叛道的，但你最后发现他们往往是正确的。

天才是危险的，反组织约束与藐视纪律，极端的愿景，超自恋，还有自私，世界上的许多科学家都自私和小气。而且他们是独语者，你可能经常听不懂他们说的话，若他们被大众听懂了，他们能叫科学家吗？能叫发明家吗？所以他们跟普通人交流有障碍。另一个特征是固执，还有对日常生活的无知等。天才会导致巨大的成功，也会导致彻底的失败。天才的成功等于梦想加偏执，当然还得有好运气。

我们要重新思考这个传统经典话题，龟兔赛跑，到底谁会赢？普遍的定论是，乌龟很执着，目标很坚定，方向很清晰，每分钟都按照同样的节拍朝前爬，乌龟会赢；兔子很聪明，速度快，但是兔子懒，还爱天马行空，胡思乱想，走到半路就睡着了。但是我们换一个竞赛方式，让野兔团队跟乌龟团队竞跑，谁会取胜？当然是兔子啊！因为只要有一只兔子不睡觉，胜利就属于兔子们。

我们当然要倡导乌龟精神，倡导执着与坚定，倡导韧性的战斗；但仅止于此，很难从优秀迈向伟大，因此，在组织中尤其是研发体系中要多引进野兔，并且给野兔自由，让他们组成一个又一个的"野兔军团"。至于那些睡懒觉的野兔，让他们睡吧，睡了 3000 年，吊儿郎当了 100 年，有一天醒来了跑起来了，或者咖啡喝多了，也许就会有世界级的发明。任总说，一杯咖啡吸收宇宙能量，那就给野兔们多喝咖啡，让其能量满满……

怎么识别天才和疯子？有一个童话故事讲到青蛙变成王子，但你知道哪一只青蛙会变成王子？你得亲吻啊，一只一只地亲吻，一不小心把一只丑陋的青蛙亲成了英俊的王子。

这是一个寓意深长的寓言，我们的主管们，尤其是研发体系的、人力资源体系的主管们要仔细地体会其中的哲理、真理，并真诚地付诸实践。人的管理最重要的不是理性与流程，而是爱与真诚，当你投入百分之百的感情和"唾液"去亲吻青蛙时，既能识别谁是公主和王子，更可能是真把每一只青蛙的王子潜能释放了出来，或许运气好，你亲吻的青蛙是特斯拉，那个从上帝手中盗走闪电的流氓天才，那你可真是功德无量，任总应该给你颁一枚一吨重的金奖牌。让我们假定每一只青蛙都有王子的基因、公主的基因吧。

聪明的组织要为天才和疯子留下足够宽阔的空间，允许甚至鼓励他们自由冲撞，没有漏洞就不会有惊喜，没有漏洞的代价就是组织成了小河小渠，但唯有大江大海才能让猛龙遨游。我在《下一个倒下的会不会是华为》中写到两种组织文化，一种是鸟笼文化，制度与流程把组织充分地格式化，貌似完美到无懈可击，但这样的笼子只能养金丝鸟、鹦鹉，让花言巧语者欢欣，却不创造价值。与之相对应的是马场文化，辽阔的草场，宽阔的栅栏，马群在一望无际的原野自由竞蹄，却又有基本的规则约束。给野马套上缰绳，让它成为战马；给孙悟空戴上紧箍，但他还是那个手持金箍棒的齐天英雄。

四、创新是闹剧、悲剧和喜剧的鸡尾酒

什么是创新？创新是闹剧、悲剧和喜剧的鸡尾酒。

什么叫作闹剧？研发的民主氛围。让大家七嘴八舌去撞击，让咖啡真的能变成思想的火花、灵感的闪电，这就是闹剧。假使实验室、项目组还有官僚气息，论资排辈，A 先说，

B 先说，C 先说，老大先说，老二再说，没有频繁的争论，没有拍着桌子争论，没有激烈的观点碰撞，它尽管是正剧，但一定是乏味的套剧。

悲剧是什么？浪费与失败。任总几年前对曾经主管研发的徐直军说，你浪费了几百亿！徐直军的回答是，是的，我承认，但我创造了几千亿，任总说你讲得好！这段对话背后的逻辑就是，敢于冒险，鼓励失败，舍得浪费，不然华为怎么可能在短短的 30 年中聚集起全球最大规模的研发团队、创造出 8 万多项专利？怎么可能如此快速地崛起？

传统管理学关于预算的核心主张是预算平衡。的确，在常规的技术与产品开发方面，成熟的市场开拓上，投入产出当然要强调平衡。但是对于一家有远大理想的企业来说，对华为来说，过于突出预算平衡，会变得保守和平庸，保守注定无法创新，没有激进的创新也同样没有未来。华为的一大制度优势是，不是上市公司，不被资本的短视和贪婪所左右，所以它敢于抵抗压力投入未来，也舍得浪费，也能承受失败。

结果是什么呢？失败链接出成功，悲剧是喜剧之母。

但据我看到的一些内部资讯，今天的华为似乎越成熟，也越胆小了。人过了 40 就不敢冒险了，华为过了 30 如果也畏惧失败，不敢冒险，这恰恰就危险了。

最后讲讲创新与异端的关系。创新的组织一定是多元的，多元的人，多元的个性，多元的思想，多元的声音。反派、歪瓜裂枣也是英雄。如果研发体系中没有反对派，没有持异端想法的人，没有刺耳的异见甚至奇谈怪论，这艘船看着很平稳，但是当巨风大浪冲过来的时候，沉得可能非常快。任总讲，他自己就经常在反对自己。卓越的领导者最重要的人格品质就是"红蓝人"，左脑是红军右脑是蓝军，右脑是乔布斯左脑是库克，善于自我否定、自我反省和自我纠偏，研发组织也应该是红蓝对垒的 AB 组织，B 组织可能就是来颠覆 A 组织的，但比构建 AB 组织更具有实质性的是培育同一个组织内的 AB 氛围，让红蓝对决成为组织群体的思维定式。

身在巅峰，进退都是深渊。今天的华为就是这样。只能朝前，但前面也是深渊。怎么办？像鹰一样展翅飞啊！华为就像一只 30 年的老鹰，老鹰无非是两种命运，一种是老了，飞不动了，掉入深渊，一种是雄鹰再生。各位是否知道鹰的一个特征？老鹰大概能活 60—70 年，到第 40 年的时候，鹰身上的羽毛变得很厚很沉，喙和爪子都已经老化，这时它会飞到悬崖上，用岩石把喙痛苦地敲掉，再让新的喙长出来，把指甲拔掉，让新的爪子长出来，把羽毛拔掉，再等待几个月，新的羽毛长出来了，它成了一只青春的鹰，充满活力的雄鹰，然后它又活了 30 年。

老鹰的自我蜕变、自我进化是极其痛苦的，甚至是血淋淋的，但这就是宿命。已经 30 出头的华为正处于它自身的巅峰期、成熟期，要想再活 20 年、30 年，就得像雄鹰一样进行自我革命。我始终坚信，能打败华为的只能是华为自己，而不会是任何外部力量，外部压力和危机只能使华为变得更警醒，更有批判精神，更有凝聚力和战斗力。

后面用一段话做个结语（我把别人的话做了点修改）：我们最当敬重的是疯子，因为他们是旗手，是理想主义者；我们最当喜爱的是天才，他们是探险家；最当亲爱的是"孩子"，他们单纯而富于激情。让我们跟着"疯子"和天才，牵着"孩子"的手一起奋力前行，奔跑，与时间赛跑，与危机赛跑，奔向更灿烂的未来。

田涛

（作者为华为公司管理顾问，《下一个倒下的会不会是华为》的作者。此文根据作者在华为海思公司的讲座记录稿整理而成，并进行了较大修改）

推荐序三

很荣幸受东方出版社之邀为再版《马奇论管理》写几句话。谢谢。

首先是其人与其书。要读其书，先明其人。詹姆斯·马奇（James G. March，1928—2018）是位优秀的学者，也是管理学大师，在组织行为学和决策研究领域的贡献杰出。优秀的学者必须在学问上博而精，杰出的管理学大师必须深谙管理理论又注重管理实践，知行合一。马奇兼具这两种特质。

先说他的学问。马奇自己说："我是一个学者，我做一个学者应该做的事情。"这句自白言简意赅却令人佩服——有学者的自信和风骨。著书立说的成就自不必说，严谨的治学态度和跨学科研究的贡献也令人敬仰。在马奇的文章中，引经据典非常多，就以第三章"理解组织中的决策是如何产生的"为例，细心的读者可以知道他所引用和参考的作品或观点多达百余处。马奇善于写诗，欣赏美的哲学和理智之雅；教授管理学和领导力；热衷于跨学科研究和独立开课演说，思想自由活泼，不受制于专业学科，不拘泥于特定的研究方法；甘于寂寞，辛勤耕耘在学术净土上，硕果累累；持守学术的原创价值；努力把学术和教育从纷乱的政治中解救出来，使管理学从功利主义和结果主义中摆脱出来。马奇还主张"学问应该具有美学元素"；学问不能只在乎效率、实用、结果与功利，学问讲究"美不美"比注重"有没有用"更重要；学问应该重"拙朴"而避"巧华"。如此作为已然难能可贵。

再说他在管理学界的地位和影响力。2003 年 12 月的《哈佛商业评论》的"大师中的大师排行榜"上，德鲁克位居第一，马奇名列第二。他具有典型的象牙塔气质，学识渊博、清高雅致，坦承自己更喜欢"玩想法"而非"兜售想法"。他自认为是个"无用之才"；的确，以我的理解，但凡大师，都是能够影响许多人、影响很长时间的"无用之才"。有些人把管理学理论视为"纸上谈兵"或"闭门造车"，甚至把德鲁克和马奇也列入其中，这有失公允。这种认知来自功利主义的、市场化的、减简化的经营思路，而非来自优秀的管理思想和严谨的管理逻辑，原则上不利于个人的健康成长和组织的成熟发展。马奇和德鲁克的相同之处在于潜心钻研"管理的真谛"，两者都属于无用之妙用、无用之大用。

坦诚地说，《马奇论管理》不是一部管理学专著，而是一部管理学学术散文集，属于个人选集或文集类。与管理学专著不同，该书所收集的文章"形散神不散"——全书讨论的核心是管理，但各章讨论的角度不同、主题互补、风格各异。该书不是管理技能的训导，不是师傅教徒弟的把式，也不是管理理论的说教，而是像一位严谨的学问大家信手拈来，谈诗与美学，谈哲学和社会学以及跨学科的批判研究，但所有的谈论都紧扣着管理学；换言之，马奇是把管理学体现在美学和哲学上了。阅读《马奇论管理》，我感觉到自己好像自由地翱翔于蓝天白云之间，每一片云都有各自的故事、形象和色彩。打开不同的章节，就是进入不同的情境与语境，顺着他的思想逻辑与他对话，品味他的心态与情怀，领会他的视野和远见，汲取他对管理的真知灼见。

在自序中，马奇表达了对此书中文版的"夙愿"：促进中国不同管理实践家之间的对话、管理实践者与管理学者之间的对话，以及不同文化和国家中管理实践与管理理论的对话。在我看来，既然是对话，必定讲究多元化和多样性、知识性与实践性、理论与现实。该书的确名副其实——既能促进传播管理思想和促进管理实践之间的对话，又能实现学术研究和实践探索之间的对话。读者可以边读边想，把书中论及的话题与自己及所处的现实处境进行对照，一定受益匪浅。

其次是关于马奇论领袖与领导力。马奇擅长使用文学作品中的人物来讨论领导力，广泛涉猎名家大作，包括莎士比亚的《奥赛罗》、萧伯纳的《圣女贞德》、托尔斯泰的《战争与和平》，还有塞万提斯的《堂吉诃德》，等等。马奇认为堂吉诃德具有非凡的领导力，是领导者的榜样。堂吉诃德用与众不同的方式证明了伟大行动的正当性。比如堂吉诃德不关心结果，只关心成为"一名真正的骑士"；堂吉诃德坚信"他知道他自己是谁，所以他行动"，这正是一名骑士的特质——该做什么就做什么。同时，堂吉诃德还具备领导者的两大要素：充满激情与高度自律。这两种人性特质极其难能可贵，出类拔萃者与功成名就者都极其渴望激情与自律。马奇还赞扬堂吉诃德身上那种"非结果主义"的人性观：一厢情愿的热情和牺牲精神，不对伟大的结果充满期待和渴望，只奉行不带条件的心驰神往的自由——"愿意在自我概念的名义下行动，不管结果如何"。

许多人会对英雄般的领导者膜拜，会对卓有远见的领导者充满期待，也会对平庸乏味的领导者感到失望，还会对毫无创造力和创新且墨守成规的领导者充满怨恨。马奇把笔墨留在论述那些想法狂野的领导者身上。他认为事实证明大部分狂野的想法是坏想法，一些政治怪客、异教狂徒、科学狂人、疯癫艺术家和组织梦想家的狂野想法，绝大多数都是愚蠢的想法。马奇不是一个保守主义者，但他主张"守正出奇"，重视领导者必须具备常规的思考能力和必要的理智基础，而不是依赖狂野的突发奇想和毫无节制的愚蠢。他相信社会需要有远见的人，不需要妄想狂；但是如果领导者都没有点"幻想"，远见也会丧失。马奇的观点是理性而辩证的，他提醒优秀的领导者必须"在梦想与现实之间、愚蠢与理智之间保持平衡……对于受过教育的、明智的、经验丰富的人而言，维持那个平衡通常意味着加强对疯狂的保护，避免疯狂遭到理智的强烈要求的影响"。此可谓优秀领导者之金句良言和杰出领导力之必备素质。

很有意思的是，与德鲁克相似，马奇也没有直接为领导力下定义，他只表达某种内涵深刻的合理描述。他不定义"领导"，也很少使用"领导"这个术语，甚至不预测或辨别"谁具有领导力"或"谁是领导者"。有人说领导者应该是指"位于组织顶层的人"，有人说领导者应该指那些"推动他人做事的人"。然而，马奇使用比喻来说明领导者与领导力，他认为领导者有两个基本维度，即"疏通管道与书写诗歌"，"疏通管道"就是指"管理"，"书写诗歌"就是"领导"。对于领导力，马奇甚至保持谨慎态度——"不提建议"或"尽量不提建议"；他说："如果你在研究领导力，你必须认识到这个术语不太有用，几乎不可能进行研究，因为人们对这个术语有强烈的感情，听不见你在说什么"。他甚至声言：领导力这门学问要产生好想法，必须在自身周围构筑防火墙，用以"抵抗直接有用性的诱惑"。马奇的建议可以供绝大多数管理者与管理学研究者使用，特别是对那些自以为很有领导力的人或身居领导者地位的人来说，意义更加重大。

我要分享的第三个话题是：马奇在本书中所论及的管理思想到底"有用"还是"无用"？马奇宣称自己是个"无用之才"，他每次上课前的开场白是："我过去一直不是有用的，现在也不是有用的。"他自己的解释是不想让学生觉得他的学问可以直接应用于具体的问题解决上，他想要更多地传达给学生美学、乐趣和思想能力。这与他个人的气质相吻合，比如在结交朋友的认知中，他持守的交友之道就是"无用之道"，应该自然而然、随心所愿，不能把友谊视为"利用关系"。

在"愚蠢术"一章中，他讨论智慧，讲论愚蠢与智慧的辩证法以及人的自由意志，尽管不是所有阐述都明晰易懂，但的确很值得品味。特别是在最后的总结中，他提出：

"在某些条件下，愚蠢能够用来解决现在的智慧理论不能解决的某些问题。愚蠢也许是种好方法，能在保留一致美德的同时激发变化。如果我们有一门好的愚蠢术，那么我们也许能够用它（结合理智术）来发展一些不同寻常的态度和行为，就是让世界上的人、组织和社会变得有趣的态度和行为。"

这种解读即使算不上"形而上"，也至少不是在传递给读者具体的"有用之术"。愚者一定不会因为领教此话而找到自己可以心安理得的愚蠢借口，理性的智者也不会对智慧的局限和理性的缺陷本身毫无反省和觉悟。任何时代的人，都不要自以为太聪明智慧，为后代留点愚蠢，后人将会称赞我们这个世代的明智。与耗尽一切聪明相比，留点"无用"的智慧给后人显然要美妙得多。

马奇在本书中讨论了许多关于现代组织生活和现代组织变

革的事情。他认为现代组织生活的必要元素是"自尊、自主、控制、协调、秩序、自由、想象、纪律和有效性",在组织机构中,善于处理这些问题的人都值得尊敬。给我印象最深刻的话是"组织在变,变革本身也在变",此话指向组织在变革过程中必须"发展变革"的意义。组织的创新和变革不是把某种创新和变革的结果加以固化,不是把某种创新形式和变革形式加以标准化,而是在创新和变革的过程中促进创新和变革发生转变,在创新和变革的过程中适应环境并且创造新环境,知识竞争和环境的不确定性会促进更具体的创新与变革。

学习是个人成长和组织发展的常态,"个人终身学习"和"学习型组织"的口号不绝于耳。任何组织都要进行战略管理,都需要追求智慧,因此组织的学习能力是战略优势的基础。在本书中,马奇也有许多篇幅论及"学习",内容非常深刻。通常状况下,学习有两个基本定义,一是指结果改善,二是对信息的反应过程;前者指人通过学习增强做事能力、改善绩效,后者指学习囊括一系列步骤,比如采取行动、监控和解释行动结果以及改变行动倾向。马奇注重企业的学习过程,从过程的角度讨论学习,把学习视为一个"监控经验并据此改变行动倾向"的过程。经验式学习过程有益于组织产生新的智慧,组织将经验学习简单化和将学习反应专门化都会促进组织绩效的改善和优化;但任何组织都要意识到学习过程存在的局限性与缺点。马奇指出组织学习存在的三种缺点:一是偏好短期、忽略长期；二是重视局部、忽略全局；三是喜好学习成功案例的经验总结，忽略对失败经验的分析反省。如此清醒的认识，的确有益于组织的健康和整体的发展，对任何组织的领导者来说，都可谓良药苦口。

马奇的管理思想追求美与意义，追求经验与知识，追求学术研究和管理教育，是"以道载器"，无道则不成器，这是他的功力所在。他的管理思想所呈现出来的是"无用之妙用、无用之大用"的能力，本书的特点正在于此。

以上这些话是我自己阅读《马奇论管理》后的一些心得体会，也算是为广大对管理学感兴趣者和管理实践者做个推荐吧。

陈驯

2019 年 4 月于燕园

（作者为燕京神学院教务长）

首版推荐序

本书的出版，给了中国读者认识这位睿智、幽默、才华横溢的学术大师的机会。我很高兴有机会向读者介绍一下我所熟悉的马奇。

在斯坦福校园，在美国社会科学学术界，詹姆斯·马奇是一个传奇式人物。早在 20 世纪五六十年代，马奇刚刚进入而立之年就已经出人头地、功成名就，成为组织学中卡内基-梅隆学派的创始人之一，也是美国组织研究领域的开创人之一。多年来，他身上各种荣誉光环应有尽有——国家科学院院士、国家艺术科学院院士，以及 18 个不同国家和大学的荣誉博士等。马奇的学术研究涉猎广泛，是斯坦福大学商学院、教育学院、政治学系、社会学系等诸院系的教授，被大家称为 "professor of everything"；与此相印证的是，他入选本杰明·富兰克林创办的美国哲学学会（American Philosophical Society）会员，同时又是美国公共管理学院院士、美国管理学院院士、美国教育学院院士，等等。在今天学科分工精细的学术界，这种纵横跨越不同学科领域的大家可谓寥若晨星。

马奇的魅力不仅仅来自他渊博的学识，更是来自他那犀利独到的学术视角、特立独行的学术风格、涌泉般的创造性思维和幽默机智的谈吐。从日常生活中的家庭教育、友人互动、例行教师会议，到企业兴衰、美国总统决策，以及林林总总的社会、政治、经济现象，一经他的目光审视，便有着出人意料、超凡脱俗的意义解析和洞见，令人耳目一新、回味无穷。大家都说，从马奇的眼睛里看到的，是一个独特的世界，是一个"马奇的世界"。正是这奇妙精彩的马奇世界，吸引了众多学术追随者。在斯坦福校园里，他开设的"组织决策"和"领导力"课程，每年都吸引了数百名学生，从刚入校的大一新生到博士后，竟然每人都能从中得到自己独到的心得收获。马奇的"领导力"课程使用的教材是四本文学名著：托尔斯泰的《战争与和平》，塞万提斯的《堂吉诃德》，莎士比亚的《奥赛罗》和萧伯纳的《圣女贞德》。他置汗牛充栋的研究文献于不顾，而独辟蹊径，从文学作品中来解读领导力，成为美国大学中的美谈，以至一位从未涉足马奇课堂的法国学者得知后，越洋索求马奇的课程教义，将其讲义用法语诠释立著，"以便将这一创造性的思想和教学法记录保存下来"[1]。这本书的英文版有这样一个说明：该书从法文翻译而来（马奇未发表的课程讲义英文稿，由 Thierry Weil 以法语解读）。马奇与我说起这段学术交

---

[1] James G. March and Thierry Weil. 2005. *On Leadership*, p. xiv. Oxford：Blackwell Publishing.

流史上的佳话时，幽默地注意到法国文化对领导力解读的差异：有关"性别、性欲与领导力关系"的题目在原讲义中只占全部内容的5%左右，而在这位法国学者笔下，这一部分占到15%，扩展了3倍之多。多年来，每周五下午4点马奇办公室例行的"wine hour"（葡萄酒会）是斯坦福校园里的一道风景线，大学生、研究生、访问学者挤满了办公室外面的一个面积可观的接待厅，把酒会话、熙来攘往。马奇诙谐地说："我和朋友们一起喝葡萄酒，诱惑他们与我分享他们的想法，以此激发学术研究的灵感。"当然，更多的情形是，同事们从马奇那里得到了学术灵感和研究思路。

本书中选入的诸篇文章，多是马奇偶尔涉猎公共领域，特别是管理领域的普及类演讲或写作，展现了马奇作为思想家、理论家、学者、诗人多方面的大家风采。在这里，读者看到的是一个知识渊博、兴趣广泛、才情横溢的马奇，但在日常生活中我们所接触到的马奇，首先是一个严肃认真的学者，在学术田野里勤奋耕耘，以此为唯一立身之本。下面，我首先勾勒一下马奇的主要学术思想，为读者阅读本书提供一个大的背景。

早在20世纪50年代到60年代，马奇和赫伯特·西蒙、理查德·赛尔特分别合写了两本书：《组织》《企业行为理论》。这两本书与西蒙的《行政行为》一并成为组织学的经典之作，创立了组织学领域中的卡内基-梅隆学派。① 这一学派的基本前提是"有限理性",即人们获得信息、加工信息的能力是有限的,人们的理性选择也是有着局限性的。因此,人们在组织设计和组织运作中发展起一系列应对措施,如满意原则、试错学习等,来应对有限理性的困境。这一认识为分析解读各类组织现象提供了一个崭新的视角。

在这一基础上,马奇的研究工作提出了一系列重要的理论命题和分析概念,成为当今组织分析的基础。在《企业行为理论》一书中,马奇与赛尔特独辟蹊径,提出了"注意力分配"在组织运行过程中的重要性。大多数组织研究着眼于正式制度、正式结构、正式权力,而马奇提出的"注意力是稀缺资源"的理论命题引导我们注意到一系列独特的组织机制:注意力的操纵和转移对组织决策有着意想不到的作用——由于参与人员构成的不同,组织决策的结构不一,决策过程中的注意力分配有着不同的动态演变,从而影响了决策的方向、频率和结果。今天,管理中的注意力分配已经成为组织研究的一个重要领域。

马奇在 1962 年的一篇文章中提出了"工业组织是一个政治联合体"的概念,首先将政治机制引入组织研究,大大拓展

① Richard Cyert and James G. March. 1963. *A behavioral theory of the firm.* Englewood Cliffs, N. J.,: Prentice-Hall; James G. March and Herbert Simon. 1958. *Organizations.* New York: Wiley; Herbert Simon. 1947. *Administrative Behavior.* New York: Macmillan.

了有限理性的分析视野。① 马奇提出，人们带着不同的利益和期待进入组织，而不同的组织结构提供了不同利益的组织基础。因此，组织运行和组织决策体现为一个政治过程，一个讨价还价的过程，一个构造利益联合体的过程。在这里，人们所拥有的资源、利益以及讨价还价谈判的过程、结构和时机成为解释组织现象的着眼点。这一思路与当年盛行的理性选择模型大相径庭、独树一帜，成为组织分析的基本工具之一。而经济学家要等到二十多年后才开始把政治机制引入组织分析的模型中来。

多年来，马奇致力于组织学习领域的研究工作，揭示了组织学习的一系列机制。在组织学领域中，正统的研究工作大多关注组织学习在收集、加工信息、试错纠偏方面的正面作用，而马奇独具慧眼，特别强调组织学习的局限性，提出了"学习的近视""能力的陷阱"等理论命题。他区分了组织学习的两个不同机制，即利用已有知识提高效率或探索新的知识和方向。两者都与组织学习有关，但在不同条件下，却可能有着大相径庭的组织过程和后果。他指出，那些关注内在效率的组织学习，极可能会导致路径依赖、强化已有信念、拒绝顺应环境变化，从而导致巨大危机。正是在这一基础上，他提出"愚蠢

---

① James G. March. 1962. "The Business Firm as a Political Coalition." *Journal of Politics* 24: 662-678.

术"（foolishness）在组织学习、组织运行中的重要角色，因为这些看似愚蠢、不合常规的尝试、做法却可能开拓新的发展方向，提高组织的适应能力和生命力。由此出发，他开辟了组织规章制度研究的新视角。韦伯把规章制度看作组织设计的结果，因组织特定使命而制定的。但从组织学习的角度来看，规章制度可能是过去经验的结果，或是对过去经历的解释，甚至可能是错误的经验总结，或某些随机的环境震荡所致，因此规章制度作为过去学习的保存积淀，可能会成为未来组织变迁的桎梏，在这个意义上，规章制度的虚化和灵活性有其适应环境变化的优势。

马奇用他的独到眼光关注组织决策过程，提出了著名的组织决策"垃圾桶理论"，即组织的政治过程、注意力分配、各类问题和答案等排列聚合的动态过程，使得组织决策表现出各种错综复杂但又是有迹可循的状态，可以加以分析解释。在这里，马奇提出了"信息的模糊性"（ambiguity）这一重要概念。在已有研究文献中，信息的不确定性和不对称性在组织过程和组织决策中的作用已经得到了广泛注意。而信息模糊性这一概念强调，由于人们受到其学习轨迹和认知机制的影响，因此对于同样的信息有着不同的解释，从而诱发不同的行为和期待。而且，这一特点无论通过针对不确定性的增加信息，还是针对不对称性的利益协调等方面的努力都难以改进。信息模糊性概念对组织决策的理性选择模式提出了更为深刻的质疑，揭示了组织决策中有限理性发生作用的新机制。

正是从这一角度，马奇重新审视了"领导力"这一课题。他提出，理性选择的模式把领导力抽象化、理性化，强调人们行为的理性目的、目标和行为的逻辑性、一致性，但这些理性的光环对于解释实际生活中领导者的角色和行为常常是苍白无力的。实际生活中的领导者有着七情六欲，受制于过去学习的途径依赖和生活中合乎情理的逻辑的约束，因此他们的行为举动往往与理性模式大相径庭。而文学作品中那些内心充满矛盾、对周围环境和过去经历十分敏感的主人公更接近于实际生活中的领导者，因此更有助于揭示领导力的有关机制。

不难看出，以上这一系列分析概念、理论命题和理论思路与组织学的传统主流思路迥然不同，开创了组织研究的诸多领域，吸引、滋养、启发了众多学者的研究工作，造就了一批批的学者和组织咨询师。正是在这个意义上，马奇被誉为"大师的大师"。

作为学者，马奇奉行唯美的治学态度，注重学术思想的原创性，而不以经世致用为目的。多年来，他身体力行，以学术研究和育人为本，执意坚守在学术界的净土中。他告诫学生和年轻同事，要像半山古刹里的僧侣那样固守自己的信念，耐得住寂寞。他极力提倡堂吉诃德精神，欣赏那种特立独行、大战风车、知其不可为而为之的执着，认为这正是科学研究创新的动力源泉。商学院教授接触各种各样的商业界大亨，有着各种咨询机会，马奇不但刻意躲避这些世俗的诱惑，而且公然质疑商学院培养所谓咨询师的价值何在。他还不断地呼吁，应该把学术研究和教育从那些注重功利和眼前利益的行政官员手中解救出来，交给那些以学术为业的学者。面对各类基金会和学术团体，他提出，与大量的研究资金相比，真正优秀的研究人才才是稀缺资源。因此，在学术研究的资助过程中，应该是研究资金追逐人才，而不是人才追逐研究资金。这些思路、想法在本书中有着充分体现。他的独到眼光和治学态度影响了周围的人，也影响了商界。当年花旗银行总裁 Reed 与马奇交往甚密，受其影响，在花旗银行设立专项资金，设立行为科学研究中心、开放花旗银行、欢迎并资助学者进入研究。

即使在马奇退休以后，他对学术界、教育界和同事们仍然有着深深的影响。记得不久前我所在系的教师会上，在讨论录用教师时出现了分歧，因为不同的评判标准而相持不下。会后，系主任把马奇在十多年前为他举办的退休欢送会上的一段讲话用电子邮件发给大家，以期同事们从不同的——马奇的——眼光来看待这些分歧。马奇这样说（见本书中第一篇文章）：

大学只是偶然的市场，本质上更应该是神殿——供奉知识和人类求知精神的神殿。在大学里，知识和学问之所以受到尊重，主要不是因为它们能够造福个人和社会，而是因为它们象征、承载并传递着有关人性的见解。索伦·克尔凯郭尔（Søren Kierkegaard）说过，任何可以通过结果加以评判的宗教都简直不是宗教。对于大学教育和学问，我们也可以这么说，只有在它们信奉随心所欲而非冀图效用的时候，它们才名副其实。高等教育是远见卓识，不是精打细算；是承诺，不是选择；学生不是顾客，是侍僧；教学不是工作，是圣事；研究不是投资，是见证。

为了供奉教育的神殿，我们也许需要把它从那些对激励、对预期结果负责的资助者、院长、教员和学生的手中营救出来，然后把它交给那些对自我感、对内心呼唤负责的人，那些因为知识和学问代表正当人生而支持并追求知识和学问的人，那些不是因为书与工作有关，而是因为书与工作无关而读书的人，那些不是为了提高声望或者造福世界而是为了向学问致敬而做研究的人，那些把学习机构作为美的载体、人性的证明而忠心供奉学习机构的人。

我不知道这种事情是否可以想象，更别说是否可以实现，但是，如果可以的话，那么也许我们可以说，像堂吉诃德一样，我们知道我们是谁。套用我北欧朋友的一句口头禅，这种感觉"还不赖"。

25 年前，作为社会学一年级博士生，我与马奇教授在他的"组织决策"课上不期而遇。从此在他的指导下，开始了自己的学术生涯，也开始了我们间的师生缘分：每周一次的会面讨论、周五下午的 wine hour、期末马奇家里的晚会、一起写书期间的讨论漫谈……马奇教授传授给我的，不仅仅是知识和治学方法，也不仅仅是理论取向和学术关注点，更为重要的是审视世界的视角和眼界。可以说，师从马奇改变了我的世界观和立身之道。多年来，马奇的智慧和治学精神一直在鞭策着我的学术追求和努力，虽不能至，心向往之。

我很高兴，读者有机会和我一起来分享这位大师的智慧、幽默和他独到的眼光——欢迎大家走进"马奇的世界"。

周雪光

斯坦福大学社会学教授

首版自序

我的一些文章能够翻译成中文出版，我觉得非常荣幸。我特别感谢东方出版社的张仿和陶鹏，他们为本书的出版付出了很多努力；我还感谢刘澜，是他提议我把那些文章结集成书的；我还感谢周雪光教授为本书作序。我希望本书能够加深中国管理与组织学者和北美管理与组织学者的联系。

在中国的历史和文化面前，任何美国人都定会变得谦恭。北美相对年轻很多，尽管它的文化和传统也能追根溯源到很早的年代，有些还来自2万年前的亚洲移民，但是直到17、18世纪它才稳固下来，成为一个有一定凝聚力和自身特色的社会，比中国夏朝的建立晚了近4000年。在北美，历史超过100年的建筑就被视作古迹，历史超过50年的文学作品就被视作古籍。

我的个人历史植根于北美文化。我高太祖父的太祖父马奇(March)从英国来到美国的时间是1635年，大约是中国的明末。我的其他祖先，大部分在1700年以前来到美国，是随着从不列颠岛和荷兰来到美国的早期欧洲移民过来的。任何一个与我有着类似背景的人都会敬畏于中国文化的悠久和丰富。我深深地意识到，我对中国的知识史、社会史、组织史、文学史和政治史的了解是十分有限的，我对那些历史培育出来的智慧的了解同样是十分有限的。如果本书能促进我与中国同人之间的学术交流，加深我对中国文化和中国人智慧的了解，我会非常高兴。

当人类面临 21 世纪（也许还有以后的 22 世纪、23 世纪……）的挑战时，学者就必须对知识做出贡献，帮助人类生存繁荣下去——带着反映人类抱负的尊严、平等、自由、同理心和美生存繁荣下去。管理与组织学术研究能够促进以上目标的实现，但只有在各国学者通力合作的情况下才变得可能。如果本书能够促进中国不同管理实践家之间进行对话、中国不同管理学者之间进行对话、中国管理实践家与中国管理学者之间进行对话、中国管理实践家和管理学者与其他国家的管理实践家和管理学者之间进行对话，即使只有小小的促进，我也算是了却了心中夙愿。

我通过本书表达我对国际合作的期望以及一些私心。每个作家都清楚翻译的风险，就像把女儿嫁到远方，覆水难收、女儿前途未卜，而自己什么都不能做。这次，我是把女儿嫁到中国，一个语言博大精深的国度。多年以来，我一直在想，我在管理与组织方面（以及人生方面）的思考和疑惑，如果用一种基于象形文字的语言来表达，是否会好于用英语来表达。也许，象形文字容易激发读者想象，能比我自己使用的字母文字更好地传达我的意思。

当然，这只是天真的想法，但是只要这一想法有可取之处，我就欠本书译者丁丹太多了。我记得，诗人 T.S.艾略特 (T.S. Eliot) 曾经说过一句话，表明了他是如何看待别人对他诗作的赏析的，他说："……赏析的目的是弄清诗是什么意思，不管解读出来的意思是不是我想表达的意思，我都深表感谢；如果能够解读出我没有明确表达或者我自己都没意识到的意思，我尤其感谢。"本着这种精神，我相信丁丹努力理解了我话语背后的意思，设法用汉语表达了出来，而且比我的英文原文更准确、更美。我对此深表感谢。

詹姆斯·马奇

美国，加州，斯坦福

2010 年 9 月

引　言

第 1 章　一个学者的追求

关键词：真理、美、正义、学问

现代社会科学和行为科学对人类行为的刻画带有浓厚的计算主义色彩和结果主义色彩，因为它们大多以结果主义理性为基础，尤其是经济学。行动是选择，选择由预期、激励和欲望驱动。这些观念至少可以追根溯源到希腊时代，在近代由杰里米·边沁（Jeremy Bentham）发扬光大，到现代在 L.J.萨维奇（L.J.Savage）和约翰·冯·诺依曼（John von Neumann）的演绎下登峰造极。

毫不奇怪的是，应用经济学院（或商学院）把结果主义当作神圣的教条来传授，而且在制定决策的时候奉之为金科玉律。他们评价各个可选方案的预期结果，选择那些预期结果最具吸引力的方案加以执行。他们不仅自己这么做，而且认为别人也这么做，并且力求在这种假定之下管理别人。这种做法是在向那些观念致敬，对于人类发展来说，那些观念价值巨大，很难想象我们会放弃它们。

　　然而，那些观念也有局限性。约翰·斯图亚特·穆勒（John Stuart Mill）（1838—1962）说，现代结果主义思想的守护神边沁"具有有限人的完整性"。穆勒具体是这么描述的：

　　（边沁）从来没有认识到人能够……为了自己的缘故而渴望，根据自己的卓越标准修身养性，从自己的内在意识而不是其他什么地方寻求善或恶。

　　穆勒对边沁的评价也同样适用于我们。和边沁一样，舒适的完整感让我们几乎看不到还可以用另外一种方式理解、激励、评判人的行为。这种方式认为，人的行为不是基于预期结果，而是为了履行责任、实现自我感——作为个人和社会一分子的责任和自我感，特别是人类制度所倡导的责任和自我感。这种方式强调自我概念、身份和正当行为，而不是预期、激励和欲望。

　　第二种方式在现代生活当中，尤其是在商学院的讲堂上有些卑微失色，但是它有着悠久而显赫的血统。在很多古典文学作品以及哲学著作当中，我们都能发现它的影子，尤其是在人类精神的伟大见证《堂吉诃德》（Don Quixote）当中，它被表达得淋漓尽致。当有人让堂吉诃德解释自己的行为时，他不是用预期结果辩护，而是说"我知道我是谁"（Yo sé quien soy；塞万提斯，1605 年，I，第 5 章）。堂吉诃德听从自我的命令而不是环境的命令，展示身份理智而不是现实理智，遵循适当逻辑而不是结果逻辑，追求自尊自重而不是自私自利。

正如堂吉诃德的悲剧十分生动地阐释的那样，遵循自我感有其自身的尴尬和局限性，但是它颂扬非结果主义人性观。伟大的热情、伟大的承诺、伟大的行为，并不是因为对伟大的结果抱有希望，而是因为愿意信奉正当人生随心所欲且不带条件的主张。堂吉诃德提醒我们，如果我们只在不被辜负的时候去信任，只在有所回报的时候去爱，只在学有所用的时候去学习，那么我们就放弃了为人的本质特征——愿意在自我概念的名义下行动，不管结果如何。

这些话显然有些不合时宜，但是我认为，对于我们这些自诩为教育者的人来说，这些话具有某些世俗意义。投身教育，无疑能够带来很多我们认为有价值的结果，但是，我们追求知识、崇尚学问，也是为了表达我们对人之为人意味着什么的信念。当我们意识到我们除了是学者之外还首先是人的时候，我们就能用一种不那么结果主义——结果主义现在非常盛行——的方式看待商学院。

最近，人们一提到商学院就联想到市场。商学院的使命被描述成开展教育项目（或者公共关系活动）以满足顾客和资助商学院的富人的愿望。这一理念带来了有用的见解，不能轻易抛弃，但是，这一理念没有抓住教育精神的基本属性。

大学只是偶然的市场，本质上更应该是神殿——供奉知识和人类求知精神的神殿。在大学里，知识和学问之所以受到尊重，主要不是因为它们能够造福个人和社会，而是因为它们象征、承载并传递着有关人性的见解。索伦·克尔凯郭尔（Søren Kierkegaard）说过，任何可以通过结果加以评判的宗教都简直不是宗教。对于大学教育和学问，我们也可以这么说，只有在它们信奉随心所欲而非冀图效用的时候，它们才名副其实。高等教育是远见卓识，不是精打细算；是承诺，不是选择；学生不是顾客，是侍僧；教学不是工作，是圣事；研究不是投资，是见证。

如果某人说（一定会有人这么说）这一切浪漫的疯狂、任何诸如此类的愚蠢行为都需要用结果加以辩护，这个结果也许是具有进化学优势，有利于传统的保持，有利于信仰的传递，那么堂吉诃德的答案就是最好的反驳："游侠骑士之所以让自己疯狂，既不是为了别人的嘉奖也不是为了别人的感谢。游侠骑士的愚蠢行为不需要辩护。"（Que volverse loco un caballero andante con causa—ni grado ni gracias. Eltoque está en desatinar sin ocasión；塞万提斯，1605 年，I，第 25 章）

日常生活的平凡现实很难面对，让事情变得更复杂的是，我们还经常有一种堂吉诃德式的高尚情操。我不会佯称完全忽略结果是有可能的或者可取的，但是我要说，为了供奉教育的神殿，我们也许需要把它从那些对激励、对预期结果负责的资助者、院长、教员和学生的手中营救出来，然后把它交给那些对自我感、对内心呼唤负责的人，那些因为知识和学问代表正当人生而支持并追求知识和学问的人，那些不是因为书与工作有关，而是因为书与工作无关而读书的人，那些不是为了提高声望或者造福世界而是为了向学问致敬而做研究的人，那些把学习机构作为美的载体、人性的证明而忠心供奉学习机构的人。

　　我不知道这种事情是否可以想象，更别说是否可以实现，但是，如果可以的话，那么也许我们可以说，像堂吉诃德一样，我们知道我们是谁。套用我北欧朋友的一句口头禅，这种感觉"还不赖"。

　　本文最初发表于《斯坦福商业评论杂志》，经过作者和出版商的允许在此翻译并再版。

第 2 章　想法就是艺术品

詹姆斯·马奇是当代一流的管理思想家，他认为一个想法是否优美，可能比它是否有用更重要。

三年以前（2003 年），两位咨询顾问罗伦斯·普赛克（Laurence Prusak）与托马斯·戴文波特（Thomas H. Davenport）制作了一个管理大师排行榜，然后问上榜的大师们这样一个问题：谁是你们心目中的大师？根据收到的回答，他们又制作了一个"大师的大师"排行榜。排在第一位的是 20 世纪最伟大的管理思想家彼得·F.德鲁克（Peter F. Drucker），而仅次于德鲁克的则是几乎没有什么公众知名度的詹姆斯·马奇。

管理专家想要提出新想法，经常会到詹姆斯·马奇的著作那里寻找灵感。詹姆斯·马奇博学多才，在过去五十多年的职业生涯中涉足多个领域。他是斯坦福大学管理学、社会学、政治学和教育学方面的名誉教授，讲授过的课程多种多样，涉及的主题琳琅满目，包括组织心理学、行为经济学、领导力、杀人规则（rules for killing people）、友谊、决策制定、社会科学中的模型、变革、计算机模拟和统计学，等等。

马奇最出名的地方也许在于对组织和管理理论的开创性贡献。他与赫伯特·A.西蒙（Herbert A. Simon）合写了《组织》（*Organizations*），与理查德·M.赛尔特（Richard M. Cyert）合写了《企业行为理论》（*A Behavioral Theory of the Firm*）。马奇和西蒙、希尔特一起，在新古典主义企业理论之外，发展出一个整合了社会学、心理学和经济学的企业理论。这一理论认为，尽管管理者意欲作出理性的决策，但是他们的理性受到个体局限性和组织局限性的"制约"，结果，理性人的行为也并非总是可以预测的。

在这些工作以外，马奇还在以下方面作出了一流贡献：研究政治制度，成果集中体现在与约翰·P.奥尔森（Johan P. Olsen）合写的《重新发现的制度》（*Rediscovering Institutions*）以及《民主治理》（*Democratic Governance*）两本书里面；研究领导力，成果集中体现在与迈克尔·D.科恩（Michael D. Cohen）合写的《领导与模糊》（*Leadership and Ambiguity*）以及与亨利·韦伊（Thierry Weil）合写的《论领导力》（*On Leadership*）两本书里面；研究决策，成果集中体现在《决策是如何产生的》（*A Primer on Decision Making*）和《追求组织智慧》（*The Pursuit of Organizational Intelligence*）两本书里面。

马奇对组织与管理方向学生的影响，以及在其他社会科学

引 言

领域的成就，为他赢得了治学严谨及学思深厚的名声，而且在这方面，几乎无人能出其右。在学术领域，引用他的文章成了一种时尚礼仪。芝加哥大学（University of Chicago）的约翰·帕杰特（John Padgett）教授在杂志《当代社会学》（*Contemporary Sociology*）中写道："詹姆斯·马奇之于组织理论，就像迈尔斯·戴维斯（Miles Davis）之于爵士乐……影响力遍布社会科学各个领域，范围之广，同侪望尘莫及。"

尽管马奇在社会科学领域声望甚高，但是他的兴趣又不局限于此。除了教书、写书、做研究、写文章之外，他还出过几本诗集，拍过一部电影——《激情与自律：堂吉诃德的领导力课程》（*Passion and Discipline：Don Quixote's Lessons for Leadership*），目前他正在筹拍另外一部电影。多年以来，他创造出许多隐喻，展现出他诗人般的敏感性，像组织选择的"垃圾桶理论"、"愚蠢术"、顾问的"疾病携带者"角色以及"热炉效应"等。

最近，在加利福尼亚州帕多拉谷（Portola Valley, California）的家中接受《哈佛商业评论》高级编辑戴安娜·库都①的采访时，马奇分享了他对某些问题的看法，比如，美学、领导力、学问的有用性、愚蠢的作用、对于追求想法来说有用性其实没用，等等。以下是戴安娜·库都对詹姆斯·马奇的访谈录。

---

① 戴安娜·库都，《哈佛商业评论》的高级编辑，联系邮箱：dcoutu@ hbsp.harvard.edu。

库都：你不像彼得·德鲁克一样为公众所熟悉，但对管理学思想影响很大。你能谈谈其中的原因吗？

马奇：我不敢说自己有多大的影响，一方面是因为我质疑那些评价出我有很大影响的方法学，另一方面是因为我相信，如果你不用担心名誉、声望，也不用操心怎样与管理者直接打交道的话，那么你就更容易潜下心来研究管理的真谛。即使不是那样，恐怕我的乐趣也更多地来自把玩想法而非兜售想法。我是一个学者，我做一个学者该做的事情。我思考问题，做研究，把我的思想和研究写成文章，拿到专业杂志上发表。我写文章，与其说是为了表达我的思想，不如说是为了理解我的思想。

这么说也许显得我非常不识时务，但是我自认为没有那么不识时务，我没有顽固到不让别人读我的文章的地步。任何管理者都可以获得我的文章，只要他们想读。我的文章并不费解，至少不是刻意写得费解；我的想法不是格外晦涩，也许枯燥，但不晦涩。

库都：在斯坦福，你喜欢用这样一句话作为每门课的开场白："我现在不是，过去也一直不是，有用的。"你这么说，是什么意思呢？

马奇：这是告诉我的学生，最好不要问我，我的想法有什么直接有用性，我不会回答这种问题。如果硬要问我的想法有什么用处的话，那最好去问那些审视我的想法的人，而不要问我这个产生想法的人。对我而言，学问有个特征比有没有用更重要，那就是美不美。我在乎的是，想法是否优雅迷人、是否让人眼前一亮——美丽事物的共通之处。例如，中心极限定理是古典统计学最重要的理论之一，运用这个理论，你可以探讨抽样误差。但对我而言，这个理论首先是个极其美丽的事物，我认为任何讲授中心极限定理的人都该试着把那种美学乐趣传达给学生。

我和查理·莱夫（Charlie Lave）合写过一本书——《社会科学模型导论》（*Introduction to Models in the Social Sciences*），在我写的书当中，它是我的最爱之一。这本书向学生介绍社会科学四个非常基本的模型的入门知识，把建模当作一种艺术形式。学问应该始终具有美学元素，因为学者除了有义务追求真理、正义之外，还有义务追求美。

库都：这似乎说明你对美具有高度敏感性。在这个管理界对实用对策求之若渴的时代，你如何为这种高度敏感性辩护？

马奇：如果厕所坏了，没有哪个组织能正常运转，但我认为，为管理问题寻找实用对策不是我的工作。如果一个管理者聘请一个学者做顾问，寻求实用建议，而学者顾问给了，那么管理者就该炒掉学者顾问。学者没有实践经验，对管理问题的背景不够了解，无法针对具体情境提出具体建议。学者顾问能做的，就是发表一些看法。管理者将学者的看法与自己对问题背景的了解结合在一起，也许能够找到更好的对策。是学术知识和经验知识的相互结合而不是相互替代带来改善。

库都： 你曾经给企业做过咨询吗？

马奇： 年纪较轻的时候（年纪越轻人越穷，我想）我经常做一些偏技术的咨询，主要涉及统计和研究方法。我现在不再做了，不过仍然偶尔和某个管理者谈一谈，我把这种谈话戏称为"咨询"，因为与其说是咨询，不如说是为了让人请我吃午饭。如果有人给我打电话说有个管理者想和我谈一谈，那么我一般会回答说，我几乎肯定没有什么有用的东西可说。如果那个人说没关系，那个管理者还是想和我一起吃个午饭，那么我会欣然接受。我想，这种谈话很难有什么实际用途，但是我也许偶尔能从一个十分不同的角度看问题，给管理者提供一些"边际"帮助。通常，管理者都很精明，不会请我吃午饭，结果，我的大部分午饭都得自己买单。

库都： 近年来，领导力成了一个热点问题、一个庞大产业。领导力研究现状如何？

马奇： 我怀疑，对于一门严肃的学问来说，"领导力"这个概念是否有用。因为一些神话故事，因为一些想当然的想法，人们强行用"领导力"解释历史。所以，人们谈论领导者并赋予其重要性，这并不令人惊讶，也不能给人启迪。尽管很多人在研究生活当中几种不对称关系，而且做得还不错，但是过分强调领导力更像是业余人士而非专业人士的做法。除非以及直至有证据表明领导力确实是一门学问，否则有关领导力的文章更多只能在大众杂志而非专业杂志上发表，有关领导力的思想更多只是说教布道、老生常谈而没有什么影响力。与此同时，领导力这门学问要想产生一些好想法，就必须在自身周围构筑一道防火墙，抵抗直接有用性的诱惑。

库都：你认为哪种问题对领导者而言比较重要？

马奇：在领导力与文学这门课上，我列出了一个清单，上面有 10 个主题，包括权力、支配与服从、模糊与一致、性别和性欲、私人生活与社会生活的关系，等等。我列举的主题在别处也可看到，我也很难把所有主题都罗列出来。每个主题，社会科学都有探讨，但我认为伟大的文学作品思考得更深刻。有个主题，我在讲授的时候经常参考乔治·伯纳·萧（George Bernard Shaw）的《圣女贞德》（*Saint Joan*），这个主题就是疯狂、异端与天才之间有什么关系。我们经常这样描述伟大的领导者：有冲劲、有远见、有想象力、有创造力，能够通过大胆的新想法改造组织。当然，回顾起来，我们有时会发现这样的异端就是大胆而必要的变革的奠基人，但是，异端往往只是疯狂的，大部分大胆的新想法是愚蠢的或者危险的，会被恰当地否决或者忽略。所以，尽管伟大的天才也许往往真是异端，但是异端则很少是伟大的天才。如果我们能够认出那些原来是天才的异端，那么生活就会容易很多。有很多证据表明我们不能。

库都：你拍过一部有关堂吉诃德与领导力的电影，在这部电影里，你说："如果我们只在不被辜负的时候去信任，只在有所回报的时候去爱，只在学有所用的时候去学习，那么我们就放弃了为人的本质特征。"我们怎么就失去部分人性了呢？

马奇：我们通过结果来评判行为，但通过结果为行为辩护只是为人的一部分。这是一个古老的问题，康德（Kant）、克尔凯郭尔以及其他很多哲学家都探讨过这一问题。我曾经教过一门有关友谊的课，在课程结束之际，我和某些学生之间出现了明显的意见分歧。他们把友谊看作一种交换关系：我的朋友之所以是我的朋友，是因为他或她在某一方面对我有用。相比之下，我把友谊看作一种随心所欲的关系：如果你是我的朋友，那么我对你负有各种各样的责任，不管你的行为如何。我们在课堂上还讨论过信任。学生们会说："啊，如果某人不值得信任，你怎么能信任他呢？"我则反驳说，为什么他们把那叫作信任，在我看来，那更像精心算计的交换。为了让信任成为真正有意义的东西，你必须信任那些不值得信任的人，否则，就只是一场标准的理性交易。不同领导者之间的关系、领导者与追随者之间的关系当然包含简单的交换和互惠元素，但是，人们能够对彼此怀有更随心所欲的承诺感，并且经常将之展现出来。

库都：你说过，学者和管理者所做的事情有着根本的不同。你能详细阐述一下吗？

马奇：学术知识和经验知识都是必要的，但是两者是不同的。学者们试图弄清，发生了什么事？正在发生什么事？可能会发生什么事？背后的机制是什么？学术知识描述的是塑造管理历史的基本机制，比如，有限理性、合法形式扩散（diffusion of legitimate forms）、松散耦合、新进入缺陷（liability of newness）、胜任力陷阱、吸收能力，等等。对比之下，经验知识则关注特定时间、特定背景下特定个体的个人经验，它不一定可以推广到其他个体、其他背景、其他时间，也不一定可以形成强大的理论，但是它提供了很多有关特定情境的知识。学术知识不能用来解决具体环境下的具体问题，除非生搬硬套，但是，在新的或者不断变化的环境下，当管理者面临意外问题或者未知问题的时候，学术知识的作用就会凸显出来。学术知识提供的是问题的思考框架，而不是解决对策。

库都：你和理查德·赛尔特、赫伯特·A.西蒙并称为行为经济学的奠基人。你认为自己引发了一场革命吗？

马奇：做学问是种公共活动，没人领头，也没人独行。至于行为经济学"革命"，它是一场由很多人引发的革命。时下，经济学家和其他人确实经常谈到有限理性，但是经济学家更倾向于把理性的有限性看作轻微扰动，能被新古典经济学理论的某些变式轻易纳入，而不把它看作根本性挑战。我曾经写过一篇论文，探讨经济学家通过重新解释新古典经济学理论的定义和约束条件坚持新古典经济学理论的现象。我给那篇论文取名《战争结束，胜者迷失》(*The War Is Over, and the Victors Have Lost*)，意指经济学家有一种倾向：过于坚持新古典经济学理论，到了不惜以牺牲预测力为代价，用新古典经济学理论"解释"一切现象的地步。有时，经济学理论面临变成经济学信仰的危险。

库都：你的工作涉及很多不同领域，所跨学科不是一般得多。有没有什么问题是你特别关注的？

马奇：没有那么夸张。我的研究领域其实相当狭窄，而这个相当狭窄的领域正好位于几个学科的交叉之处，事情就是这样。我研究过问题解决、决策、风险承担、信息加工、创新与变革、学习、竞择以及规则和身份的创建和修订，等等。我认为，你可以笼统地说我的主要关注点是组织的认知方面，其中，"认知"一词包括冲突、偏见、规则遵循以及混乱之类的东西。

引 言

库都：你的很多研究都是探讨学习的，针对学习现象，你提出了一个概念——热炉效应。学习和热炉效应有什么关系？

马奇：这个概念最初见于我和杰克尔·丹瑞尔（Jerker Denrell）的一篇文章，但并不是我们的原创，而是从马克·吐温（Mark Twain）那里借鉴而来的。吐温说，如果一只猫曾经从热炉上方跳过，烫了一下，那么它绝不会再从热炉上方跳过——这挺好，可是它也绝不会再从冷炉上方跳过——这也许并不好。

热炉效应是学习的基本问题。你碰巧或者主动尝试某件事情并且陷入麻烦，那么下次你就不大可能重复类似的事情，因为你预期你会再次陷入麻烦。学习就有这种功能，但这意味着你在某个领域做得越差你就越不了解这个领域。你也许会说："是啊，可这会引起什么问题吗？"你尝试一个新事物，只要早期反馈和后期反馈不一致，它就会引起问题。显然，它会在那种熟能生巧的领域引起问题，例如，你有可能过早放弃一种新方法或者新技术。

热炉效应的一种形式是胜任力陷阱，指学习鼓励人们坚持使用，并且继续精炼那种他们已经运用得游刃有余的技能，而不是花费时间获得新技能。我的几个孙子孙女对我说："我们不是非常擅长数学，所以我们打算再也不碰数学。"我说："等一下。数学成绩是可以通过练习提高的，如果你们不擅长数学，你们就要多做练习。"那违反本能，也违反经验式学习的基本

18

逻辑，更别提违反孙子孙女的想掌控自己生活的意愿了。还有研究表明，热炉效应让经验式学习者规避风险。热炉效应可以通过以下做法加以限制：放慢学习进程，以增加结果不好的可选方案的样本量。很明显，这样做的代价就是蒙受短期损失，所以，适应系统很难这样做。

库都：你写过一篇论文，谈论"愚蠢术"的重要性，你能稍微给我们讲一讲吗？

马奇：没有仔细读那篇论文的人，经常会以为它就是提倡人们做蠢事。哦，也许它是的，但它的关注面其实很窄，探讨的是怎样发展有趣的价值观。在我看来，对于任何有志于理解行为、改善行为的人而言，重要的一点就是知道偏好是怎么来的而不是把偏好当作本来就有的。

所以，我过去经常让学生解释一个反常的事实：为什么世界上有趣的女人比有趣的男人多？我不允许他们质疑这一事实，只要求他们给出答案，而答案的关键之处在于男女的成长环境不同。女人生下来的时候是女孩，人们告诉女孩，因为她们是女孩，所以她们做事情可以不需要正当的理由。她们可以难以捉摸、不一致、不合逻辑。然后，女孩开始上学，这时人们告诉她们，她们是有教养的人，因为她们是有教养的人，所以她们做事情必须一致、符合逻辑，等等。所以，女性在一生之中做事情先是可以不需要正当的理由，后来又需要正当的理由，在这一过程中，女性发展出一套非常复杂的价值观系统，一套具有很强情境适应性的价值观系统。正是因为这一价值观系统，所以在我主持的一次会议上，一个女人看着在座的男人们说："据我所知，你们的前提假设是正确的；而且，据我所知，你们的结论是根据前提假设合理地推导而来的。但是，你们的结论是错误的。"她是正确的。另外一方面，男人生下来的时候是男孩，人们告诉男孩，作为男孩，他们必须坦率、一致、符合逻辑。然后，男孩开始上学，这时人们还是告诉他们，他们必须坦率、一致、符合逻辑。所以，男性终其一生都要做到坦率、一致、符合逻辑——与两岁的目标一致。这就是为什么男人不仅不如女人有趣，而且不如女人有想象力的原因。他们没有把理性和愚蠢结合在一起。

库都：你如何鼓励人们做蠢事呢？

马奇：这个嘛，有一些显而易见的方式。愚蠢或者貌似愚蠢的做法，就是从别的领域借鉴想法。例如，经济学家也许从进化生物学那里借鉴想法，构造出进化经济学。从别的学科借鉴而来的想法，一般不能直接应用于自己所在的学科，需要加以改装。这种跨学科借鉴想法的做法可以非常富饶多产，然而，这一做法需要谨慎使用，因为愚蠢往往就是——愚蠢。这一做法确实会创造出很多新东西，不过大部分是无用的新东西。对物理学一无所知的人几乎不可能在物理学领域创造出有用的东西。但是，伟大的突破一般都是乍看起来成功可能性极小的愚蠢做法造就的。所以，愚蠢里该有几分知识，知识里该有几分愚蠢，这是比较复杂的问题。

愚蠢的另外一个来源是强制。父母经常这样做。父母说"你要去上舞蹈课"，孩子说"我不想成为舞蹈家"，父母说"我不管你想不想成为舞蹈家，你都要去上舞蹈课"。要想鼓励愚蠢，一种更有效的方式是运用权威。玩耍是另外一种。玩耍是去抑制，当你玩耍的时候，你可以做其他情况下你不能做的事情。然而，在你不玩耍的时候，如果你要做这些事情，你必须给出正当的理由。暂时的愚蠢能让你有机会尝试新东西，但是如果你想永远使用这个新东西，那么你必须给出理由。

库都：在商学教育中，愚蠢有什么作用？

马奇：我们已经在做一些愚蠢的事情，尽管我们把它们乔装成相当严肃的活动。例如，我们让学生进行角色扮演，我们让他们假装自己是 IBM 的 CEO，这就是愚蠢。他们不是，不可能是，也不会是。但是，如果鼓励你假想自己是某个人，你就会按照你心目中那人的行动方式行动，尝试想象中的那个角色。

大体上，我认为美国管理学教育的理性成分过多，急需增加几分愚蠢，增加的量还要大，因为现在的理性成分太多了，增加的愚蠢成分如果过少，效果就不明显。与此同时，我不认为我们当中有谁愿意活在一个愚蠢的世界里，或者说，愿意忽视一个事实：人类最值得炫耀的一大财富就是明智的理性。

说到底，就是平衡的问题，就是度的问题。《愚蠢术》写出来不久，我在一次大会上宣读了它。地点是荷兰，时间是1971年左右。当时，一位来自南斯拉夫（现在的克罗地亚）的同行走向我，说："你去南斯拉夫的时候，请别讲这种话。我们已经够蠢了。"我想他也许是对的。

库都： 你因提出组织选择的垃圾桶理论而出名。你能为我们简要介绍一下这个理论吗？

马奇： 首次提出垃圾桶理论的那篇文章是我和迈克尔·科恩、约翰·奥尔森合写的，所以，如果说我因提出垃圾桶理论而出名，那么这个名气也该与他们分享。很多人持有"有组织的无政府状态"这一理念，认为生活是模糊的，他们说："垃圾桶其实象征着混乱。"但是我们理论中的"垃圾桶"其实不全是这个意思。

我们理论中的"垃圾桶"有两层意思。第一层，选择基本上是模糊的。有很多不确定、很多混乱，标准的决策制定理论不能很好地表征这些不确定性和模糊性。选择机会让各种各样互不相干的问题、对策、目标、利益和关注汇聚到一起，例如，一个主题为"停车场"的会议，可能会讨论研究计划、性骚扰、管理者薪酬和广告政策。然而，对于决策制定者来说，时间是稀缺资源，他们在某一选择机会上分配多少时间会影响到选择结果。

第二层，我们试图描述组织在垃圾桶情境下如何处理问题流、对策流和决策制定者流。我们的核心观点是，问题和对策之间的联系很大程度上取决于它们"到达"垃圾桶的同时性，选择结果取决于在选择机会上投入多少时间、多少精力，选择情境容易涌入过多的问题，只有在问题（以及问题的发起者）进入其他决策场之后选择才能作出，因此，问题一般得不到解决。

在我们的构想中，垃圾桶过程是个非常有秩序的过程。从某些方面来看，它有点儿古怪，但并不是特别复杂，也不是特别混乱。我认为，好在我们的理论能让人们说："那是垃圾桶过程"，意思是，那是一个可以理解的过程，在这个过程里，事物（问题、对策、目标、利益和关注）通过同时性而不是其他什么东西联系在一起，尽管看起来乱得像一锅粥。

库都：人们有时误解你的想法，你为此苦恼吗？

马奇：实际上，没有什么所谓的"我的"想法。学问和知识产权的概念是难以相容的。我经常读些东西，既读批评者的东西，也读追捧者的东西，在我看来，这些批评和赞扬并非完全立足于对我的东西的精确理解。但是，一旦你发表某样东西，这样东西就不再是你独有的。别人的解释也同样合法，如果别人能够为之辩护的话，就像你一样。最好的情况是，别人的解释比你头脑中的解释更有趣。实际上，写文章、写书的一个基本目标是，所用的话语能够激发读者想到一些美丽的、有用的意义，这些意义是你没有明确想到过的。有些非常好的作家抵制这一想法，他们想给自己做注释者。我认为他们这样做是不对的。模糊的语言如果能激发读者的联想，那不失为一种创造力源泉。

库都：你说过，越来越多的女性加入职场，改变了组织的性别特征，但是很多人怀念旧秩序的简单。

马奇：哦，当然。但是我也信奉另外一个理念：处理复杂的问题也会获得很多乐趣。原先那个世界确实简单，男主外、女主内，两性分工明确，职场没有男女纠葛。我们也许为简单生活的逝去感到遗憾，但是，如果重新回到那种生活，我们也不大愿意。我认为，对于我们这代人来说，与性别和性欲问题做斗争，是一件很重要的事情。那个斗争，显然对于女人来说一直很重要，因此对于男人来说也一直很重要。我们现在在人类身上看到的那些美，很多来自那个斗争，而那个斗争绝没结束，我认为，人类也不想结束那个斗争。例如，如果你把性别和性欲问题从管理中剥离出去，生活将会枯燥很多。那样的话，生活将会更容易，也许从某些意义上说，生活中的暴力将会减少，但是生活一定没有现在有趣。

库都：实务界有没有让你敬佩的人？

马奇：我敬佩实务界的所有人，即使是无赖。现代组织生活中的问题都不是小问题，任何在现代组织中工作并致力于解决这些问题的人，都值得我去尊敬。现代组织同时要求自尊、自主、控制、协调、秩序、自由、想象、纪律和有效性，它们是组织生活的必要元素，处理这些问题的人，在我看来，都值得别人尊敬，即使他们处理得并不完美。有人观察到，等级和竞争能把平凡的好人变成猛兽，我知道这是有一定道理的。这种情况确实经常发生，而且我认为我们有义务认识到这个问题。现代社会已经很少有什么机构容忍甚至鼓励弱肉强食，企业就是其中一个。即使如此，我见过的经理人，大部分都在尽自己所能做正当的事情。要说当代的人物，我最了解的一个人也许是约翰·里德（John Reed），他在花旗银行（Citibank）做了很久的 CEO，最近成为纽约股票交易所（New York Stock Exchange）的改革督导。我敬佩约翰，我认为他知道做人意味着什么。

我认为，实务界的管理者有时思考得不够深，他们本来可以做得更好的。管理辞令要求管理者假装事物是清晰的、一切都是直截了当的。他们往往知道管理生活实际上比管理辞令所描述得更模糊、更矛盾，但是他们不能说出来。他们认为自己的任务就是让人感觉不到模糊性和不确定性。他们需要某种方式，一边说着清晰的管理辞令，一边认识到管理现实的混乱和矛盾。在最近一篇文章中，我说，读诗有用，但恐怕是杯水车薪。

库都：你自己就是诗人。你为什么写诗？

马奇：我不清楚我为什么写诗，我也不清楚我写的算不算诗。我之所以写那些东西，可能是因为我除了喜欢生活中的效率或者效力之外，还喜欢生活中的美和雅。我认为是理性的效用以及理性的美吸引我去写诗，是情绪情感的美让我情不自禁地写诗。写诗是思索和增加那些美的一种方式，也是思索和增加那些美存在于生活垃圾桶这一荒谬性的方式。诗赞美理性，也赞美感性——其他东西就不这样赞美感性。在诗歌里，你还可以把玩色彩、声音和文字。你在其他地方往往是不会这么做的。

库都：你每门课的开场白都是宣布你不是有用的，那结束语呢？

马奇：看是什么课啦，但是我经常引用法国作家艾蒂安·皮瑞尔·德·塞南库尔（Etienne Pivert de Senancour）的一句话作为结束语。这句话即使翻译成英文，也能为美国中西部敏感性（midwestern sensibility）① 增添一点文化光泽："人是

---

① 美国总统这样阐述美国中西部敏感性：知足；在博物馆欣赏毕加索的画所获得的乐趣，与把毕加索的画挂在自己家里所获得的乐趣一样多；不到二十美元的一餐饭也能吃得津津有味；如果能用一般美国人一年的收入买一个窗帘，就能交得起更多的税。——译者注

容易毁灭的，也许是的，那么让我们挣扎着毁灭吧；如果等待我们的是虚无，那么让我们用一种不认命的方式走向虚无吧。"

　　最后，你知道，我们不过是茫茫宇宙中的一粒微尘，立身扬名，不过是无知者的幻想。我们所有的希望都是微不足道的，除了对我们自己而言；某样东西之所以重要，是因为我们选择让它重要。我认为，对我们而言，重要的也许是，在我们短暂的一生中，在我们卑微的角色中，尽可能给生命添加更多的美而不是丑。

　　本访谈最初发表于《哈佛商业评论》，是戴安娜·库都（Diane Coutu）对詹姆斯·马奇的访谈录，经过作者和出版商的允许在此翻译并再版。

第 1 篇

马奇论决策制定

第3章　理解组织中的决策是如何产生的

　　大部分当代组织决策制定研究关注的是应该如何制定决策，目的是寻找一些技巧，帮助组织的决策制定者作出更为明智的决策。相比之下，本章只会偶尔涉及应该如何制定决策，集中关注组织中的决策实际上是如何产生的，以及我们对决策过程有过哪些思考。本章对各种决策观的简介、素描也许有助于人们理解组织中的决策制定过程。本章既不是本书其他章节的替代品，也不足以作为其他章节的序言，它顶多为阅读其他章节提供了一个粗略框架，其他章节是对本章内容的具体阐述。

1　引言

　　詹姆斯·杜森贝利（James Duesenberry）曾经说过一句话，绝妙睿智，在业界广为流传。他说："经济学（类推到心理学）都是关于人们如何做选择的，社会学（类推到人类学、政治学）都是关于人们如何没有任何选择可做的"（Duesenberry，

1960，第 233 页）。组织决策学者则乐于采取一种折中的做法，试着把决策理解成冲突和意识的工具，并且试着把冲突和意识理解成镶嵌在社会关系、规则、规范和约束条件之中（Allison，1971；Hickson，1995；March，1981，1988，1994a；Pennings，1986；Witte & Zimmerman，1986；Zey，1992）。他们集中关注决策过程，试着在确定决策是如何展开的同时把决策过程理解成一种社会剧、把决策场理解成故事制造厂。

有关决策是如何产生的研究为一组与人类行动有关的辩题提供了论坛，这组辩题是（March，1994a：viii-ix）：

第一个辩题，决策是基于选择的还是基于规则的。决策者是追求结果逻辑、寻找可选方案、根据先前偏好给可选方案的预期结果赋予价值、做出选择、实现利益吗？还是决策者追求适当逻辑、识别情境、找出与情境匹配的合适行为、遵循规则、实现身份和角色呢？

第二个辩题，决策制定的特点是偏向明确的、一致的还是模糊的、不一致的？决策是个体和机构达成一致、降低模糊性的机会，还是个体和机构展现、利用、扩展不一致和模糊性的机会？

第三个辩题，决策制定是工具性活动还是解释性活动。应该从哪方面去理解决策？主要是看它如何契入问题解决过程、适应性计算过程，还是看它如何契入意义建构过程（包括个体意义和社会意义）？

第四个辩题，决策过程的结果是主要归因于自主行动者的行动还是主要归因于交互生态圈的系统性特征。可以把决策描述成互相独立的行动者的意图、身份和兴趣的结果，还是必须强调个体行动者、组织以及社会的互动？

面对这些辩题，简单（而且正确）的结辩方法就是：组织中的决策、决策制定以及决策过程既有基于选择的也有基于规则的，既有明确、一致的地方，又有模糊、不一致的地方，既是工具性活动也是解释性活动，既可以归结于自主行动者的行动，又可以归结于交互生态圈的系统性特征。最大的问题不是二选一，而是如何把它们整合在一起，让它们可以相互阐释。本卷可以看作为整合工程献上的一份微薄之力，而本章可以看作对整合设计的粗略介绍。

2　决策作为理性选择

几乎所有现代经济学学科、大部分其他社会科学学科和以它们为基础的应用学科，都信奉这么一个观念：人类行动是人类选择的结果，人类选择是意欲理性的。理性选择理论认为决策制定以下面四条假定为基础：

> *有关可选方案的信息*　决策者知道有哪些行动方案可供选择。

有关预期结果的信息　决策者知道各可选方案可能出现哪些结果，还知道各可能结果的出现概率。

一致的偏好排序　决策者具有一套一致的价值观，根据这套一致的价值观确定可选方案预期结果的主观价值。

决策规则　决策者知道运用什么规则根据可选方案预期结果的主观价值选择一个行动方案。

最详尽的理性选择模型，假定决策者知道所有可选方案、各可选方案的可能结果、各可能结果的出现概率以及主观价值，并且据此选择期望价值最大的那种方案（Schoemmaker，1982）。理性选择模型并非只是强调期望价值，有时它还关注结果分布的其他特征，比如，分布的变异性（或者风险性）（Shapira，1995）。

理性选择理论经久不衰，这不仅令人惊叹，而且能够让人理解。简单的理性选择模型抓住了真理的要素，例如，消费品需求曲线的斜率一般是负的，员工对削减工资的反响通常比增加工资大。而且，理性选择模型的核心观点很灵活，当模型看起来不符合事实时，决策者经常可以重新解释偏好或者重新解释方案和结果，坚持行动。最后，选择不仅是种理论，而且是种信仰。"选择"和启蒙运动的意识形态有关，在人们的言论中出现频次很高，高到有意的、理性的选择变成以下两个一般问题的标准答案：为什么发生这种事？你为什么做这种事？

不确定性

组织决策学者都接受这些有关预期、结果主义选择的基本观点，但是在过去的 30 年间对它们做了很多修改，主要是考虑了理性所受的种种限制（Cyert & March，1992；March & Simon，1993）。尽管我们可以把决策制定理解成先前偏好和结果期待的产物，但现实情况是，由于许许多多的限制条件，个体和组织无法找到并实施最佳方案。

最早挑战简单理性选择模型的实证研究质疑的是它的信息假定。理性行动者对未来做两个猜测：猜测当前行动将来会产生什么结果，猜测那些结果将来会给人什么感受。理性选择理论的古典版本假定两个猜测都是精确的，实际决策情境则往往表明，两个猜测似乎都是有问题的。

第一个猜测关注的是当前行动的未来结果，长期以来，这一猜测的不确定性一直吸引着决策学者以及选择理论家的注意力。即使估计了各可选方案的结果，而且也意欲采取理性的行动，人类选择还是受到信息和计算的限制。这些理性限制一部分来自人类个体作为信息处理器的特性，他们不能清楚地看到或者准确地解释自己所处的决策情境。他们把复杂情境简单化，使用启发法和框架处理信息（Kahneman，Slovic，& Tversky，1982）。人们很难把所有可选方案都考虑到，也很难保证所收集到的信息是非常全面、完全准确的。组织可以多多少少弥补人类个体的局限性。在某种程度上，组织能够克服信息加工的限制，具有更强的平行加工能力、信息盘点能力和专家调动能力（Feldman，1989）。然而，与此同时，组织也带来了新的问题，比如信息的保存和沟通、协调和冲突等。结果，所有现代的理性选择理论实际上都是有限理性理论（Holmstrom & Tirole，1989；Kreps，1990）。

有限理性的核心观点是很基础的，现在也广为大家所熟悉。决策者并非一面对问题就知道所有可选方案、各可选方案的预期结果以及各预期结果的出现概率，他们需要经过搜寻才能发现这些信息。关键的稀缺资源是注意力，所以大部分有限理性理论都是关于注意力分配的理论（Cyert & March，1992；March，1988）。如果未能实现目标，决策者就启动搜寻，一直持续到找到一个足够好的、可以满足现有唤起目标的方案。决策者在旧方案附近搜寻新方案，如果未能实现目标，决策者就把搜寻集中在导致失败的问题领域；如果成功实现目标，决策者就可以转向其他领域搜寻。有限理性理论也是宽裕理论，所谓宽裕，就是指未利用的机会、未实现的收益、浪费等。当绩效超过目标，搜寻新方案的力度就减弱，宽裕就积累，目标就提升；当绩效低于目标，搜寻新方案的力度就加强，宽裕就减少，目标就降低（Antonelli，1989；Singh，1986）。

这个古典的组织搜寻与决策系统，通过三条途径让绩效和目标保持一致。第一条，调整目标适应绩效，也就是，决策者要知道他们应该期望什么。第二条，调整绩效适应目标，所采取的方式是，失败则增加搜寻，成功则减少搜寻。第三条，采取另外一种方式调整绩效适应目标，也就是，失败则减少宽裕，成功则增加宽裕。结果，组织既能应对逆境，又能适应顺境。

从这个方面来说，组织选择理论从个体决策行为研究那里借鉴了很多东西，同样聚焦于框架和人类处理信息不确定性的方法（Kahneman 等人，1982；Nisbett & Ross，1980）。这种做法，与经济学理论本身对信息不完全以及信息成本、交易成本的关心结合在一起，把最近的选择理论的实质部分变成了信息和注意力理论，也就是变成了有关第一个猜测的理论。

模糊性

第二个猜测关注的是未来偏好。决策学者很少考虑这一猜测的不确定性，即使考虑，也是认为它给理性设置了更大的障碍（March，1988，第 13 章）。看看标准选择理论认为偏好具有什么属性：

偏好是稳定的　假定决策者一般根据当前偏好选择行动方案，其中隐含的假设就是，当前偏好是什么样，未来（结果实现之时）偏好就是什么样。

偏好是一致的、精确的　偏好不一致或者偏好模糊都是不允许的，除非它们不影响选择（也就是，除非稀缺性或者权衡法则让它们变得不相干）。

偏好是外源的　假定偏好不管来自哪里，都不受当前选择的影响。

很多研究者通过一系列选择揭示偏好，发现偏好一致性出了名地难以建立。其中的原因可能在于考察的是显示性偏好。个体经常一方面知道自己偏好某物，另一方面又知道这种偏好是令人讨厌的。个体还经常清楚地知道自己的偏好与别人的偏好相互冲突，但很少做些什么来化解这些不一致。很多偏好表述并不精确。偏好随着时间而改变，所以未来偏好往往难以预测。尽管决策者根据偏好选择行动，但是行动和对行动结果的体验也经常影响偏好，比如决策者刻意地努力控制偏好（Greber & Jackson，1993；Mintzberg，1994）。

选择理论对偏好的描述与实际决策制定当中偏好的表现存在差异，这一差异可以解释为反映了某种并非总能纳入理论的平凡智慧。人类似乎认为选择理论夸大了将以两个猜测为基础的选择与以本身作为选择相比的影响力。他们似乎认识到偏好在某种程度上是建构、发展而来的——通过偏好与不符合偏好的行动之间的对抗以及相互冲突的多种偏好之间的对抗建构、发展而来的。尽管他们寻求某种一致性，但是他们似乎把不一致看作发展和澄清偏好的正常且必要的一个方面。他们做某件事情有时仅仅是因为他们必须做，或者因为别人在做，或者因为他们"想"做。

人类的所作所为，表明他们好像知道说和做在很多方面是不同的两回事，言行不一致在某种程度上对言、对行都有好处（Brunsson，1989）。他们同意某种程度的虚伪是一种智慧；他们似乎比选择理论对辩论的政治性质有更清楚的认识、更深切的体会；他们并不希望上帝把精于算计的人变得太过正直；他们隐藏、管理自己的偏好，免得聪明反被聪明误或者被人利用；他们建构宗教信仰之类的东西来塑造偏好（March & Olsen，1989，1995；Wildavsky，1987）。

风险偏好

"风险偏好"这一概念，和理性选择理论的其他偏好概念一样，把决策学者分成两派。第一派，包含很多正统选择理论家，把风险偏好当作选择表现出来的一个特征，这个特征往往与结果（货币效用）分布的变异性有关。这派人认为，风险与决策者所遵循的任何可观察到的行为规则没有必然联系，它只是显示性偏好函数的一个特征。第二派，包含很多行为取向的选择理论家，强调选择寻求风险或者规避风险的行为过程。这派人发现，在可观察到的风险寻求或者风险规避偏好之外，还有很多因素影响到风险承担（Lopes，1994；MacCrimmon &

Wehrung，1986；March，1994c；Shapira，1995）。

　　诚然，决策者经常关注机会与危险的关系，而且往往为后者操心，但是，在考虑是否承担风险的时候，他们似乎对概率估计相对不敏感。尽管选择理论把赌博当作风险决策的原型情境，但是决策者认为风险承担和赌博是不同的，具体就是，尽管他们应该承担风险，但是他们绝对不该赌博。他们偏向于积极回避或者努力控制变异性，而不是在决策之时拿它与期望价值权衡（Mach & Shapira，1987）。

　　决策者确实有时承担较大的风险，有时承担较小的风险，但是风险、风险承担、风险偏好之类的概念，在某种程度上是决策学者的发明。通常，决策者并非有意地寻求风险，也并非有意地规避风险。影响个体和组织风险承担的因素可以方便地划分为三类。第一类，决策者对决策所涉风险的估计。那些估计容易受到人类常见偏见的影响，进而影响到实际承担的风险。第二类，决策者的风险承担倾向。决策者似乎在不同情境下有不同的风险承担倾向，特别是，决策制定的背景是成功还是失败有着很大的影响。第三类，组织行动的可靠性。方案选定之后能否有效地执行，会（无意识地）影响风险承担，也就是说，行动的不可靠性会转化成风险。

　　估计风险的时候，决策者一般把结果的不确定性归因到以下三种因素当中的一种或多种：世界固有的不可预测性、信息不完全、与战略行动者的契约不完全。这些因素都会让决策者努力降低不确定性。第一，对于世界固有的不可预测性造成的不确定性，决策者的应对方式就是判断事件的发生概率。一般而言，在熟悉情境下，决策者对概率的估计相当精准。然而，他们经常运用启发法估计发生概率，而启发法有时会误导他们，例如，决策者往往根据事件的代表性判断事件的发生概率，但最原型的事件并非总是最常发生的事件。特别是，决策者往往忽略事件的基准概率信息（Kahneman 等人，1982；Shapira，1995）。

决策者的经验会给风险估计造成系统性偏差。能够晋升到具有决策权的职位的人，一般都有辉煌的战绩，这使他们过于相信自己的智慧和眼光，难以看到自己所获成就当中的运气成分（Langer，1975；Taylor & Brown，1988）。结果，战果累累的决策者往往低估他们过去经历的风险以及他们当前面临的风险，造成主观意图规避风险，实际行为寻求风险的现象（Kahneman & Lovallo，1993；Keyes，1985；March & Shapira，1987）。

第二，对于信息不完全造成的不确定性，决策者的应对方式就是勤奋和想象。他们判断信息的质量，尽可能地提高信息质量。他们有种强烈的确定性倾向，也就是希望所掌握的信息没有任何疑点。他们更有可能试图肯定已有信息，而不大可能获得或者注意与已有信息不一致的信息；他们偏爱具体案例信息而非一般趋势信息；他们偏爱生动信息而非枯燥信息；他们偏爱具体信息而非抽象的统计数字；如果信息相互矛盾，那么他们往往仅仅依赖几条线索，而把其他线索排除在考虑之外（Shapira，1995）。

第三，对于契约不完全造成的不确定性，决策者的应对方式就是建立情报系统，侦查他人意图。他们尽量使用不必依赖他人的资源（Pfeffer & Salancik，1978），并且尽量把战略行动者纳入未来的行动方案，而不是把战略行动者当作随机事物去预测。

在组织中观察到的风险承担水平，不仅受到风险估计的影响，而且受到风险承担者对特定期望风险水平的寻求倾向或者规避倾向的影响。有人认为风险承担倾向可以作为一种稳定的个体特质，尽管支持证据与反对证据互相混杂，但是这个观点似乎也是有道理的，不同人之间——甚至不同文化或亚文化之间——在风险承担倾向上存在一致的差异。然而，有关证据似乎也表明，至少在特定文化之内，与其他因素相比，比如与情境因素相比，风险倾向的个体特质性差异对风险承担的影响相对较小。

也许最公认的情境因素是决策者区分对待成功（或者期望成功）情境与失败（或者期望失败）情境。风险承担倾向随着现状—目标差距的变化而变化，而且在成功情境之下的变化不同于在失败情境之下的变化（Payne，Laughhann & Crum，1980，1981；Singh，1986）。在现状与目标比较接近的时候，有两套期望价值相同的可选方案，如果结果涉及收益，那么决策者倾向于选择风险较小的那个方案，如果结果涉及损失，那么决策者倾向于选择风险较大的那个方案（Bromiley，1991；Kahneman & Tversky，1979）。

在现状远远超过目标的时候，决策者倾向于承担较大的风险，部分也许是因为他们觉得在这种情况下失败的可能性很小，部分也许是因为他们觉得缓冲余地很大、可以放开手脚行动。在现状远远低于目标的时候，决策者的风险承担倾向更复杂，尤其是在连生存都受到威胁的时候。一方面，随着他们越来越落后于目标，他们往往变得越来越冒险，并且假想这样做可以增加实现目标的可能性；另一方面，随着他们距离毁灭越来越近，他们往往变得越来越刻板、僵化，重复先前的行动，规避风险（Staw，Sandelands & Dutton，1981）。既然越来越落后于目标一般就意味着距离毁灭越来越近，那么失败对风险承担的影响似乎取决于决策者把注意力集中在希望上还是恐惧上（Lopes，1987；March & Shapira，1992）。

行动的不可靠性也会带来风险。能力、沟通、协调、信任、职责或者结构方面的问题，等等，都是行动不可靠性的体现。无知是行动结果分布的主要变异源。随着决策者变得越来越博识，他们的平均绩效就会越来越好，不可靠性就会越来越低。同样的，社会控制往往会增加不确定性。社会控制的松严程度，或者说力度的强弱，与有意识的风险承担只有极弱的相关性，但是这会影响决策者实际展现出的风险承担水平。

3　决策作为基于规则的行动

决策制定就是结果主义、偏好驱动的选择，这一理念并非一直被视作公理。特别是，一直存在这么一个观点：理性、预期、计算、结果主义行动的理论低估了另外一种决策逻辑的普遍性和明智性，这一决策逻辑就是关于适当、责任、义务和规则的逻辑（Burns & Falm，1987；March & Olsen，1989；March & Simon，1993）。我们观察到的决策行为，很多都反映了人们有一种力求实现身份的习惯做法。例如，大多数时候，组织中的大多数人会遵循规则，即使这样做对他们没有明显的好处。组织中的很多行为是由与身份概念有关的标准操作流程、职业标准、文化规范和制度结构详细规定的。

组织中的实际决策，就像个体的实际决策一样，似乎经常涉及寻找适当的规则去遵循。适当逻辑与结果逻辑不同，它不是根据结果价值评价可选方案，而是将情境与身份相匹配。因此，它包括下面几个因素：

情境　决策者将情境分类，不同类别的情境与不同的身份或者规则相联系；

身份　决策者对自己的个人身份、职业身份、官方身份有一套认识，在不同的情境下不同的身份被唤起；

匹配　决策者认为在所处情境下怎样做符合自己身份，就怎样做。

　　这种身份实现和规则遵循绝不是通常意义上的、有意的。它们并非追求利益、计算当前选择的未来结果的产物，而是一套变化着的（而且经常是模糊的）权变规则和身份与一套变化着的（而且经常是模糊的）情境互相匹配的产物（Turner，1985）。它们使用的术语是责任、角色而不是预期、结果主义选择。决策者做选择的时候，往往不怎么考虑偏好。决策者的行动反映了他们认为什么样的行为是正当的，而且决策者往往忽略他们自己的有意识的偏好。他们不是在主观结果和偏好的基础上行动，而是在规则、常规、流程、惯例、身份和角色的基础上行动（Anderson，1983；Biddle，1986；March & Simon，1993）。他们遵循传统、预感、文化规范以及他人的建议或者行动。

　　众所周知，规则和标准操作流程在常规情境下是十分有用的，可是它们的重要性又不局限于常规情境。在界定不良的情境下，决策者的行为也往往更多地遵循身份驱动的适当逻辑而不是有意识的成本收益分析（Ashforth & Maelstrom，1989；Schlenker，1982）。个体解决模糊问题时遵循启发法，在新异情境下追求身份实现。决策之所以具有不确定性，更多的是因为适当逻辑的要求不明确，而不是因为行动的结果或者决策者的偏好不明确。决策源自对身份本质和情境本质的推理，这种推理调用的认知过程是解释，调用的社会过程是形成说明（Tetlock，1992）。匹配情境和身份的规则，也许是通过经验发展而来的，也许是从别人那里学来的，也许是从类似情境推广而来的。

规则发展

规则随着时间而演变，当前规则储存着先前经验和分析所产生的信息，这些信息并不能被当前的系统性评价所提取。把规则看作编码过的信息，这一观点导致组织决策领域最近的数篇研究把焦点集中在以下几个方面：规则的变化和发展方式（Schulz，1992；Zhou，1993），规则遵循的长期明智性，文化、历史、人口生物学领域的某些经典难题（March，1994b）。

研究者通常考虑的规则发展过程主要有四种。第一，计算行动期望结果的行动者有意识地选择、理性地接受规则。从这个角度来看，规则可以看成理性的各方之间的契约、协议，由一套行为规范和行为常规组成，对理性的各方都有约束力。这种契约观导致博弈理论家喜欢把规范和制度解释成理性行动者之间的元博弈协议（Shepsle & Weingast，1987）。

第二，组织或者社会从自身经验学习、根据环境反馈不断修订行动规则（Hubert，1991；Levitt & March，1988）。这种经验式学习往往具有适应性理性，也就是，它允许组织为他们可能面临的选择找到好的甚至最佳的规则。然而，从经验中学习有时也不可靠。它可能导致迷信经验，并且可能导致对于局部来说是最佳的、对于整体来说远非最佳的规则。如果在最终结果还未见分晓的时候就迅速调整目标，那么就有可能把暂时结果不好、长期结果较好的行动解释为失败，把暂时结果较好、长期结果不好的行动解释为成功。组织非常容易采纳一项对于现有胜任力而言明智的技术，很难采纳一项对于现有胜任力而言是次优的、但是如果投入足够的时间和精力发展胜任力也许就会发现它是最优的技术。这些反常现象经常出现，应当予以重视（Arther，1989；Levinthal & March，1993）。

第三，规则像时尚或者麻疹一样传遍组织群。决策者互相抄袭、模仿是平凡组织的适应行为的共同特征（Fligstein，1985；March，1991；Sevon，1996；Westney，1987）。例如，如果我们想说明会计规范的发展情况，那么我们一般会去看看标准会计流程是怎样在一群会计之间传播的。我们会观察到，看到职业协会推荐的某个做法很好，或者看到意见领袖使用的某个做法很好，会计们就会纷纷效仿（DiMaggio & Powell，1983）。像学习和选择一样，模仿往往有意义，但并非总是有意义。知识的传播过程和时尚的传播过程是十分类似的。

第四，很多个体规则聚在一起形成规则群，规则群不断进化（Axelrod，1984；Baum & Singh，1994；Hannan & Freedman，1989；Nelson & Winter，1982）。和经验式学习一样，规则也依赖于历史，但是具体机制不一样。个体规则是不变的，但是规则群是变化的，因为随着时间的推移，不断有旧规则被淘汰，不断有新规则被纳入。决策规则发展的进化观之所以出现，最初是为了替决策者最大化预期效用假定辩护。这个观点很简单：一群决策者竞争稀缺资源，结果，有的晋级，有的出局，具体结果取决于各自所依赖的决策规则实际上是不是最佳的。因此，这个观点认为，我们可以假定留下来的规则（不管其表面特征如何）是最佳的。

这个观点强调进化对于发现最佳规则的作用，具有一定的吸引力，但是大部分支持选择理论的学者认为，选择不能可靠地保证规则群在任何时刻都是最佳的（Carroll & Harrison，1994；March，1994b）。实际上，留下来的规则并非一定是明智的，而是取决于变化率、一致性以及愚蠢三者之间相当微妙的相互啮合。至少，智慧要求偶尔偏离规则，要求适应率总体上与环境变化率保持一致，要求模仿网络的组织方式允许明智行动的传播速度多多少少快于愚蠢行动。

规则履行

对于大多数强调规则的决策学者来说，社会化规则、遵循规则一般不是有意地签订一个显性契约，而是就事情性质、自我概念、正当行为形成一套非正式协议。这些理念经常被视作理所当然的，然而，理所当然的规则并不是自动履行的。规则的一致性和简单性都得不到保障。规则往往是模糊的；适用于某一情境的规则也许不止一条；也许只有经过解释我们才知道规则要求什么样的行为（Bardach，1977；Pressman &

Wildavsky，1973）。

因为个体和组织想理解历史、理解自己，因为他们想改善他们所处的那个往往是混乱的、不确定的、模糊的世界，所以他们解释存在什么规则和身份，哪些规则和身份与具体情境是有关的，具体情境需要应用哪些规则和身份。适当的不同命令，也就是自我概念的不同方面，往往是互相矛盾的，个体也许要付出很大努力才能解决它们之间的冲突（Elster，1986）。个体也许不知道要做什么，或者也许知道要做什么但是无法去做，因为资源有限、能力有限。

这些不确定导致基于规则的行动理论区分规则和具体情境下的规则实现。规则和身份只有经过建构性解释、批评和辩护才能转化成行为，中间的过程需要加以明确规定。我们可以认为规则履行仅仅是另外一种形式的理性行动，即预期各种解释的可能结果然后选择对行动者最有利的一种解释（Downs，1967；Tullock，1965）。从这个角度来看，模糊和冲突通过计算加以化解，解释之间的不一致是利益冲突的结果。

尽管规则解释当然涉及各种各样的利己主义计算，但是也涉及另外一些不同的认知过程——识别不同情境的相似之处，识别不同规则的相似之处，参照熟悉的情境与熟悉的规则的匹配模式，把新的情境与新的规则匹配起来。参照相关的身份澄清身份，参照可比的规则澄清规则，参照类似的情境澄清情境。如果规则是模糊的，那么这种澄清过程往往有很大的问题，而模糊也许本身就是政策制定的一个自然结果（Baier，March & Saetren，1986；Page，1976）。

4　决策制定与意义建构

决策制定与意义建构有着十分密切的关系。偏好、身份、规则、情境和期望的形成都涉及从混乱的世界当中建构出意义。结果，研究决策制定很大程度上就是研究个体和组织怎样理解自己的过去、本质和未来（Berger & Luckmann，1966；Fiske & Taylor，1984；March，Sproull & Tamuz，1991）。同时，决策制定也会影响所涉及的意义建构。个体和组织一边制定决策，一边改变他们的偏好、身份并且塑造他们所解释的世界。因此，意义建构既可以看作决策制定的输入又可以看作决策制定的输出。

意义建构作为决策制定的输入

除了为数不多的几个理论可能强调时间秩序以外，所有的主流决策理论都把行动描述成经过缜密思考的，也就是指决策者要经历某些过程把情境编码成对自己有意义的条款。因此，不管是把决策描述成"理性的"，还是把决策描述成"基于规则的"，如果不澄清个体和组织是怎么塑造决策前提的，那么描述就是不完整的。理性行动理论假定决策者理解情境的方式是形成对未来结果的期望以及对那些结果的偏好，基于规则的行动理论则假定决策者理解情境的方式是确认情境与身份、匹配适当的规则并且解释那些匹配的含义。这些意义在行动之前就已经建构出来，可以用来预测决策结果。

行为决策理论方面的很多研究集中在个体在决策过程中是怎样加工信息、建构意义的（March & Sevon，1988）。这种研究有很多发现，其中一个就是，个体经常编辑、简化情境，忽略某些信息、锁定另外一些信息。他们经常试图把问题分解成子问题，忽略子问题之间的交互作用，从想要的结果倒推必要的前提。他们从情境中辨认出模式，应用在他们看来适合某一情境的拇指法则（即经验法则）。他们采用框架和范式，这些框架和范式往往强调决策问题在他们自己所处时空附近的表现。他们为复杂现象创造"神奇数字"（例如，"利润"、"生活成本"），并且把这些数字等同于它们所代表的更为复杂的现实。他们往往以维护他们先验信念以及他们自身重要性的方式解释经验（Fiske & Taylor，1984；Kuran，1988；Nisbett & Ross，1980）。

研究同样强调决策者怎样给自己的目标赋予意义。哪些偏好和身份被唤起？表现为什么形式？从偏好研究中，我们可以看出，偏好信息也经常和其他信息一样被简化。不是所有的偏好都会被考虑到，为什么有些偏好被唤起、另外一些没被唤起，这一点对于决策来说很重要。类似的，特定偏好维度上的绩效评价也被简化，仅仅设定一个达标值，忽略绩效渐渐向达标值靠拢。身份研究表明，有些社会线索和经验线索可以定义哪些身份是有关的、哪些身份是无关的，这些线索会影响身份的唤起和解释。

意义建构作为决策制定的输出

看一个决策理论是否忠于标准决策理念，关键就是看它是否忠于结果主义原则。理性决策理论和基于规则的决策理论都把决策结果当作决策过程的主要产品。这两种理论假定，决策者之所以进入决策过程是为了影响决策结果。他们在决策制定之前建立意义，以降低不确定性和模糊性。意义建构之所以是重要的，是因为它会对决策结果造成影响。

另外一方面，在决策场研究的描述中，我们似乎经常可以看到决策过程对决策结果没有什么影响的现象。决策者为了制定决策收集了很多信息，可是随后的决策结果似乎往往与这些信息没有多大的关系；决策者为了制定决策进行了大量讨论，可是讨论似乎往往充满明显与决策主题不相关的话题；决策之后对所做决策为什么是合理的讨论，似乎往往比决策之前对要基于什么理由制定决策的讨论更充分。这些反常现象似乎反映了（至少部分反映了）意义不仅是决策制定的前提，而且在某种程度上是决策制定的结果。

决策制定甚至在被意义塑造的同时就在塑造意义。选择过程为发展和传播对历史状况和当前状况的解释提供了机会，也为交互建构生活理论提供了机会。选择过程让决策者有机会定义美德和真理，发现或者解释正在发生什么、自己一直在做什么、自己的行动有什么正当理由。选择过程还可以用来嘉奖或者谴责刚刚发生的事情，用来操练、挑战、巩固友谊信任关系、敌意对抗关系以及权力地位关系。决策和决策制定在发展决策赖以为基础的意义和解释方面发挥着重大作用（March & Olsen，1976）。

意义和决策这样共同演化，给理解决策制定造成了两大困难。第一个困难与意义建构和决策制定的同时进行有关。大多数选择理论假定行动与其前提之间存在某种一致性，比如，理性选择理论假定行动要与期望和偏好一致，基于规则的选择理论假定行动要与情境定义和身份要求一致。几乎无一例外的，这些理论都把前提当作与之有关的行动的前因变量，认为选择主要是个让行动与前提一致的过程。

观察实际的决策制定，我们就会发现，行动与其前提的关系具有很强的交互性（March，1994a）。偏好和身份在做选择的过程中形成，先有行动，然后根据行动编造前提。个体和组织通过做选择并且体验自己及他人的反应发现自己的目标。决策者一边想着用决策制定反映自己的信念，一边想着用信念形成反映自己的决策。决策制定与其前提共同演化，这一基本特征使它们的一致化趋势变得更强而且更不利于预测决策结果。

第二个困难来自一个认识，这个认识就是也许从很多方面来说我们最好把决策制定看作意义工厂而不是行动工厂。决策结果对于理解决策制定来说往往并没我们想象的那样重要。个体和组织就行动与结果的关系、身份与行为的关系书写历史、建构社会可以接受的故事情节。决策制定是个初级场，在这个初级场里，决策者可以发展自己对生活和决策立场的解释，并且欣赏这些解释。结果，组织往往大张旗鼓地收集展示信息，但在决策之时不一定用到这些信息（Feldman & March，1981）。组织往往在决策之前激烈讨论可选政策，但在决策之后对政策实施漠不关心（Christensen，1976）。

组织决策学者在讨论这些明显的反常现象时，强调决策参与、决策过程以及结果昭示的象征意义（Arnold，1935；Edelman，1964）。例如，个体往往努力争取参与决策过程的权利，但是并不行使这项权利。个体还往往非常重视决策制定的仪式和象征物，仪式和象征物所象征的意义也许浅薄到仅仅满足特定个体和团体的自我需要，也许深远到巩固特定社会或者亚文化的核心意识形态。

很难想象一个信奉理智和理性辩护的社会没有一个详尽的、套路化的选择神话，以维持社会秩序、支撑社会意义并且促进社会变革。另外一方面，选择过程可以让所牵扯到的人放心，让他们相信做选择的方式是明智的，经过了周密的计划、全面的思考、深入的分析，能够利用的信息都利用了，需要征求的意见都征求了，应该关注的问题都关注了。同时，选择过程还可以让所牵扯到的人看到选择过程本身的重要性。特别是，仪式和象征物可以用来强化这样一个观念：管理者（和管理决策）在影响组织绩效，而且是用正当的方式影响组织绩效。

说到这里，我就要提到一个视角，这个视角认为，"生活可以看作一系列选择"的观点——很多现代行动理论的核心观点——是有问题的，在这个观点之外，还有另外一个观点可选。这个替代观点在文学理论中表达得很充分，但是不为选择理论所熟悉，它就是，"与其说生活是做选择，不如说生活是形成解释"。这个视角认为，结果不如过程重要——不仅在行动上而且在道德上，过程赋予生命意义，意义是生命的核心。这种视角以更为宏观的形式颂扬象征物、神话和仪式，认为它们对于理解决策是如何发生的，特别是对决策过程与决策结果的脱节来说非常关键。

5　决策制定生态学

因为组织决策制定理论强调"制定"决策，所以它们往往集中探讨在特定的地方（决策制定体）、在特定的人（决策者）的脑子里以及在特定的时间（决策制定之时）正在发生什么。这种刻画似乎低估了制定决策的组织的系统性特征。它们往往忽略围绕着实际决策制定的冲突、混乱和纷扰的重要性。以下情况很常见：很多事情同时发生着，而且互相影响着；组织某个部分的行动与其他部分的行动并非紧密耦合，而是相互塑造；决策制定的很多特点与其说是由个体行动者的意图或身份导致的，还不如说是由个体行动者之间交互作用的系统性特征导致的。

决策制定发生在一定的社会背景之下，这个社会背景本身同时被其他组织的决策制定塑造着，某个组织的前提和行动与其他组织的前提和行动是共同演化的关系。决策制定的这个交互性特点随时间延展着，因此，某个组织的信念、规则和期望的发展与其他组织的信念、规则和期望的发展是相互交织的。组织的历史以及对那些历史的解释是由社会互动塑造的，因此，在不理解其他组织历来决策的情况下，是难以理解任何一个组织在任何一个时间的决策的。竞争、合作和模仿导致不同组织之间互相塑造着彼此的决策和决策制定（Matsuyama，1995）。既然系统的不同部分按照这种方式交织发展着，那么与在一个不需要考虑环境具体是怎样变化的、首要问题是组织以什么形式对环境适应到什么程度的世界相比，它们的演化路径更难预测。

要想考察这些交织发展以及它们的影响，就需要运用一种也许可以叫作"决策生态学"的决策制定观，这种决策制定观考虑个体单位之间的关系结构怎样与个体单位的行为交互作用，从而产生不能简单地仅仅归因于个体单位的行为的系统性特征。最近的组织研究强调了这种决策制定观，其核心观点包括：更关注偏好和身份不一致的不同个体或团体之间的交互作用而非单个决策者；决策制定根据时间而非因果关系来组织；决策制定的前提与以这些前提为基础的行动交互演化。

交互不一致

正如无数观察家注意到的那样，自主个体的选择理论，或者自主个体的规则遵循理论在描述组织决策制定时会面临一个明显的困难，那就是组织不是个体，而是很多个体通过很多方式联系起来的集合体。特别是，个体之间的身份和偏好经常不一致，造成冲突和混乱（Coleman，1986；March，1981）。

标准选择理论把偏好之间的不一致处理成权衡取舍、建立商品边际替代率的问题。个体之内的过程受到某种机制的调节，标准选择理论并未明确指明这一机制是什么，但是假定个体能够根据这种机制比较不同可选方案的价值；个体之间的过程则受到另外一种机制的调节，这一机制就是或显性或隐性的价格机制。例如，古典企业理论假定市场（特别是劳动力市场、资本市场、产品市场）把互相冲突的需求转化成价格，这样就把组织转化成个体。从这个视角来看，企业家通过与各方交易把自己的目标强加到组织上，比如，向工人支付双方都满意的工资，向股东支付双方都满意的投资回报，向顾客提供双方都满意的产品特性，等等。类似的，身份或规则之间的不一致被处理成安排优先次序的问题。组织通过等级结构安排优先次序，这一等级结构不仅在规则与他人意识之间建立缓冲①，而且在不同的规则或不同的身份之间建立主从秩序。

这种过程可以看成决策制定参与者分两步走，制定出一系列非正式协议的过程（March & Simon，1993）。第一步，参与者就如何协调各自的行为达成非正式协议——每个参与者尽可能在尊重其他参与者的偏好或规则的前提下协商出对自己而言的最佳条款。第二步，参与者履行非正式协议。当然，在更复杂的版本当中，参与者把非正式协议设计成第一步协商出的条款能在第二步自我实施。代理理论方面的很多现代工作，博弈理论在经济行为中的应用（Milgrom & Roberts，1992；Kreps，1990），以及很多古典行政理论，都呈现出这个两步观的特点（March & Simon，1993）。

认为参与者具有互相冲突的偏好和身份，也是决策制定政治观的基本特征。然而，决策制定政治观更少地强调在委托人与代理人之间，或者合伙人之间设计一个非正式的协议系统，却更多地强调就政治过程设计一个非正式协议系统，这一政治过程除了允许在解决各方之间不一致的情况下作出决策，在其

① 通俗地理解，就是用"法治"代替"人治"，尽管"法"也是人制定的，但不是人可以随意制定、随意更改的。——译者注

他情况下也被允许。常见的隐喻是那些关于"强制力"或者"权力"、协商、交换或者联盟的隐喻（March，1994a）。在交换过程中，权力既不是来自拥有他方想要的东西，也不是来自想要他方不想要的东西；它来自拥有资源，来自欲望、偏好或身份的特异性。在偏好汇集过程中，权力来自拥有资源，来自具有靠近社会偏好核心的偏好，也就是，具有主流身份（March & Olsen，1989）。

决策的基础是不一致的偏好或身份构成的生态圈，这一描述似乎在很多情况下都比假定单一的、一致的偏好函数，或者一致的身份和规则构成的集合体更接近真理。更大的问题也许是，很多关于不一致条件下的决策制定的行为学研究的第二个特征——决策制定的政治方面的问题似乎没完没了。如果可以假定决策过程分两步——其中，第一步通过副支付、形成联合体、创造规则和身份的等级结构建立一套联合的偏好和身份，第二步在那些偏好和身份的指导下行动，那么我们可以把第一步当作定义行动的约束条件，把第二步当作在这些约束条件之内行动。这种划分一直很有诱惑力（例如，区分"政策制定"与"行政管理"，区分"制度"、"规范"与"制度规范"下的决策制定），但是这样描述决策制定很少令人满意。我们观察到的决策过程，似乎在每个截面、每个截点都有战略行动和协商注入（March，1981）。因为决策制定具有这一特点，所以有专门的理论探讨第二步（通常称为"履行"）的难题——所

"制定"的决策与所"实现"的决策之间的关系（Bardach，1977）。

一般而言，战略行动者之间的尔虞我诈会大大降低信息的价值，但不会完全磨灭组织沟通的意义，这很好地证明了，对于理解组织关系来说，信任是十分重要的。在冲突系统当中，联盟涉及跨时间的非正式协议。协议很少能够精切地加以明确规定，它不是一系列精确的契约，而是一系列非正式的、松散的理解和期望。结果，决策制定往往强调信任和忠诚，与此同时，又往往认为信任和忠诚是很难建立和维护的，而权力产生的基础是被认为值得信任。有关重复博弈、理性行动者之间迭代计算以及持久关系规范的现代研究，质疑了某些曾经被视作标准的高明谈判技巧，并且把信任和声誉移到多行动者决策制定理论的核心位置（Gibbons，1992；Milgrom & Roberts，1902）。

时间秩序

决策制定的生态学本质使它呈现出无秩序的特点。我和皮埃尔·罗密拉尔（Pierre Romelaer）曾经把组织决策过程描述为有趣的足球比赛："想想足球比赛的场面。不同的时间在场上比赛的人并不是完全相同的，不断有人上场，不断有人下场，不时有人把球扔进球场，不时有人把球踢出球场。只要在球场上，人们看到球向自己传来就要踢球，往靠近对方球门的方向踢，往远离己方球门的方向踢"（March & Romelaer，1976，第276 页）。

观察到组织决策制定的无秩序特点之后，有些人认为它几乎没有一点秩序，最好把它描述成随机过程。然而，更常见的立场是，组织在无秩序中建立秩序的方式，并不像常规理论预期的那样以等级结构、手段—目的链为基础。决策过程有秩序，但不是常规秩序。特别是有人认为，任何决策过程所涉及的许许多多的个体和团体，同时都在参与其他事情。要想理解某一决策场中的决策，就要理解那些决策是怎样契入参与者的生活的。

从这个角度来看，我们在具体决策情境中观察到的松散耦合是我们的理论造成的。表面的混乱可以理解为源于参与者生活状态之间相互啮合的不断变化。任何特定的决策都可以看成一系列时间片断的组合，在不同的时间片断，参与者的生活状态是不同的。有一个基本观点相同但更狭窄的版本，它把焦点集中在注意力分配上。该版本的观点很简单：个体关注某些事物，就不能关注其他事物，特定潜在参与者投入到特定决策上面的注意力取决于该参与者需要在该决策之外的事情上投入多少注意力。

既然在决策之外的事情上投入多少注意力随着参与者的不同而不同，而且随着时间的变化而变化，那么任何特定的决策获得的注意力可能既不稳定又显著依赖于决策的特性

（Kingdon，1984）。同一决策可能吸引到很多注意力，也可能吸引到很少注意力，具体吸引到多少注意力，取决于潜在参与者还在做其他什么事情。把决策制定置于这种注意力分配不断变化的背景之中，决策制定表面的古怪特点就更好解释一些了。

这种想法还被推广到去处理问题流、对策流和参与者流，形成名为"组织决策的垃圾桶理论"（Cohen & March，1986；March & Olsen，1976）。垃圾桶理论假定选择机会、问题、对策和决策者的到来都是外源的、依赖于时间的，问题和对策依附于选择，进而彼此依附，不是因为它们存在手段—目的关系，而是因为它们的时间接近性。例如，在极端情况下，几乎随便什么对策都可以与随便什么问题联系起来，只要它们发生于同一时期。然而，时间汇集受到社会结构和组织结构的限制（Levitt & Nass，1989；March & Olsen，1986）。

6　结论

组织决策制定研究影响了整个社会科学当代的行动观。然而，研究最大的传统就是在增加知识的同时增加无知。只要思考组织决策制定研究，就会得出结论说它们非常符合这个传统。我们现在知道的比过去知道的多，而且现在，我们所知道的东西，某些已经被很好地纳入理论框架。特别的，简单的理性行动观和简单的角色扮演观——50 年前具有代表性的决策制定想法——已经大大丰富拓展了，大部分组织决策理论都把强调有限理性、偏好和身份不一致的思想作为理论根基。

获得这种知识的代价就是意识到其他困难。我们要了解到偏好和身份的不稳定性、不一致性和内源性，了解到按照结果逻辑或者适当逻辑行动的过程中意义建构的复杂性，了解到决策过程对意义建构的重要性，了解到决策制定的交互性、生态学本质。要处理所有这些问题，我们任重而道远。

本文最初是由祖尔·沙皮拉（Zur Shapira）编辑的《组织决策制定》的序言，经过作者和出版商的允许在此翻译并再版。

第 4 章　愚蠢术

1　选择与理性

从选择着手解释人类行为、指引人类行为，这一理念在思想王国的日子并不好过，不断受到多方威胁，比如，神学对自由意志的争论，荒诞主义的困境，心理行为主义的怀疑，历史、经济、社会和人口学决定论的宣称，等等。然而，事实证明，"人类做选择"这一理念足够稳健，稳健到成为当代西方文明重要细分领域的主要信仰，几乎所有的社会政策制定理论都宣称忠于这一信仰。

这一信仰的主要教义大抵如下：

人类做选择。做选择的正确方式是，在当前可用信息的基础上，根据目标评价各可选方案，选择对目标最具吸引力的那个方案。选择过程可以通过选择术加以改善。运用现代技术装备，我们可以改善可选方案搜索的质量、信息的质量，以及用于评价可选方案的分析的质量。这是一个理想的选择模型，尽管实际的选择也许在很多方面并不像它描述的那样，但是对于描述个体、组织和社会系统应该如何做选择来说，它确实很有吸引力。

这些信条既依赖又激发某些经文，那就是决策制定理论。这些经文部分是对一些公认教条的编纂，部分是一些公认教条的源头。结果，我们文化的智慧观与我们的选择理论有大量相似之处，特别是，它们都包含以下三个明显相关的观念：

第一个观念是目的先存。解释人类的选择行为时，我们自然而然地把人类的目的作为前提假定。实际上，我们发明了专业文献当中最庞大的术语系统之一："价值观"、"需求"、"目标"、"商品"、"品味"、"偏好"、"效用"、"愿望"、"欲望"、"驱力"……所有这些都反映我们有一个强烈的信念：要想有效地解释人类行为，就要定义一套目标，这套目标（a）是选择系统的先验属性；（b）用于评价行为明智与否。

不管我们是在谈论个体还是在谈论组织，目的都是显而易见的讨论前提。我们往往根据目的定义组织，有些人甚至认为组织就是最大的由目的引导的集合体。我们根据目的评判组织行为的正当性。个体根据一套假定先于行为的价值观前提解释自己和他人的行为。规范的选择理论开篇就会提到一个前提假定：预先存在一个偏好次序，选择过程中，根据这个偏好次序评价可能结果的价值。

第二个观念是必须一致。我们既把一致当作人类行为的重要特性，又把它当作规范选择模型的先决条件。认知失调理论、平衡理论、态度—地位—表现一致理论都提醒着我们，人类的很多行为都可以从一个角度加以解释，那就是，人类的信息加工系统能力有限，因此要求一致。

同时，一致也是文化的美德和理论的美德。行动应该与信念一致，组织不同部分的行动应该互相一致。个体和组织的各项活动是彼此联系的，服务于一套一致的目的。一致格言在组织中的结构性体现就是负责协调和控制的等级结构，在个体身上的结构性体现就是一套产生一致偏好次序的价值观。

第三个观念是理性至上。我这里所说的理性是指，系统地联系结果与目标，以决定什么是正确行为的选择过程。强调理性至上，我们就在暗中拒绝（或者严重损害）另外两种选择过程：(a) 直觉过程，指人们知道要怎么做但不知道为什么要这么做；(b) 传统和信仰过程，指人们之所以怎么做是因为事情就该这么做。

我们既在理论当中又在文化当中坚持理性伦理。我们通过手段—目的分析评判个体和组织行为的正当性，把冲动、直觉、信仰和传统排除在这个正当性评判系统之外，认为它们与这个系统是背道而驰的。可选方案也许可以通过直觉产生，但是分析评判行动的正当性则要在理智的背景下进行。

显然，这些观念深深扎根于文化，它们的根系已经蔓延到对大部分西方现代史有影响的思想，以及对那段历史的解释之中。它们之所以广为人们接受也许是因为理性主义、个人主义向文化领域的思维风格渗透。更显然的是，这些观念深深扎根于现代选择理论。思考应该先于行动，行动应该要有目的，目的应该根据预先存在的一套一致的目标来定义，选择应该以行动—结果一致理论为基础。

现已成为管理科学、运筹学或者决策理论一部分的管理决策工具，都假定预先存在一套一致的目标；微观经济学理论的整个结构几乎都建立在一个前提假定之上，那就是，预先存在一个明确的、稳定的、一致的偏好次序；大部分有关个体和组织选择行为的理论都接受一个观念，那就是，预先存在一套目标，（在某种意义上）个体和组织根据这套目标评价可选方案，并从中选择一个付诸行动；有关教育政策的讨论，例如，目标设定理论、评价和问责机制，并直接遵循这个传统。

从整个人类历史来看，目的、一致和理性的观念相对较新，现有的用于贯彻这些观念的技术大都比这些观念还要新。在过去的几个世纪里，尤其是在过去的几十年里，我们大大提高了人们有目的地、一致地、理性地行动的能力，也大大加强了人们努力这么做的倾向。这是一项令人惊叹的胜利，所向披靡，使用的武器就是将时机、表现、意识形态和不屈不挠完美地糅合到一起。在世界的很多文化之中，这场战争还没结束，甚至还没开始；但是在大部分西方世界，个体和组织都认为自已应该做选择。

2　目标的问题

现代的选择理论制造的智慧工具对于当代社会中的任何理智行为来说都是必要的，不继续发展、改进、推广这些工具，既是难以理解的，也是无法想象的。然而，正如所料，建立在上述观念基础之上的选择理论和意识形态存在一些明显的、初级的缺陷，尤其反映在对待人类目标的方式上。

我们把目标强加到智慧人的头上。我们要求他以目标的名义行动，我们要求他保持目标之间一致，我们要求他的行为以目标为导向，我们要求一个将个体目标合并成集体目标的社会制度，但是我们并不关心目标的起源，个体和社会选择理论假定行动者具有预先存在的价值观。

既然目标显然随着时间而变化，既然那些变化的特点不仅影响个体和社会发展的丰富性，也影响选择行为的结果，那么选择理论必须为忽略目标的起源给出合理的解释。尽管我们没有理由要求一个选择理论解决人类及其发展的全部问题，但是我们有理由问一问：一个用来指导人类选择行为的理论为什么理直气壮地忽略目标是变化的、模糊的这一显而易见的事实？

有三个经典解释。第一个，目标发展与选择是相互独立的过程，不论是在概念上还是在行为上；第二个，选择理论家实际上从未自满，一直在不断完善选择模型，试图把目标变化问题纳入选择模型；第三个，目标是变化的，这一观念如此难以把握，以至规范的选择理论对此无话可说。第一个、第二个解释说服不了我；第三个解释太过悲观，与我的大部分同行相比，我觉得目标的变化性并非那么难以把握。

目标发展与选择在行为上是相互独立的观点显然是错误的。在我看来，先有目标后有行动的假定往往从根本上就是错误的，这一点再明显不过。人类选择行为作为发现目标的过程与作为根据目标行动的过程至少是相当的。尽管目标和决策确实在"概念上"有区别，但这仅仅是理论的一个陈述，不能作为为理论辩护的理由，只要我们愿意，我们就能让它们在概念上有区别。

"模型是不完善的"这一观点相对有点说服力。智慧系统好像确实存在某些关键的"漏洞"，就像标准的选择理论所描述的那样。信息是不完全的，目标不是完全一致的，各种各样的外部过程影响着目标发展——包括直觉和传统。然而，这一观点令人不安的地方在于，它让明智选择概念的效力依赖于其不足。这一选择模型派生出很多选择技术，随着我们将这些技术运用得越来越娴熟，对这些技术越来越忠诚，智慧系统的"漏洞"变得越来越小。模型越为人们所接受，我们就越有义务修订它。

最后一个观点在我看来作为普遍原则是有用的，但是在这里具有误导性。为什么与问人类如何作出"好"决策相比，我们更不愿意问人类如何找到"好"目标？第一个问题似乎相对来说是个技术性问题，第二个问题似乎更狂妄，它主张谈论有哪些美德可选。然而，表面的狂妄却直接源于理论以及与理论有关的意识形态。

实际上，现代的人并非不知道在人类选择理论中有意识地引入目标发现问题。例如，我们有两种人类选择行为理论，一种是儿童理论，一种是成人理论。在儿童理论当中，我们强调选择是经验的源头，这些经验扩大儿童的视野、让儿童变得更复杂、增进儿童对世界的了解。作为父母或者心理学家，我们试图引导儿童作出违背其现有目标的事情，因为我们知道（或者相信）儿童只有通过领悟其最初抵制的经验的方方面面才能发展成为一个有趣的人。

在成人理论当中，我们强调选择是意图的结果。作为成人或者经济学家，我们试图（在稀缺资源的限制之内）采取尽可能实现目标的行动，我们试图找到让决策结果更符合我们价值观的方法。

这两个模型的不对称是显而易见的。成人建构出一个模型世界，在这个模型世界里，成人知道什么对自己而言是好的，但是儿童不知道。这一自大让人很难作出积极回应。实际上，这一不对称激发出相当多意识形态和改革，这些意识形态和改革赋予了儿童一项成人专有的道德特权——想象自己知道自己想要什么的权利。这些意识形态和改革深入到了传统的育儿观念、传统的教育政策、传统的政治学以及传统的消费经济学当中。

据我判断，成人选择模型与儿童选择模型之间的不对称是错误的，但是我们解决这一不对称的策略恰恰是错上加错的。我们没有试着根据儿童模型调整成人模型，而是根据成人模型调整儿童模型。实际上我们应该采取前面一种做法，因为从很多方面来说儿童模型更好。当然，儿童知道他们想要什么，每个人都知道，关键的问题在于，是否鼓励他们培养更有趣的"目标"。价值观是变化的，随着价值观以及不同价值观相互联系的变化，人们变得更有趣。

选择理论难以解释的一个最明显的现实就是：2 岁孩子的价值观往往不如 12 岁孩子的价值观有趣（是的，确实更糟糕）。对成人而言也是一样的，价值观随着阅历的变化而发展。尽管人类修订价值观的一个主要的、自然的途径就是做选择，但是我们的成人和组织决策制定理论却完全忽略这一事实。

在解释个体、组织和社会的目标时引入变化性和模糊性，显然对决策制定行为学理论具有启示意义。然而，本文主旨不是探讨个体、组织和社会如何在行动中发现目标，而是探讨个体、组织和社会如何做才能更好地在行动中发现目标、助长有趣目标的发展。

如果已知社会、组织或个体有一套一致的偏好，并且知道这套偏好具体为何，那么我们将知道如何为之提建议。在某些情况下，如果偏好并不是很一致，需要明确规定选择的一系列独立约束条件，那么我们也知道如何为之提建议。但是规范的目标寻找行为理论怎么样呢？如果我们的委托人告诉我们他不确定他是否想根据他现在的价值观行动，那么我们要说些什么？

这个问题在日常生活当中很常见，经常被朋友、同事、学生、大学校长、企业管理者、选民和孩子问到，他们问这一问题的频繁程度至少不亚于问如何根据一套一致稳定的价值观行动。

在现有的规范选择理论的背景之下，我们给出的答案是：首先确定价值观，然后行动。这条建议往往有用，而且，我们已经开发出很多运用常规的决策分析技术发现价值观前提、暴露价值观不一致的方法。这些技术涉及逐次逼近若干套偏好，考察各套偏好对于决策的意义。哪套一致的偏好的意义为决策制定者所接受，就锁定这套一致的偏好。运筹学以及个体咨询与分析经常使用这些技术的变式。

然而，这些技术的效用明显取决于一个假定：主要问题是合并或者挖掘预先存在的价值观。"寻找自我"、"目标澄清"、"自我发现"、"社会福利函数"和"显示性偏好"之类的说法都含有搜寻的意思。如果我们的价值观前提需要我们去"发现"而不是去"建构",那么我们的标准流程也许有用,但是我们没有先验理由假定价值观前提是这样的。

在价值观前提还没(而且永远都不会)完全确定的情况下,我们应该如何行动?面对这一规范性问题,我们也许应该探索一条不同的路径。假使我们在把目标当作为行动辩护的方式的同时也把行动当作创建有趣目标的方式,结果会怎样?这一想法从直觉上看是简单而合理的,但是恰好不在标准的、规范的明智选择理论的范围之内。

有趣的人和有趣的组织建构复杂的自我理论,为了这样做,他们需要在理智术之外辅以愚蠢术。个体和组织需要一些无正当理由行动的方法。不是一直,不是经常,但是有时,他们需要先思考再行动。

3　明智的愚蠢

为了更好地在行动中发现目标、助长有趣目标的发展,我们显然需要了解一下明智的愚蠢。我们现在所做的许许多多的蠢事当中,哪些可以带来有吸引力的价值观结果?这个问题几乎不可思议,它不仅要我们预测行动的价值观结果,而且要我们评价这些价值观结果。我们可以根据什么判断什么样的目标变化是"好"的目标变化?

实际上,解答这一问题既不是要我们明确规定一套用于评价可选目标的超级目标，也不是要我们根据未来某个时间的价值观（或者未来一段时间之内价值观随时间的分布）做出选择。前面那种方案，是换汤不换药，还是要假定预先存在一套固定的价值观（现在叫作"超级目标"），开头就不好，照这么走下去，很难找到发明出发现新目标的方法；后面那种方案似乎足够根本，但是严重违反了我们的时间秩序感。现在制定决策，依据的却是以后才能知道的目标，这显然是胡说——只要我们接受选择理论的基本架构及其目标先存假定。

解答这一问题，我不知道具体要做哪些事情，但是我认为一定有很多事情要做。当我们挑战目标先存这一教条的时候，我们就要被迫重新审视我们最珍爱的某些偏见：对模仿、强制以及合理化的非难。我们之所以光明正大地排斥模仿、强制以及合理化，主要是由于常规的选择理论强加给我们的人性观和人类选择观。

模仿不一定是道德脆弱的迹象，它是一个预测。它预测：如果我们复制别人的行为或者态度，那么我们发现具有吸引力的新目标的可能性就相对较大。为了让模仿具有规范意义的吸引力，我们需要一个更好的理论告诉我们应该模仿谁。这种思路似乎十分可行，例如，模仿与你价值观相近的人这一规则发挥效力的条件是什么？随着越来越多的人展现出被模仿的行为，发现有趣目标的可能性会发生什么变化？

强制不一定是对个体自主性的攻击，它可以是激发个性的手段。当我们谈论父母与孩子的时候（至少有时候），我们认识到这一点。一直以来，强制的问题是它可能导致变态，而不是它显然能够激发变化。我们需要一个理论告诉我们，在什么情况下运用强制手段可以促进有趣目标的发现。我们都熟悉强制手段，用它规定最后期限、签订契约、作出承诺。强制在什么条件下发挥效力？尤其是，在社会系统中，强制发挥效力的条件是什么？

合理化不一定是逃避道义谴责的方式，它可以是检验目标变化的实用手段。在无正当理由支持的若干行动中做选择的时候，定义一下"不明智的"行动距离明智的行动有多"近"，这样做也许是明智的。有效的合理化允许这种递增方法带来价值观变化。然而，为了让合理化发挥效力，我们需要想出一种可以用来度量价值观距离的方法。同时，合理化是将新发现的目标整合到已有价值观结构中的主要程序。合理化在让组织变得更复杂的同时并不让组织变得更不可预测。

模仿、强制以及合理化也有风险，大家都很熟悉这些风险，在此不做赘述。我们确实应该能够开发出更好的技术，然而，不管我们开发出什么更好的技术，它们几乎肯定会破坏建立在目的、一致和理性基础之上的上层结构。它们应该包括一些方法，通过这些方法，我们可以假装我们现在的行动依据的是未来的价值观。

4　玩耍与理智

为了更好地在行动中发现目标、助长有趣目标的发展，我们还需要找到一种方法暂缓执行理智下达的一致命令。即使我们知道我们想做哪些蠢事，我们仍然需要一种机制允许我们做这些蠢事。我们如何摆脱理智逻辑？

这里，我认为，我们越来越明白我们需要什么了。我们需要的就是玩耍。玩耍是故意暂时放宽规则，以探索有没有其他规则可选。玩耍的时候，我们就在挑战一致的必要性。实际上，我们宣布（提前宣布）抛开对不符合标准智慧模型的行为的常见异议。

玩耍允许尝试，与此同时，玩耍承认理智。总有一天，玩耍行为不是被终止掉，就是以某种有意义的方式被纳入智慧结构。规则的放宽是暂时的。玩耍者需要接受这一点。

人们对玩耍有三点看法，在我看来，就发现新目标、助长有趣目标而言，这三点看法都错得离谱。第一，玩耍可以看成理智的狂欢节，可以用来放松紧张情绪——由恪守美德导致的紧张情绪。尽管玩耍可能具有这样的功能，但是它们不是我关心的功能。第二，玩耍可以看成精神原则（spiritual principle）神秘平衡的一部分。所谓精神原则神秘平衡，指的是火与水、热与冷、弱与强，等等。我关注的不是广义的神秘平衡，而是非常狭义的神秘平衡。第三，玩耍可以看成智慧的对立面，这样，强调玩耍的重要性就是支持简单的自我沉溺。我的看法是，建议把玩耍看成智慧的工具，而非替代品。

玩耍是标准理智观的自然副产品。严格坚持目的、一致和理性，就限制了寻找新目的的能力。玩耍放松那种坚持，允许我们"不明智地"，或者"不理智地"，或者"愚蠢地"行动，以探索有没有其他目的观或者一致观可选。而且，它这样做的时候，还能让我们坚守对智慧必要性的基本承诺。

从这个意义上讲，玩耍与理智在功能上是互补的，但是，玩耍与理智在行为上往往是竞争的。在同一情境，玩耍和理智是两种二选一的风格或导向，要么走玩耍路线，要么走理智路线。两种风格不一定发展得同样好，不是所有的个体、所有的组织或者所有的社会对两种风格都同样内行，不是所有的文化对两种风格都是同等程度的鼓励。

我们的设计问题，既不是指出两种风格的最佳组合方式——如果做不到这点的话，也不是找到一种方法保证大部分人、大部分组织在大部分时间交替运用两种风格，而不是一直坚持某一风格。玩耍与理智应该如何组合？这个问题很难，面对这个问题，我们似乎很难实现最佳化，而且，让我们在行为上交替运用两种风格的学习情境似乎稍微不如让我们在行为上一直坚持某种风格的学习情境普遍。

例如，想想在当代美国社会，把玩耍作为一种风格坚持下去该有多么难。一个人越擅长一致理性，就会越早获得越重的奖励。一致理性被定义为智慧，教育系统的奖赏机制与它有着千丝万缕的联系；社会规范向一边倒，特别是对男人而言；现代组织生活的很多要求强化的是同样的能力和风格偏好。

结果就是，很多最具影响力、最有教养、最顶尖的公民变得理性过头了。他们极其擅长维持一致的自我形象、让行动与目的保持一致，他们极其不擅长用一种玩耍的态度对待信念、一致逻辑和世界观。男子气概、坚强有力、独立和智慧等格言无法容忍玩耍的冲动，不能控制玩耍冲动的人是弱者。

我认为，这幅画面可能描述得有些夸张，但是其启示意义并不夸张。对于社会、对于组织以及对于个体而言，理智和智慧有一个副作用：抑制目的从某种一致形式发展成另外一种更为复杂的一致形式。为了消除这一副作用，我们需要寻找一些方法帮助个体和组织尝试做无正当理由支持的事情、用一种玩耍的态度对待自我概念。这项工程很庞大，仅凭我一个人的能力是无法完成的，但是我可以先提五个建议，以抛砖引玉：

第一，我们可以把目标当成假设。常规的决策理论几乎允许我们怀疑一切，除了一样东西——目标，而我们往往对目标抱有最大的疑虑。假定我们把决策过程定义为不断检验目标假设的时机，那会怎样？如果我们可以尝试其他可能的目标，我们就有可能发现我们以前从来没有想到过的好的价值观的复杂、有趣的组合。

第二，我们可以把直觉当成真的。我不知道直觉是什么，甚至不知道它是否真的存在。也许它不过是一个借口，是我们用来解释为什么我们做某件无法用现有价值观解释的事情，或者用来解释为什么我们拒绝遵循自身信念逻辑；也许它也是一种智慧，只是选择理论无法解释这种智慧是如何获得、如何发挥作用的。不论是两种情况当中的哪一种，直觉允许我们在现有的行为正当性评判体系之外看到其他的可选行动。

第三，我们可以把虚伪当成过渡。虚伪是显性价值观与行为之间的不一致。我们对虚伪的消极态度主要源自两点：其一，反对不一致是种一般责任；其二，反对伪善是种普遍情绪。显然，虚伪让邪恶暂时逃脱惩罚，是不公平的。不管这种道德姿态有什么优点，在我看来，它无疑会抑制变化。一个有着良好企图的坏人也许是在尝试变好的可能性，在我看来，鼓励他的尝试比嘲笑他的尝试更明智。

第四，我们可以把记忆当成敌人。一致规则和理智规则要求运用记忆术。在大多数情况下，好的记忆造就好的选择，但是，遗忘的能力，或者说忽略的能力，也是有用的。如果我不知道我昨天做过什么，也不知道组织中的其他人今天正在做什么，那么我可以在理智的体系下行动，但是仍然做一些蠢事。

第五，我们可以把经验当成理论。学习可以理解成这么一种过程：定义行动和结果，推断行动和结果之间的关系，形成一系列结论。经验可以通过回顾加以改变。改变现在的解释系统，我们就可以改变以前学到的东西。这样，我们就可以尝试其他可选的历史。重写经验可以看作"自我欺骗"。我们不该一味地谴责"自我欺骗"，我们也需要偶尔认识到：在某种程度上，所有的经验都是容易被意识修改的解释。个人和国家的自我概念是不断更新的，所以我们需要不断在回顾学习的基础上重写个人和国家的历史。

以上方法，每个都可以用来让理智型智慧系统暂停运行。这些方法都带有玩耍的性质。在一个传统理性美德遭到过度学习的情境中，这些方法的作用最大。这些方法是冒险地应用厉害的手段，与人类发展研究相比，在行为病理学研究中，我们更常见到人们应用这些方法。我们可以运用这些方法在当前的选择概念之下引入变化。

进行这样的讨论，我们很容易触及社会组织的问题。如果我们比较了解规范的先行后思理论（即先行后知说），那么在面对"当组织和社会不知道自己正在做什么的时候，其管理和领导具有什么功能"这一问题时，我们就有更多明智的话可说。例如，我们可以看看以下一般启示。

第一，我们需要重新审视管理决策的功能。组织发展目标的一个主要方式就是解释组织所做的决策，好的管理决策有一个特点，就是能从中发展出更有趣的组织价值观前提。因此，决策不该看成直接或者严格源于一套预先存在的目标。制定决策的管理者也许可以把决策制定的功能更少地看成演绎过程或者政治协商过程，更多地看成颠覆有关组织在做什么的先前概念的过程。

第二，我们需要修订计划观。组织中的计划有很多优点，但是解释过去决策的计划往往比解释未来决策的计划更有效。它可以促进组织发展出一个新的自我一致理论，把最近形形色色的行动纳入到具有中等综合性的目标结构当中。我们经常在退伍将军、卸任总理、退休企业领导者以及过气电影明星的回忆录中看到他们解释过去重大事件的意义。随着时间的推移，他们对过去的事情有了不一样的看法，这些看法如鲠在喉、不吐不快。在一个想要不断发展新目标的组织当中，管理者需要接纳一个观念：用今天的经验解释昨天的行动，从而发现昨天的行动的意义。

第三，我们需要重新考虑评价。据我所知，没有一个正统的评价理论要求我们提前指明评价标准，特别是，在对社会实验进行评价的时候，我们不需要依据我们的先前期待，而是需要依据我们现在的偏好。但是，当代社会政策制定却有一个常见的前提假定，即存在一套预先指明的评价标准和评价流程，因为这一前提假定，我们很难在不经意间发现新的评价标准。我们应该把体验明确地用作评价价值观和行动的机会。

第四，我们需要重新考虑社会责任。个体偏好与社会行动应该以某种方式保持一致，这个一致是动态的一致，也就是偏好和行动各自随时间变化的同时还相互保持一致。在社会政策形成的过程中，我们运用想象力一边根据偏好调整政策、一边实施行动影响偏好。如果我们的社会行动理论鼓励领导者忽视两个责任，一是通过行动预测公众偏好，二是为个体提供体验让其修订期望，那将是很不幸的。

第五，我们需要接纳社会组织中的玩耍。组织设计应该关注如何让明智选择既有玩耍的一面又有理智的一面。既然有关社会设计的文献大都关心如何增强决策的理性，那么管理者就有可能忽略玩耍的重要性。所以，我们的问题主要就是如何加强玩耍的一面。一条途径就是，通过鼓励不一致的态度和技能让组织中的个体更爱玩；另外一条途径就是，让组织结构和组织流程变得更好玩。甚至当组织中的个体并不爱玩的时候，组织也能爱玩。用于保持一致的管理手段是可以变一变的。我们鼓励（并且坚决要求）组织通过玩耍从控制、协调和沟通当中暂时解脱一下。

5　智慧与愚蠢

当代的决策制定理论和理智术大大加强了我们实施有效社会行动的能力，把简单的选择观念转变成一个庞大的技术体系就是它们的一个主要成就。然而，这一成就巩固了隐藏在个体和团体选择模型之下的偏见，特别是，巩固了我们对人类目标静态解释的盲目接受。

世界很少有奇迹，很多东西都不能创造奇迹，个人和组织的愚蠢就是其中一个。然而，在某些条件下，愚蠢能够用来解决现在的智慧理论不能解决的某些问题。愚蠢也许是种好方法，能在保留一致美德的同时激发变化。如果我们有一门好的愚蠢术，那么我们也许能够用它（结合理智术）来发展一些不同寻常的态度和行为，就是让世界上的人、组织和社会变得有趣的态度和行为。

本文最初发表于《*Civiløkonomen*》，经过作者和出版商的允许在此翻译并再版。

第 2 篇

马奇论变革与创新

第5章　理解组织适应[①]

"学习型组织"的观念最近很受追捧，相应的，以下两个问题非常引人关注：组织是如何学习的？能否通过提高组织学习的速度和精度培育组织智慧？这些追捧往往鼓励了一个再简单不过的假定：学习过程一定带来组织改善。在组织里，学习作为智慧工具是否有用？这一点需要证明，而不是假定。学习之类的适应过程不一定会达到或者维持总体最大化。为了不让"学习型组织"的提议仅仅停留在组织改善这一模糊目标之上，我们必须对"组织学习"进行更详细的定义，阐明组织学习涉及哪些具体过程，在什么条件下这些过程能够带来组织改善，在什么条件下这些过程又不能带来组织改善。

这篇小论文围绕六个简单的命题展开，是某种教理问答，是对学习作为智慧工具的思考。

关键词：组织学习、探索与利用、理性选择、组织适应

①　本文内容来自本文作者在 2003 年 4 月 2 日的布达佩斯大学经济学与公共行政管理大会（Budapest University of Economic Sciences and Public Administration）上的讲话。在那次大会上，本文作者被授予荣誉教授职位。那次讲话所依赖的研究，由斯宾塞基金（Spencer Foundation）赞助。

匈牙利作家桑多·马芮（Sándor Márai）的杰出短篇小说《余烬》（*Embers*，Márai，2002）讲述的是一个关于友谊的故事，交织着患难与共、背信弃义、懦弱、仇恨和痴迷。它也是一个关于三角关系的故事，一个男主角退隐到国外，另外一个男主角退隐到古堡，女主角则退隐到天国。它也是一个关于激情的故事，激情毁了三个人的生活的同时赋予三个人的生命以意义。它也是一个关于自我折磨的故事，折磨人的不是怀疑而是肯定。最重要的是，它也是一个关于自毁式适应的故事，随着学问日益精深，灵魂逐渐枯萎。

马芮是借一位老将军（也就是男主角之一）之口讲故事的。这位老将军，也许不能理解，而且肯定也不关心，造成其人生跌宕起伏的个人历史动力学。然而，我们作为读者却能看到，伟大的激情和伟大的痴迷是平日里为了理解那些不能理解的经验所做努力的不幸残余。平凡的人用平凡的方式适应平凡的事件，创作着痛苦和炫耀的戏剧。

马芮的小说是一记警钟，提醒着我们，强迫解释历史、过度强调从经验中学习是危险的。这一记警钟得到了最近的组织研究的共鸣。组织随着时间演化，对经验作出反应，改变结构、流程、规则、惯例和辞令。组织变革的过程包括：结果主义的理性选择过程、不同利益团体之间的政治协商过程、对经验作出反应或者占用他人知识的学习过程，以及差异性生存繁衍的竞择过程。这些各种各样的变革过程，既是用来解释组织变革的框架，也是用来培育组织智慧的工具。

"学习型组织"的观念最近很受追捧，相应的，以下两个问题非常引人关注：组织是如何学习的？能否通过提高组织学习的速度和精度培育组织智慧？

这些追捧往往鼓励了一个再简单不过的假定：学习过程一定带来组织改善。在组织里，学习作为智慧工具是否有用？这一点需要证明，而不是假定。学习之类的适应过程不一定会达到或者维持总体最大化。为了不让"学习型组织"的提议仅仅停留在组织改善这一模糊的目标之上，我们必须对"组织学习"进行更详细的定义，阐明组织学习涉及哪些具体过程，在什么条件下这些过程能够带来组织改善，在什么条件下这些过程又不能带来组织改善。

这篇小论文围绕六个简单的命题展开，是某种教理问答，是对学习作为智慧工具的思考。

1　学习的混乱性

命题：经验可能是蹩脚的老师，这不仅是因为人类认知能力有限而历史太过复杂，而且是因为适应过程容易出现系统性错误。

要不要对学习怀有无条件的热情？我们有充分的理由这样犹豫。最近有本关于适应规则的书这么说：

……对于组织智慧来说，学习是一个不可或缺的工具，也是一个不可靠的工具。学习具有局限性，因为它在解释历史时容易犯错，因为它天生短视且狭隘，因为它容易淘汰它所需要的变异，因为学习系统内部互相嵌套、互相冲突、不同层级之间关系错综复杂。作为学习工具的规则，囊括了所有这些局限性。规则记录并巩固对经验的错误解释，只顾短期不顾长期、只顾局部不顾整体、积累能力放弃尝试，而且，规则鼓励局部自主，导致不一致和冲突（March 等人，2000：199）。

要想理解组织适应，就要考察这些问题。

2　利用与探索

命题：明智适应的一个根本要求就是在利用已知的东西和探索未知的东西之间保持平衡。

这个永恒的适应问题在不同的适应过程——理性选择、从经验中学习、向他人学习、竞择——当中有着稍微不同的表现形式。适应理论一般开篇就会讨论这个问题。

想想理性选择的一个经典问题，也就是所谓的"双臂老虎机"问题。在简单版的双臂老虎机问题中，我们设想一个人有两种方案可选，方案可能结果的概率分布未知。决策者若想最大化回报，就要把所有资源都投到预期回报最大的那个方案上——如果他知道哪个方案预期回报最大的话，但事实是他不知道。结果，他必须使用一部分资源去探索可能结果的概率分布。当然，一方面，他不想把太多资源用于探索，因为他想把尽可能多的资源投到更好的方案上。另一方面，他不想把所有资源都投到貌似更好的方案上，除非他确信那个方案确实更好。

双臂老虎机问题就是，找到一种最佳的资源分配方式，把一部分资源投到貌似最好的方案上，用剩下的资源探索另外那个也许事实上更好的方案。这一基本问题可以加以拓展，变得更贴近现实，可选方案可以增加到 N 个，或者在利用旧方案的过程中有新方案出现，或者方案的回报分布不断变化着（这种变化可能是外源的，也可能是内源的）。

决策领域有相当一部分研究探讨双臂老虎机的问题，并找到了各种各样的启发法处理这一问题，不过这一最佳化问题只有在最简单的情境下才有一般解。尽管平凡的人经常在双臂老虎机情境下行动，但是确定双臂老虎机问题的最佳策略确实是件很难的事情。

　　双臂老虎机问题不过是个隐喻，它反映了一个一般性的问题：利用与探索的平衡问题。这个问题是适应的核心问题，从经验中学习，它就是运用旧胜任力与发展新胜任力的平衡问题；向他人学习，它就是学习已有榜样与尝试新榜样的平衡问题；竞择，它就是择优汰劣与鼓励新变异的平衡问题。平衡单一性与多样性会涉及平衡利用与探索，就像平衡胜任力与想象力，或者平衡可靠与风险一样。

　　显然，没有探索的利用策略是一条通往废弃的路；同样显然的是，没有探索的利用策略是一条通往淘汰的路。但是，最佳策略位于两个极端之间的哪个地方，这一点并不显然。之所以如此，是因为成本收益分布未知，但这只是部分原因。更深层的原因在于，要想找到最佳战略，就要跨时间、跨空间比较成本和回报。

　　短期看来是好的利用—探索平衡从长期看来不一定是好的；对于个别或者部分行动者来说是好的平衡对于所有行动者来说不一定是好的。因此，尽管我们不能指出最佳平衡，但是我们知道最佳平衡取决于时间范围和空间范围。更具体地说，一般而言，时间越长，空间越广，最佳策略越靠近探索那端。

3　偏袒利用

命题：从系统的角度来说，利用的回报一般比探索的回报更确定、更快、更近，所以在适应过程中利用一般比探索更占优势。

　　尽管我们不可能指出利用与探索之间的最佳平衡，但是我们有理由相信，组织对利用的关注通常多于最佳平衡对利用的关注，组织对探索的关注少于最佳平衡对探索的关注，也就是说，适应过程是有偏的。

　　组织适应过程具有隐性的短视（只顾短期不顾长期、只顾局部不顾整体），组织学习和组织竞择的主要机制都具有短视性。适应过程偏袒短期获得收益、长期付出成本，以及局部获得收益、整体付出成本的方案；怠慢短期付出成本、长期获得收益，以及局部付出成本、整体获得收益的方案。

　　适应过程的这一特色非常出名，于是，有很多文献探讨在理性选择系统之上施加自我控制（用长期收益补偿短期成本）和利他主义（用整体收益补偿局部成本）的过程当中所遭遇的种种困难，探讨在坚持一个短期反馈、局部反馈不好的方案的学习过程当中所遭遇的种种困难，探讨短期竞择压力是如何淘汰符合长期利益的方案的。

例如，一个经典的民主问题就是，如何使现在的选民结构与社会的长期利益相匹配。谁在乎长期？谁在乎整体？我们如何在一个民主制度里代表后代的利益？或者那些受到影响，但是没被任何政党代表的人群的利益？

对长期、整体的偏见也是对探索的偏见。利用的收益一般比探索的收益更确定、更快、更近。相反，探索的成本一般比利用的成本更确定、更快、更近。

适应过程的这一特征很大程度上是由组织适应的序列取样特点造成的。短期局部看似成功的行动往往被复制，短期局部看似不成功的行动往往不被复制。例如，经验淘汰"失败者"的速度比"成功者"快。这个取样是有偏的，会导致很多偏差，例如，晋升到组织等级结构上层的飞行员、核设施操作员以及管理者造成灾难的可能性容易被低估。

这一问题还和练习效应混在一起。如果绩效是方案潜力与操作者胜任力相互结合的产物，而胜任力是经验的函数，那么组织就容易陷入两个陷阱。第一个陷阱叫作失败陷阱，发生在探索驱使利用的情境之下。缺乏经验导致失败，失败导致改变方案，改变方案导致又一次失败，这样就陷入失败与尝试新方案的无尽循环中。组织未能获得足够的经验，任何事情都不能胜任。追求新异（探索）驱使胜任力，结果让长期适应变得更难。第二个陷阱大概更常见，就是成功陷阱或者胜任力陷阱。

在某方案上获得成功，就会重复这一方案；不断在这一方案积累经验，就会越来越胜任这一方案；越来越胜任这一方案，使用这一方案获得成功的可能性就越来越大。然而，久而久之，组织变得如此胜任某一方案，以致很难转到另一方案，即使另一方案潜力更大。追求效率（利用）驱使探索，结果让长期适应变得更难。

不重复曾经与失败相联系的行动，适应过程就可能不会更正错误的局部印象，这就给学习和竞择作为智慧工具造成主要障碍。从这个意义上说，三种行动特别令人苦恼。第一种行动涉及新技术或者新想法。新事物的一个特点就是，需要培养和练习才能实现潜力。早期的局部反馈可能是消极的，组织就可能作出适应性反应，不重复行动；不重复行动，就不能积累经验，从而不能提高胜任力，进而不能揭示行动的真正价值。第二种是超大回报的可能性较小，但中等回报的可能性较大的风险行动。再一次，早期的局部反馈可能是消极的，未能重复行动导致大部分组织不能发现行动的真正价值。第三种就是给整个组织带来好结果，但给组织当中执行行动的那部分带来坏结果的行动。在整体的积极反馈出现以前，局部的消极反馈可能已经让行动偃旗息鼓了。

适应过程具有自我毁灭性，意思是说，它往往拒绝对探索而言至关重要的新想法。其中的原因并不神秘。大部分新想法是坏的，而且短期局部特别坏。我们看不出一个新想法是好是坏。想法越离经叛道，越有可能被否决，但是，这样的想法，如果原来是正确的话，价值就越大。特别是，知识往往（明智地）歧视新想法，适应系统很难坚持新想法足够长的时间以确定其价值——如果它们有价值的话。

这些问题不一定要归咎于人类的认知局限性，而是要大部分归咎于适应过程的结构性局限。之所以出现这些问题，是因为适应追求速度和精度，进而面临短期局部效率的压力。要找到总体最佳解，适应并不是一种可靠的方式。

4　利他主义和自我控制

命题：为了弥补适应对探索的偏见，一般有必要激发利他主义（牺牲局部利益，成就整体利益）和自我控制（牺牲短期利益，成就长期利益）。

适应之所以对探索怀有偏见，主要是因为适应具有短视性，也就是说，适应只顾短期不顾长期、只顾局部不顾整体。适应对探索的偏见，在日常生活当中时有体现。因此，对待孩子和学生时，往往有必要鼓励"自我控制"，使适应免遭短期反馈或短期竞择压力的困扰，以支持长期适应。对待士兵和销售代理商时，往往有必要鼓励"利他主义"，使适应免遭局部反馈或局部竞择压力的困扰，以支持整体适应。

如果组织意识到适应因为短视而怠慢探索，那么它也许会重新定义行为结果或关键身份的责任，作出弥补。用新想法提高探索速度和增强耐心的第一条途径，就是让探索变得更理性；用新想法提高探索速度和增强耐心的第二条途径，就是让探索成为个人身份或社会身份的分内责任。

激励策略在现在这个时代很常见。人们明白可以采取以下方式提高探索速度：提高原来是正确的"狂野想法"的即时、局部回报，为原来是错误的狂野想法提供保险保护。在这种认识的基础上，人们开发出很多策略，为成功提供激励，为失败提供破产保护。不幸的是，为最终被证明极有价值的想法提供大额回报，这一策略具有内在的局限性，因为它依赖于要在很久的将来或很广的范围才能最终见分晓的结果。因为适应对短期局部反馈作出反应，所以我们既要估计出长期整体结果，又要在学习之时将长期整体结果凸现出来。

把探索列为某一身份分内责任的策略也很常见。不难想象，"战斗机飞行员"、"革命者"或"企业家"之类的身份支持风险承担——探索的重要成分。愿意承担风险，不是因为对结果怀有期待，而是因为愿意接受一个特定的身份。按照这种思路，组织创建有着明确风险承担（或者风险规避）期望的亚文化和角色，这些亚文化和角色的作用就是把注意力从行动结果转移到行动与身份的一致之上。

以上说的是使用某些策略有意识地改变探索速度，其实，探索速度还会受到其他有意识的管理活动的无意识的影响。组织以及组织中的个体展现出风险偏好，这些风险偏好是变化的，具体为何，取决于过去的表现相对于目标水平或生存底线来说，是多大的失败还是多大的成功。风险偏好的变化比较复杂，取决于以什么为参考点，以及参考点本身随着过去经验或者他人的经验作出什么调整，还取决于适应失败与适应成功之间的速度差异。

此外，对于结果主义导向的行动者来说，是否探索可选方案，取决于对预期结果的估计，而对风险的估计经常出现错误。特别是，如何解释过去的经验，会影响风险估计的准确度。例如，行动者把过去的成功归因于能力而不是运气，就会低估风险；而且，经验丰富的行动者向新的行动者传授知识时也会把这一偏见传递下去。组织的等级晋升制度系统地巩固了这一现象，巩固途径有两条：其一，在组织亚单元与各种内外部知识之间建立缓冲；其二，缓冲来自意识形态、想象、行动潮流和社会合法性的反馈，进而放慢学习速度。

维持探索的最大问题也许在于适应鼓励对旧想法有耐心、对新想法没耐心的问题。组织如果想避免陷入学习陷阱，就要对旧想法没耐心（平均而言，旧想法往往相对较好），对新想法有耐心（平均而言，新想法往往相对较差）。核心问题是探索的时候得到的反馈可能是消极的；核心策略是探索的时候不接收反馈；具体做法就是创造性地解释消极反馈，让它看起来像积极的。组织把失败解释为成功，组织信奉无法驳斥的模型和意识形态，组织鼓励领导者的狂妄自大，组织制造压力、隐瞒失败、使部门之间相互隔离、避免部门之间互相学习。

组织还可以通过另外一种方法改变适应对探索的偏见：改变时间范围。有些管理措施会导致时间范围缩短，尤其是强调短期效益和问责机制，强调即时成效的绩效管理机制。组织必须在这些措施的积极结果与对探索活动的消极影响之间权衡。组织有时会想方设法延长时间范围。时间范围的延长是双向的，也就是，既看到遥远的未来，又看到遥远的过去，这样就要挑战既有的社会组成——家庭、社区和机构。

还有一个办法。有人建议，组织适应观应该接受一个基本事实，即个体组织一定是短视的，个体组织在适应过程中对短期局部反馈作出反应。从这个角度来看，既有组织肯定会一直专注于利用，在自己熟悉的领域变得越来越有效率。这样的组织短期来看很有优势，但是长期来看会渐渐废弃、最终失败。

从这个角度来看，我们只有依靠新组织进行探索。大多数新组织会失败。大多数新想法是坏的，然而还是有少数几个新想法会成功。成功了，新组织就停止探索，开始利用；这个时候，新组织停止探索也无妨，因为它们已经为组织群提供了创新。这一即抛型组织适应系统具有一定的吸引力，但是，建立在半永久型组织基础上的适应系统如果没有出现大的问题，是不会被颠覆的。此外，只有存在稳定的、专司探索的新组织流，即抛型组织适应系统才能运行。

5　天下没有免费的午餐

命题：我们可以通过发扬利他主义、增强自我控制、鼓励探索，但是，所探索的好的新想法越多，所探索的坏的新想法就一定越多，对好的新想法探索得越持久，对坏的新想法就一定探索得越持久。

探索是必要的，但是成本也很高，通过利他主义或者自我控制鼓励探索就会增加成本。如果能够相对有效地看出哪些想法是好的、哪些想法是坏的，那么事情就不是这样。在实际生活中，我们不可能区分出来。当知识过滤想法流的时候，出于保险起见，它滤掉了新异。但是，当它这么做的时候，它不仅滤掉了灾难性的疯狂想法，而且还滤掉了绝妙的疯狂想法。

这是一个两难问题，没有妙解。伟大的新想法从既有知识的角度来看是疯狂的，但是只有很小一部分疯狂的新想法会被证明是伟大的，而且往往只有在经过一段时间之后才能被证明是伟大的。

尽管人们做过很多努力，以期找到鼓励创造性、尽早确认好想法的可行方法，但是大部分努力都是白费的。我们可以加快，也可以放慢创造新想法的速度；可以延长，也可以缩短坚持新想法的时间。但是不管怎么做，在放慢创造坏的新想法的速度的同时，我们也会放慢创造好的新想法的速度；在缩短坚持坏的新想法的时间的同时，我们也会缩短坚持好的新想法的时间；在加快创造好的新想法的速度的同时，我们也会加快创造坏的新想法的速度；在延长坚持好的新想法的时间的同时，我们也会延长坚持坏的新想法的时间。

6　适应的限度

命题：要想理解组织适应，第一步就是要认识到：（1）适应有时解决问题，有时制造问题；（2）长期来看，低速度、低精度的适应好于高速度、高精度的适应。

最近，组织变革追捧者强调创建高效学习型组织是可能的，并且宣称让组织更快更精地学习是非常重要的。这一宣称看似非常合理，但实际上具有误导性。

适应的结构性问题容易引起混乱和错误，而且，利用与探索的平衡问题是一个非常棘手的问题。组织可以通过各种各样的手段鼓励利用，但是这样做也会增加废弃风险；组织可以通过各种各样的手段鼓励探索，但是这样做也会增加成为傻瓜的风险。组织可以试着明智地权衡，明智地权衡就要跨时间、跨空间地比较效用，而这几乎是不可能的。

学习型组织的追捧者必须认识到：尽管适应是一个强大的组织智慧工具，但是世界上没有奇迹。

本文最初发表于《社会与经济》，经过作者和出版商的允许在此翻译并再版。

第6章 对组织变革的注解

本文针对组织变革提出了5条注解，并着重阐述：（1）变革与更一般的适应行为之间的关系；（2）变革的平淡本质；（3）平凡过程怎样与混乱世界相结合来制造一些惊奇；（4）组织愚蠢的隐性利他主义。

1 引言

组织是变化的。组织似乎常常抵制变革，但又常常在一段时间之后面目焕然一新。本文针对组织变革研究提出5点注解，这5点注解是针对我们已有认识的评论。本文的目的不在于综述以往研究的结果，而在于理清在以往研究的触发下所进行的几点思考。

注解1：组织经常发生变化、组织容易发生变化、组织的变化具有响应性质。然而，组织的变化不能随心所欲地加以控制，组织很少严格按指示行动。

注解 2：组织依靠几个稳定的过程发生变化。各种组织变革理论不是强调这些过程的稳定性，就是强调这些过程所产生的结果，但是，要想认真理解组织，就要两方面都强调。

注解 3：组织变革观与组织行动观是一脉相承的，有什么样的组织行动观，相对应就有什么样的组织变革观。组织中的大部分变化反映了组织对人口学变化、经济变化、社会变化和政治变化的响应。

注解 4：尽管组织对环境事件的响应具有很广的适应性、很强的常规性，但是这些响应发生在一个混乱的世界。结果，平淡的过程有时会产生意外的结果。

注解 5：要想适应不断变化的环境，组织必须联合运用理智术与愚蠢术。组织运用愚蠢术，在并非有意识的状态下，将愚蠢术嵌入一些熟悉的反常之中，例如，组织宽裕、管理激励、象征行动、模糊性和松散耦合，等等。

2　平平淡淡的变革过程

最近的文献，特别是公共政策实施方面的研究文献，都有一个共同的主题，那就是组织变革阻力。有大量研究表明，很多时候，组织未能响应变革提议，或者，组织确实变化了，但不是变革者想要的那种变化（Gross，Giaquinta & Bernstein，1971；Nelson & Yates，1978）。

然而，大部分有关政策实施的研究表明，组织既不僵化也不顽固，而是十分富有想象力（Pressman & Wildavsky，1973；Bardach，1977）。组织的变化是对环境的响应，组织很少根据特定行动者的意图作出改变（Attewell & Gerstein，1979；Crozier，1979）。有时组织忽略明确的指示，有时组织又超出期待地恪守明确的指示；有时组织不让政策制定者做蠢事，有时组织又让政策制定者做蠢事。然而，不听指示不该与僵化混为一谈，有效性也不该与灵活性混为一谈。组织的大部分失败都发生在生命早期，也就是组织还很小很灵活的时候，而不是生命晚期（Aldrich，1979）。组织具有相当强的稳定性，但是我们在组织中观察到的变化又足够多，这说明组织是具有相当强的适应性和持久性的机构，能够对易变的环境作出响应——轻易地、常规地，尽管并非总是最佳地。

因为组织经常在一段时间之内发生很大的变化，所以我们往往以为组织变革是轰轰烈烈的，其实不然。组织中的大部分变化，既不是强大的力量或者激烈的过程造成的，也不是不同寻常的想象力、毅力或技能造成的，而是相对稳定、相对常规的（将组织与环境相联的）过程造成的。变化之所以发生，是因为组织中的大部分人做自己应该做的事情，也就是说，他们明智地既关注环境也关注任务。官僚型组织可能极其没有效率，但是我们所研究的大部分组织都具有胜任力平凡、主动性不强的特点（Hedberg，Nystrom & Starbuck，1976）。组织最稳定的流程，大部分是有关如何响应经济环境、社会环境和政治环境的流程。我们口中所谓的组织变革实际是一种生态学现象，也就是说，组织的各个部分对环境的各个方面同时作出响应。如果环境的变化速度快，那么稳定组织的响应速度就快；如果环境的变化幅度大，那么组织的变化幅度就大。

组织适应的常规过程容易出现一些复杂情形，组织变革理论必须考虑常规过程是怎样产生不同寻常的行动模式的。然而，从根本结构来说，组织变革理论与组织行动理论不该有很大的不同。最近的把组织看作常规适应系统的研究，强调 6 个基本的组织行动观：

1. 规则遵循　行动可以看成在适当的情境应用标准的操作流程或者其他规则。对应的过程就是，根据适当准则匹配规则与情境。责任、义务、角色、规则和标准通过优胜劣汰而进化，被组织遵循的就存活、成长、繁殖，最终在流程库中占优势地位。模型本质上是竞择模型（Nelson & Winter，1974）。

2. 问题解决　行动可以看成问题解决。对应的过程就是，根据先行目标评价各可选方案的预期结果，然后根据一定的决策准则选择一个方案。模型是风险条件下的意欲理性选择模型，该模型在统计决策理论、微观经济学选择理论和行为学选择理论当中很常见（Lindblom，1958；Cyert & March，1963）。

3. 学习 行动可以看成源自过去的学习。对应的过程就是，组织通过试误法建立条件反射，重复与成功相联系的行为，避免与失败相联系的行为。模型是经验式学习模型（Day & Groves，1975）。

4. 冲突 行动可以看成有着不同利益诉求的个体或团体之间相互冲突的结果。对应的过程就是对抗、谈判和联盟，结果取决于行动者初始偏好根据行动者权力的排序。参与者职位发生变动或者参与者所控资源发生变化，就会引起变革。模型是政治模型（March，1962；Gamson，1968；Pfeffer，1981）。

5. 传染 行动可以看成在组织之间传播。对应的过程就是，组织之间的接触发生变化或者被模仿的行为和信念的吸引力发生变化，就会引起传播速度和传播模式发生变化。模型是从流行病学研究借鉴而来的传染模型（Rogers，1962；Walker，1969；Rogers & Shoemaker，1971）。

6. 再生 行动可以看成组织行动者意图和胜任力的结果。人员流动导致有着不同态度、能力和目标的新成员加入组织。对应的过程就是，组织内部条件(例如，成长、衰败、任职资格发生变化)或者有意战略（例如，合作、突袭）

改变参与者结构, 进而影响组织行动。模型是再生模型 (Stinchcombe, McDill & Walker, 1968; White, 1970; McNeil & Thompson, 1971)。

这 6 个组织行动观既不深奥复杂, 也不互相排斥。尽管我们也许有时想知道特定情境下哪个组织行动观更恰当, 但是, 极有可能所有 6 个组织行动观都适用、不分伯仲。组织通过规则遵循、问题解决、学习、冲突、传染和再生应对环境挑战, 或积极适应环境, 或消极回避挑战, 或力求理解环境, 或努力改造甚至控制环境。过程是保守的, 也就是说, 过程倾向于维持稳定的关系、坚持现有的规则、缩短不同组织之间的差距。然而, 根本逻辑不是行为稳定性逻辑, 而是响应逻辑。过程是稳定的, 但是过程造就的行动是不稳定的。

3 变革的一些复杂情形

组织变革具有平淡本质, 但是, 因为世界是复杂的, 所以平平淡淡的过程有时会制造惊奇。为了阐述这样的复杂情形, 在此举出 5 个例子: (1) 平凡行动也能带来意外结果; (2) 组织不一定是为了解决问题而发动变革, 组织还可以因为有了对策而发动变革; (3) 在组织变革的过程中, 不仅组织在变, 变革也在变; (4) 组织不光对环境作出响应, 也在创造环境; (5)

适应系统对个体有要求，对组织有要求，对环境也有要求，三个层次的要求之间存在交互作用。

平凡行动的意外结果

上述 6 个组织行动观都把组织刻画成在明智地变化着，也就是说，解决问题、从经验中学习、模仿其他组织以及通过人员流动再生胜任力。然而，这些过程在一定条件之下会导致一些意外结果，这些条件尽管难以和通常条件区分开来，但还是有些独特之处。特别是，我们可以确认出三个这样的条件：

第一，组织的适应速度与环境的变化速度不一致。当然，历史依赖型过程（例如，学习、竞择）总是会出现某些错误，除非环境是完全稳定的；但是，当环境的变化速度快于组织的适应速度时，过程就很难保持明智性。预期型过程（例如，问题解决）也有可能让组织变化快于环境变化，因此而变得不明智。第二，过程的外显因果关系与内隐因果关系也许并不相同。如果忽略实质的因果关系——不是因为所面临的环境挑战太新，就是因为以往对类似环境挑战的回应都很有效，或者因为世界本身太过复杂——那么看似具有局部适应性的变化也许会带来意外的，或者混乱的结果，这种结果特别可能发生在以下情境：组织用一个虚假的或者不完全的因果模型解释模糊的经验，不断得到验证，于是认识不到这个因果模型是虚假的，或者是不完全的而坚信下去。第三，数个乍看起来很明智的过程同时、平行进行，也许会产生意料之外、并且违背各自初衷的结果（Schelling，1978）。

大多数时候，组织都能避免这样的意外结果，但有些意外结果还是经常出现。看看以下例子：

从客户的反应中学习　客户和顾客向组织发送信号，最显著的信号就是不再光顾。我们期待组织响应这样的信号。例如，顾客流失率是市场型组织用来保证产品质量的主要工具，但这一工具并非总是有效的。根据赫希曼（Hirschman）1970年的观察，如果产品质量下降，那么对产品质量要求最高的顾客最有可能最先放弃这一产品。如果假定新顾客是来自市场的随机样本，那么留下来的顾客对产品质量的要求就低于市场平均水平，面对产品质量下降，留下来的顾客的投诉率也低于市场平均水平。这会进一步导致产品质量下降，如此进入恶性循环，直到新顾客的质量意识与流失顾客的质量意识达到同等水平，也就是说，直到组织大部分顾客的质量意识都弱于市场平均水平。这种再生循环会导致产品或服务迅速衰退。

报答朋友拉拢敌人　政府督管部门的员工有时会变成所辖组织的员工。研究者假定人员流动会影响政府与组织之间的关系，特别是研究者往往假定，政府官员若期望日后在所辖组织任职，就会优待所辖组织。然而，如果所辖组织为了获得政府的支持而向政府部门有关人员提供职位作为激励，那么所辖组织就可能造成这么一个危险：朋友都被吸引进来，留在政府部

门的都是不友好的人。另外一方面，有些组织企图拉拢难以取悦的人（例如，反对派），之所以这样做是因为它们假定：既然对手被怀柔了，拉拢就能导致可控的变化。然而，只要合作的基本策略是引诱反对派的领导者接受更多合法角色以削弱其势力，那么这种策略就容易造成一个显而易见的复杂情形——拉拢其实为难以取悦提供了激励，进而加强，而非削弱反对。

强者愈强弱者愈弱 组织一般有相关的流程让潜在的相关人员参与决策制定、计划编制、预算编制之类的活动。组织中的个体在地位、对问题的了解、对问题的兴趣等方面存在差异。最初的参与率反映了这些差异，然而，参与某类活动稍多的个体变得比其他个体稍微更擅长此类活动，从而更有可能参与此类活动，进而更加擅长此类活动，如此循环下去。不久以后，活动参与团体的实际构成就会发生显著变化（Weiner，1976）。这一现象不仅存在于组织中的个体水平，而且存在于组织水平。组织从经验中学习，重复与成功相联系的行动。结果，与失败领域相比，组织就会在成功领域积累更多的经验，从而在成功领域练就更强的胜任力，进而更有可能在成功领域获得成功，如此循环下去。这种专门化的明智性取决于组织学习速度与环境变化速度的关系。如果环境变化频度小、幅度大，那么这一过程会导致组织固着在一个次优领域。

不求最佳但求满意 有证据表明，组织不求最佳但求满意，也就是说，组织寻求能够实现预期目标的方案，而不是寻求最大化期望价值的方案（March & Simon，1958；Cyert & March，1963）。追求满意的组织可以看成最大化实现目标可能性的组织，但是，这一简洁陈述不一定表明，追求满意的组织不会遵循以下决策规则：处于顺境，也就是当最佳可选方案的预期价值大于目标的时候规避风险；处于逆境，也就是当最佳可选方案的预期价值小于目标的时候寻求风险（Tversky & Kahneman，1974）。正如下面将要指出的那样，身处逆境之时，只有具备某些资质，寻求风险才是较好的做法。但现实情况是，不管是否具备这些资质，处于逆境的组织往往会寻求风险。这样做至少会导致两大结果。其一，处于逆境的组织会采取越来越冒险的策略，这既增加了渡过现有危机的可能性，又同时增加了灭亡的可能性。例如，组织选择比较冒险的策略，希望力挽狂澜，结果事与愿违，死得更快（Hermann，1963；Mayhew，1979）。其二，如果组织根据自身绩效以及其他可比组织的绩效调整目标，那么大部分组织在大部分时间都处于顺境。结果，任何时候，组织群里规避风险的组织都远远多于寻求风险的组织。

绩效标准　组织测量参与者的绩效。例如，企业奖励管理者，依据的是管理者所负责的那块业务的赢利情况。绩效与收入挂钩，是一种重要的组织控制工具，不仅企业提倡基于绩效的薪酬制度，而且非企业型组织也把收入与绩效无关当作一个问题。然而，如果组织中的管理者职位变动频繁，那么绩效与收入挂钩的做法也许就会导致管理者只考虑行动的短期后果，不考虑行动的长期后果。另外，绩效测量还会导致管理者对财务数字关心过度、对产品和技术关心不足。改进绩效的途径有两种，一是从整体上改进组织，二是仅仅针对绩效指标作出改进。既然短期来看，第二种途径比第一种途径更有效，所以，如果组织仅仅用财务指标（容易测量）作为绩效标准，那么管理者可能就会挖空心思让财务报表变得好看而不是想方设法改进组织（March，1978a）。

迷信经验 组织从自身经验中学习，重复曾经与好结果相联系的行动，回避曾经与坏结果相联系的行动。如果世界很简单也很稳定，那么重复与好结果相联系的行动就是明智的做法。然而，世界复杂多变，而我们积累经验的速度相对较慢，所以经验并不是好的老师（March & Olsen，1976）。在复杂多变的世界里运用经验式学习法，可能会造成迷信经验（Lave & March，1975）。例如，看看特沃斯基（Tversky）和卡尼曼（Kahneman）1974 年的一个报告。飞行员教练奖励着陆做得好的飞行员，惩罚着陆做得差的飞行员，结果发现，受到惩罚的飞行员下次着陆一般会变好，得到奖励的飞行员下次着陆一般会变差。于是，飞行员教练得到一个教训：负强化有用，正强化没用。学习是自然的，但是经验，和其他所有经验一样，是模糊的，因为上述情况还有另外一种解释——向平均数回归。

意外结果的这 6 个例子阐释了基本的适应过程在特殊条件

下可能产生的行为变异，应该能让我们多多少少地了解平平淡淡的过程是如何制造惊奇的。

对策驱动式变革

似乎有充分证据表明，如果绩效落后于目标，组织就会寻找新的对策（Cyert & March，1963），也就是说，寻找新的人员、新的做事方法、新的联盟。然而，组织变革似乎更多是由对策而非问题驱动的。达夫特（Daft）和贝克尔（Becker）于1978年讨论过教育组织的案例，凯（Kay）于1979年讨论过工业组织的案例。对策驱动式变革概念新，但是内容并不新，它描述的现象其实就是创新扩散理论所描述的现象。

为什么存在对策（或者机会）驱动式变革？对于这一问题，我们至少可以确认出三种解释。第一个解释是，组织面临一大堆都很重要的问题，但是只有少数几个对策。这样，组织很难针对特定问题寻找对策，然而，根据对策寻找问题就容易得多。结果，组织扫描对策而不是问题，不管找到什么对策，就把这个对策与某些有关的问题匹配。第二个解释是，单个对策与单个问题之间的联系是模糊的，几乎任何一个对策都可以和任何一个问题关联起来，只要它们的出现时间比较接近（Cohen，March & Olsen，1972；March & Olsen，1975）。当因果关系和技术是模糊的时候，采取特定对策的动机有可能和解决特定问题的动机一样强大。我们观察到的很多变化，能够更好地被对对策的了解所预测，而不是对问题的了解。第三个解释是，激发变革的不是逆境，而是成功；不是问题感，而是胜任感以及对变革是可能的、自然的、适当的信念（Daft & Becker，1978）。专业人员改变流程、引进新技术，因为这就是专业人员要做的，而且知道怎么做的。一个现代化的组织采取新做法，因为这就是现代化的含义。当主要的变革动力是来自胜任感的时候，组织就会创造问题来解决，对策和机会刺激组织意识到先前不明显的，或者被忽略的问题或偏好。

组织在变，变革也在变

组织变革学者经常观察到，在变革过程中，组织在变，变革本身也在变（Browning，1968；Brewer，1973；Hyman，1973）。这有时被当作测量问题，也就是说，确定同一变革在不同组织是否等价，或者确定实施力度有多大，或者将变革标签和变革本身区分开来——才称得上变革。然而，把这当作测量问题可能会误导人。创新在组织之间传播，在传播过程中，创新保持不变，这一认识有助于变革研究从流行病学借鉴理论模型；但是，变革的一个基本特征就是其转变方式，也就是变革如何从发明变为采取、从采取变为实施、从实施变为传染，从这个意义上说，从流行病学借鉴而来的理论模型并没有用。

组织在变革的过程中发展变革的意义。变革过程的某些部分倾向于标准化变革的多重意义，但是标准化过程可能很慢，有时慢到几乎让人觉察不出来。企业实施新政策（Cyert，Dill & March，1958）或者大学引进新项目（March & Romelaer，1976），可能很难明确说出变革意味着什么，之所以如此，不是因为信息不良、分析不够，而是因为从根本上说，变革过程会让变革发生转变。变革的发展特性让我们很难运用标准的决策观、问题解决观、扩散观等行动观解释变革，因为我们很难精确地描述采取了什么方案、对策、创新，何时采取的，何时终结的。

　　在创新过程中，组织也在变。在制定决策、适应环境压力的过程中，组织发展目标、重新定义目标；小变革可能演变成大变革，现在的使命可能与最初的使命没有一点共同之处。例如，一个传教组织变成一家体育会馆（Zald & Denton，1963），一场社会运动变成一个商业机构（Messinger，1955；Sills，1957），一家激进的摇滚电台变成一家大企业举足轻重的一部分（Krieger，1979），一个新的政府机构变成一个老的政府机构（Selznick，1949；Sproull，Weiner & Wolf，1978）。

　　这些转变似乎往往反映了这样一种情况：组织采取某些行动（不管基于什么原因），在行动过程中，趁机重新定义组织目标。偏好和目标可能随着行动而改变，这一点对于理性选择理论来说是一个很大的复杂情形（March，1972，1978a）。在有意的组织创新过程中，在正常的组织变迁过程中，组织的目标以及组织中的个体的目标都会变化。结果，组织在偏好的名义下行动，又往往在行动的过程中改变偏好；组织出于某个目的行动，又往往在行动的过程中发现新的目的。

响应环境，亦创造环境

简单的组织变革模型通常假定，组织采取行动是为了响应环境，环境不受组织行动的影响。这一假定很方便，但是组织在某种程度上创造其环境，这会造成很多复杂情形。例如，第一，组织之间往往相互竞争，构成一个生态圈，一个竞争者的行动成为另外一个竞争者的环境，因此，竞争者互相响应的同时，部分决定了自己的环境（Mayr，1963；Kamien & Schwartz，1975）。第二，我们可以把适应看作单向的，即组织适应环境，环境不适应组织；也可以把适应看作双向的，即在组织适应环境的同时环境也在适应组织，两种情况下所得的组织变革模型是不同的。组织适应环境的同时环境也在适应组织的情形很常见。在孩子适应父母的同时父母也在适应孩子，客户和供应商互相适应（Lave & March，1975）。第三，在解释混乱的世界的时候，在混乱的世界里行动的时候，组织也在创造自己的环境。组织不仅对环境了解不完全、不准确（Slovic，Fischoff & Lichtenstein，1977；Nisbet & Ross，1980），而且在这些不完全、不准确的信念之下行动的时候实际上也在建构环境。自我实现效应、自我设限效应就是很好的例子（Meyer & Rowan，1977；Weick，1977，1979）。

　　组织当然可以区别对待原生环境和自己参与创造的环境，但是组织一般不这么做。例如，组织在自己参与创造的环境中的经验式学习过程与组织在原生环境中的经验式学习过程没有什么两样，但是学习结果会有很大的不同。在自己参与创造的环境中，组织对环境作出响应，其实部分也是对自己以前的行动作出响应，这样小信号就容易被放大。组织在适应过程中产生的某些结果，从单向适应观的角度来看，也许很难理解，但是，如果从双向适应观来看的话，就可以理解了。

个体、组织和环境

　　尽管理论都崇尚简单，但是有时复杂一些的理论能够更好地解释现象。组织变革可以看成三个系统的互相啮合：个体、组织、可以称作环境的组织群。组织变革研究遇到的很多复杂情形都和那三个系统的相互啮合方式有关，比方说，有大量研究讨论如何就组织与组织中的个体之间的关系（Coch & French，1948；Burns & Stalker，1961；Argyris，1965）、组织与环境之间的关系（Starbuck，1976；Aldrich，1979）以及组织与组织之间的关系（Evan，1966；Benson，1975）进行变革管理。许多古典的组织理论强调让组织需求与个体需求相一致（Barnard，1938；Simon，1947；March & Simon，1958），现代的组织理论在处理信息（Hirschleifer & Riley，1979）和激励（Downs，1967）时也强调这一点。这一论调尽管是老生常谈，但是对于分析组织变革来说还是有用的。特别是，与组织本身相比，组织中的个体以及组织群都对组织变革有着不同的要求。例如，组织中的个体把他们在组织中的处境（例如，他们的工作）看成他们环境的一个重要部分，设法根据他们自己的需求维持组织内的变革—稳定平衡。然而，我们没有什么特别的理由假定个体发展对变革—稳定的要求与组织生存对变革—稳定的要求互相一致或者互相匹配。此外，组织生存对于组织来说比对于组织群来说更像一个强制要求。组织群生存所要求的组织变革也许对于个体组织来说并不合适，组织群生存对组织柔性或刚性的要求，也许高于个体组织对组织柔性或刚性的要求。对于组织群而言的最佳组织失败率，与对于个体组织而言的最佳组织失败率是有几分不同的。在任何自主系统的组合当中，诸如此类的复杂情形都是很常见的；在当代群体遗传学（Wright，1978）以及应用当代群体遗传学思想的社会科学当中，诸如此类的复杂情形是标准的研究课题。个体、组织和环境构成一个均衡系统，这一观念尽管是有问题的，但是从这个角度来看，组织的某些看似特别变态的特征也许就更好理解了。

我们还可以轻易举出其他复杂情形，比如，人为干预引起的问题（Nisbet & Ross，1980），组织人口学变化引起的问题（Reed，1978）。从这些复杂情形可以看出，各种标准的适应理论存在很多局限性，很难解释复杂混乱条件下的组织变革。熟悉的活动、规则或流程有时会导致意外的结果。

4 愚蠢、变革与利他主义

组织需要在具有外显明智性的变革过程（例如，问题解决、学习、计划）与某些难以短期局部证明其合理性，但是从长期整体来看非常重要的、愚蠢的变革过程之间维持平衡（或辩证）（March，1972，1978a；Weick，1979）。例如，看看一个古典的长期计划难题。我们预测未来，但是我们经常发现，很多小概率未来事件会显著改变当前行动的结果，进而让我们所做的选择变得不恰当。因为小概率事件多得难以想象，而每个小概率事件出现的可能性又那么小，所以我们经常把小概率事件排除在进一步的详细考虑之外，尽管我们知道有些小概率事件必定会发生。结果，我们把计划建立在一个明知很难实现的未来之上。更为普遍的是，如果某一可选方案最有利的结果取决于一个小概率事件的出现，那么这一可选方案的预期价值就小，那么选择这一方案就是不明智的。因此，在理性过程中，当该小概率事件还未出现时，我们不可能选择该小概率事件出现之后才变成最佳的方案。基于同样的原因，任何一项创新，其期望价值都可能是负的，组织就可能抵制这样的变革提议。确实，正如我们所料，热衷于采纳创新提议的组织，一般不如其他组织繁荣、长命。尽管某些未知的变革无疑是明智的，但是第一个尝试新想法是有风险的，这个风险可能不值得去冒。

　　问题就变成：当对于任何个体组织来说引入新想法都是不明智的时候，如何以一种足以维持组织群生存的速度向个体组织引入新想法？解决这一问题往往涉及某种风险分摊合作机制（Hirschleifer & Riley，1979）。外显的风险—分摊协议确实存在，但是大部分情况下，组织群不是依靠外显协议，而是依靠一种内隐的利他主义文化将分散的非理性活动汇集成理性的选择过程。这种具有愚蠢特色的文化有利于我们理解组织变革和创新。组织要想在规范的理性操作下坚持新想法，就需要运用某种保护机制，比如，组织宽裕、管理激励、象征行动、模糊性和松散耦合。

　　组织宽裕　组织中的个体和团体有时会出于个人原因或专业原因谋求组织变革，组织宽裕可以让这样的变革免遭正常组织控制的破坏。结果，有人认为，组织在成功之时的一种搜寻方式是宽裕式搜寻法，也就是把积累宽裕作为产生可选方案的方式（Cyert & March，1963；Wilson，1966）。有几篇变革研究似乎为这一观点提供了支持（Mansfield，1968；Staw & Szwajkowski，1975；Manns & March，1978），但是凯于1979年得出结论说，研发支出数据几乎并不支持宽裕式搜寻说法，达夫特和贝克尔于1978年得出结论说，宽裕和资源过剩无关，而与高薪和（高薪导致的）高专业水平有关。

管理激励　既然管理者选拔过程一般比较保守（Cohen & March，1974），所以很难指望经由常规途径晋升到组织高层的人会故意犯蠢。管理激励似乎不能激发管理玩耍；激励机制试图把个人奖励与组织结果联系在一起，这样管理者就要通过促进组织发展谋求个人发展。然而，一些意识形态将好的管理者和引入新想法、新技术、新产品、新口号、新气象或者新组织形式联系在一起。结果，组织就会采取一种"大公无私"的做法——投入部分资源去尝试。所谓"大公无私"，就是指对个体组织而言是不明智的，但是对组织群而言是明智的。

象征行动　选择和决策制定触及现代发达社会某些非常重要的价值观，因此成为当代组织的一个主要象征领域。象征价值，包括那些与变革有关的象征价值，重要而且普遍，足以盖过决策情境当中的其他因素（Christensen，1976；Kreiner，1976；Feldman & March，1981）。对于专业人员（例如，工程师、医生）和管理者来说，象征主义逐渐变为个人动机，也就是说，他们通过引入变革或者变革象征物来展现其胜任力和权威（Daft & Becker，1978）。更一般的是，选择过程的象征意义变得比选择结果更重要，于是，选择结果就带有几分愚蠢性质——如果不看重选择过程的象征意义，也许就不会做出如此愚蠢的选择。

模糊性　组织并非一直都有一套明确的目标，组织的偏好往往是模糊的、不精确的、不一致的、不稳定的，而且容易受选择的影响（March，1978a；Elster，1979）。结果，问题解决和决策制定变成某种垃圾桶过程（Cohen，March & Olsen，1972），学习因为经验的模糊性而变得有些混乱（Cohen & March，1974；March & Olsen，1976），行动变得对组织行动者的参与和注意模式特别敏感（Olsen，1976）。此外，行动者猜测未来偏好，估计现在行动的期望效用，猜测的不确定性会显著增加估计的变异性，进而降低行动的可靠性。

松散耦合　组织是活动、目的和意义的复杂组合，很多协作型任务必须通过组织才能完成，没有组织就没有现代的发达社会。组织内部各种元素之间的整合令人印象深刻，但是，我们应该也要看到，从很多方面来说，组织内部各种元素之间是松散耦合的。行为与意图松散地耦合，组织某部分的行动与组织另外一部分的行动松散地耦合，今天的决策与明天的行动松散地耦合（Cohen & March，1974；March & Olsen，1976；Weick，1976，1979）。这样的松散耦合似乎无法避免，更确切地讲，组织在协作、注意、控制方面的局限性，是组织不能做到完全理性的内在原因。

这些现象可以保证组织具有某种水平的愚蠢，不管组织多么推崇理性协作和理性控制。尽管我们很容易说，组织愚蠢是一种利他主义，可以满足组织群对变革的要求，但是我们很难确定组织理性和组织愚蠢之间的最佳比例。决策工程学赖以为基的意识形态可能低估了愚蠢的重要性，而某些创造力理论——那些提倡无拘无束地创造的理论，它们赖以为基的意识形态可能低估了理性分析的重要性。更难确定的是，具体的某个真实组织群表现得是过于理性还是过于愚蠢。愚蠢应该占几分？理论上，我们可以假定未来的环境具有什么特点，从而来解决这一问题，但是实际上，以我们的能力基本无法解决这一问题。

我们很难从保险、信息或者契约等方面着手设计出一个实际的方案，以可靠地保证理性与愚蠢到达最佳比例。这不仅是因为分析方面存在诸多困难，而且还因为既有方案的文化特点造成了很多困难。社会和组织当中的规则、激励和信念对愚蠢与理性的比例进行了一定的设置，也许我们可以改变某些规则、激励和信念，进而改变愚蠢所占的比例，但是，我们很难精确地或者随心所欲地改变社会和组织当中那种根深蒂固的、已经成为文化一部分的东西。

5　讨论

本文开篇提出的5条注解是对组织变革的评论，不是对组织变革理论的描述。然而，对于组织领导力以及组织适应研究而言，这5条注解也许有些启发意义。其中最基本的一条是，组织行动、学习、响应环境所依赖的基本过程是十分稳定的，而且也许是可以理解的。然而，这些稳定的变革过程，会产生各种各样的行动，而且，变革过程的背景细节对变革结果的影响力有时大得令人惊讶。

组织通过稳定的过程实现变革，变革过程的背景细节对变革结果具有很大的影响力，这一变革观强调的是，组织中的事情之所以发生，是因为组织参与者大部分时候用基础的方式响应环境，包括可以称作管理或领导的那部分环境。管理者和领导者提议进行变革——包括愚蠢的变革，他们设法应对环境挑战并且控制环境，他们发布命令、操纵激励。既然管理者和领导者扮演因循的角色，所以他们不大可能以过于出格的方式行动。如果领导者想把组织带往一个奇怪的地方，那么组织有可能会抵制这种企图。然而，仅仅把领导力描述为因循的、受到组织现实约束的，就有误解其重要性的风险。成功和变革都不需要轰轰烈烈的行动，组织的大部分变化由因循的、常规的活动产生，也就是要求平凡的人用胜任的方式做平凡的事情（March，1978b）。此外，定义一系列约束条件之后，我们就可以管理组织的适应能力了。一般的，并不是我们想让组织往哪个方向走，就能让它往哪个方向走，但是我们还是可以影响组织的发展方向的，比如，通过管理变革过程，特别是通过激发或者抑制一些可以预测的复杂反常现象。

这样的组织管理观假定，领导有效性往往取决于是否能够在恰当的时机稍微扰动一下组织，然后让组织的自然发展过程放大这个扰动。我们可以为这样的行动确定出几个小小的规则

（Cohen & March，1974），但是要想发展出一套综合的管理策略（对沮丧的管理者来说，也是有效的策略），我们需要更加透彻地了解组织变革，需要一套新的组织变革理论，这套理论不是关于如何随心所欲地引入变革，而是关于如何引导组织通过因循的方式响应环境、经验和预期。这一任务十分艰巨，本文的 5 点注解只是很小很小的一步，但是它们指出了一个可能的方向。这 5 点注解主张考虑导致组织变化的基础适应过程，而且要在组织行动观的指导下考虑这些基础适应过程。这 5 点注解主张集中关注平平淡淡的常规过程会带来多么大的、多么令人意外的变化。这 5 点注解还建议，要想理解组织变革，就要弄清组织生活明显的平淡特性和明显的诗意特性之间的联系。

本文最初发表于《管理科学季刊》，经过作者和出版商的允许在此翻译并再版。

第 7 章 未来、即抛型组织、来自想象的刚性

摘要： 组织未来预言就像幻想变奏曲——确定地不正确，可用来诱人。想象在人类存在中具有什么作用？为了粗略地阐述这一问题，本文从解释塑造组织生存的环境入手，针对组织未来作出了几点预测。这几点预测强调了由刚性即抛型组织构成的组织群的适应能力，以及与维持组织刚性有关的几个问题。这种适应系统要求组织具有一定的顽固性，而本文认为，想象未来就是组织保持顽固性的一种方式。本文还简单探讨了剥夺幻想的天真性之后，会出现什么结果。

想象未来，就像想象过去一样，是活在现在的方式。伊娃·露娜（Eva Luna），伊莎贝尔·阿连德（Isabel Allende）同名小说的叙事者，这样回忆其母亲孔苏艾诺（Consuelo）的想象：

她以她自己的梦想为素材，为我建构出一个世界。"话语是免费的"，她经常这么说，并且占用话语，话语都是她的。她在我的脑子里种下一个观念：现实不仅是我们在表面上所看到

127

的那样，现实还有神奇的一面，而且，只要我们愿意，我们有权加固这一面，给它涂上颜色，让我们的人生之旅轻松一些。（阿连德，1988：21）

　　本文探讨的是：描绘组织未来，如何起到"让我们的人生之旅轻松一些"的作用。

1　环境的易变性和不确定性

　　当代未来学最喜欢做的事情，就是观察并预测组织所处环境的激烈变化。大多数观察家一致认为，同以前和现在的组织相比，未来的组织所面临的环境将具有更强的易变性。尽管我们不知道他们使用什么测量理论得出这一结论，但是我们可以感觉得到，世界的经济变化、社会变化、技术变化以及政治变化确实速度加快了，人为力量导致的变化确实强度加倍了。既然在这些变化发生的同时，人类以及人类组织的寿命都延长了，那么一个典型的人，或者一个典型的人类组织在一生之中所经历的环境变化也大大增多了。

　　技术正在以前所未有的速度变化着。历经几个世纪发展而来的传统技术被新技术替代了，这些新技术本身的寿命也不长，很快将被更新的技术替代。计时技术、运输技术、通讯技术以及其他各种各样的技术在不断更新换代。经济环境和经济体系在变化。商品和服务的流动在迅速变化，生产分销商品和服务的组织也在迅速变化。社会结构和文化规范在变化。社区、社会网络、社会传统、道德标准和风俗习惯的变化加速了，原先要历经多代才能发生一些变化，现在仅在一代之内就能发生很大变化。父母和子女之间很难进行有意义的对话，因为道德观念不同、生活方式不同、音乐品味不同。

2 全球联系

当代组织生活中的联系网络和因果链接经常跨越国家边界、超越政治控制和政治身份。人员和物质商品的跨国流动变得更加容易，观念和文化商品的流动普遍具有全球性。只有少数几个很大的国家可以在不作出特别牺牲的情况下保持经济、政治或社会自主性。这种全球依存性让强调政治地理学作为公民身份和政治决定因子的传统民主政治哲学变得更加复杂（March & Olsen, 1995）。

这种全球依存性也让有关组织的思考变得更加复杂。尽管大多数组织仍然是本土的，基本上没有什么直接的全球联系，但是全球化是当代组织生活当中一个越来越重要的因素。在跨国金融网络、跨国通讯网络以及跨国运输网络中，有着全球联系的组织所发生的变化是显而易见的。在跨国政治网络、跨国社会网络，有着全球联系的组织所发生的变化更是显而易见的。这些变化的制度化表现就是，国际公司、国际联盟（政府性质的也好，非政府性质的也好）越来越多。

3　信息技术

现代信息技术能让组织结构和组织实务发生根本性变化，这一说法是老生常谈，但是，和其他老生常谈一样，它是对的。尽管技术狂热者在科幻小说当中的预言有几分夸张，但是建立在现代计算机及其部件之上的信息技术让现代组织的技术环境发生了很大的变化（Kiesler & Sproull，1991；Malone & Rockart，1991）。

信息技术影响着组织监控行动、保持记录、确定责任的方式，进而影响着组织的协调和控制能力。信息技术影响着组织获取信息、分析信息、储存信息、提取信息的能力，从而影响着组织整理历史经验的能力，进而影响着组织的学习能力。信息技术影响着行动协调的难度和行动协调网络的性质，进而影响着可选组织结构的成本和收益（Lewin & Stephens，1993）。

4　基于知识的竞争

现在同以前相比，组织之间的生存竞争，拼得更少的是能够获得多少物质资源、占领多少市场；拼得更多的是能够获得多少知识。所谓的知识爆炸让获得知识、使用知识的能力成为一个主要的竞争优势源（Corno，1988；Winter，1987）。知识在竞争中的核心地位，激发出很多有关国际知识产权秩序的新观念，这些新观念往往摒弃科学传统（以自由交流为标志）、拥护私有财产传统（以产权专有和限制交流为标志）。

随着人们日益认识到知识在竞争中的核心地位，组织战略学者日益关注以下问题：一个组织是如何把自己的知识分享给其他组织的或者占用其他组织的知识的（Starbuck，1992）。分享知识对于现代合营企业至关重要，但是很难做好。占用知识包括三个要素，即知道存在哪些相关知识、能够获得知识、能够使用知识，缺掉其中任何一个，都无法占用知识。比如，有的时候，要想使用新知识，就必须具备大量先前知识，即使把别人的知识拿来了，如果不会用，那也是白搭（Cohen & Levinthal，1989）。如果一个组织制定激励措施阻止其他组织占用自己的知识，那么知识就尤其难以获得。

知识非常重要，又是不断变化的，所以，知识投资至关重要又很难做到明智。既然获得知识需要时间，而且获得知识之后，一般又需要很长一段时间才能让知识发挥作用，所以组织一般不能直到需要使用某种知识的时候才决定积累这种知识。组织储备知识（Feldman，1989；Levinthal & March，1993）。然而，组织很难制定，也很难实施最佳的知识储备战略。之所以很难，是因为组织不仅要在长期回报和短期成本之间权衡，还要在 A 类错误（储备了用不上的知识）和 B 类错误（未储备用得上的知识）之间权衡。

随着知识更新的速度越来越快，与直接的、特异的经验型知识相比，间接的、通用的分析型知识能够带来更多竞争优势。研究和教育变得越来越重要，个人经验和组织经验变得越来越不重要。结果，个体组织作为特异经验型知识持续积累者的比较优势下降了。

5　政治的不确定性

现代组织所在所依的政治体系，面临着重重压力（March & Olsen，1995）。这一现象太普遍、太一致，不能简单地从单一哪个国家寻找原因，也不能简单地归咎于政治体系的无能。总的来说，最近的西方政治史不是一个没落的时期，而是一个辉煌的时期。然而，公共官僚和政治制度的地位似乎非常普遍地、非常一致地下降了。

西方民主政治似乎很难同时做到多服务、少收税，民众经常谴责政府贪得无厌、官僚低效、很会花钱。民族国家①正在

---

① 民族国家：民族国家是指近代以来通过资产阶级革命或民族独立运动建立起来的，以一个或几个民族为国民主体建立起来的国家。民族国家是一个独立自主的政治实体，是 20 世纪主导的现代性民族自决和自治概念及实践。一个民族构成政府体制，或者由数个民族经同一共享的政府体制构成的国族，都是民族国家的可能结合形式。——编者注

招致不满，有迹象表明其重要性正在下降（Wendt，1994）。另外一方面，民族国家正在丧失自主性。民族国家对边界的控制力普遍越来越弱，信息可以在不同民族国家之间越来越自由地交流，人员亦如此。民族国家之间纷纷结盟，形成国际政权组织（欧盟是最典型的例子），或者"国家圈"。种族团体和宗教团体纷纷要求自治。

这些变化对组织造成了很大的冲击，让冲击加剧的是，用来保护组织免遭环境易变性影响的传统缓冲机制正在减弱。企业界掀起了一场"即时生产（just-in-time）"运动，追求产销无库存、零浪费。但是，传统缓冲机制的减弱，又不仅仅是即时生产运动造成的。全球化减弱了传统的距离缓冲机制，让组织之间的空间依存性变得更强；知识的迅速废弃减弱了传统的时间缓冲机制，给组织留下很少的余地纠正错误——反应时间变少了。竞争加剧、对自由市场的追捧，减弱了竞争者之间的市场缓冲机制。政治的不确定性让组织的制度缓冲机制和政治缓冲机制变得更不确定。

6　组织适应

几乎所有的组织理论都假定环境变化一般会反映在组织变化之中。环境和历史塑造组织形式和组织实务，尽管塑造效率不高（Carroll & Harrison，1994；March & Olsen，1989），而且是痉挛式的（Mezias & Glynn，1992；Tushman & Anderson，1986；Tyre & Orlikowski，1994）。结果，当组织为了生存、参与竞争、接受环境挑选的时候，环境变一下，组织一般就会相应地变一下。比如，人们往往认为，全球联系和现代信息技术使用的增加，导致组织产生了非层级的活动协调网络。再比如，人们往往认为，知识重要性的增加、知识更新速度的加快，导致组织不再强调做中学，而是强调从外部获得知识。

然而，在更一般的水平上，环境的迅速变化，容易让人作出以下预测：未来的环境青睐灵活的、能够迅速适应环境变化的组织，随着环境的不断变化，适应能力差的组织将被淘汰出局。于是，人们纷纷致力于设计能够学习、能够迅速适应环境变化的组织（Argyrisand Schon，1978；Hedberg et al.，1976；Senge，1990）。

适应既涉及利用已知的，又涉及探索未知的（March，1991，1994b）。利用指短期之内将既有的想法、范式、技术、战略或知识常规化、完善化、精细化、精致化。利用以专注、精确、重复、分析、理性、纪律和控制为阳光，以短期之内促进组织健康发展的知识、形式和实务为雨露，以密切注意、系统推理、规避风险、打磨细节、锐聚焦、勤勉和培训为肥料。利用强调改进既有的胜任力和技术，包括确定、培养胜任力并且把不同的胜任力结合在一起生产联合产品，包括管理各种能力、促进沟通和协调、调紧宽裕，还包括定义绩效、测量绩效、将活动与绩效指标挂钩。

利用还以追求合法性为养料。组织中的人以及与组织中的人打交道的人，行动的动力都是对适当行为的理解，他们努力做出适当的行为并且期望别人也这么做。展现正当的组织形式、用正当的方式行动，是大家普遍信奉的，这样做有利于生存（DiMaggio & Powell，1983；Meyer & Rowan，1977）。当组织追求技术效率和合法性的时候，就把精力集中在相对短期的问题之上。组织精炼能力、降低成本、采用标准流程。组织想方设法实现清晰的短期目标。与此有关的时髦术语有"组织再造"、"组织精简"和"全面质量管理"。

探索指尝试新事物，比如想法、范式、技术、战略或知识等，希望能够找到更好的、可以替代旧事物的新事物。探索以新异、疯狂、机缘凑巧、风险承担、自由联想、纪律松弛和控制松懈为养分。探索的特色就是有风险。成功并没有保障——探索确实往往并不成功。即使探索成功，回报也往往来得很迟，而且不一定是组织里付出代价的那部分获得回报。同实现预定目标相比，落后于预定目标之时，组织似乎更可能冒险进行探索。探索是由失败激发的，有时还可能是由组织宽裕或者组织行动者对自己征服危险能力的错觉激发的，宽裕或者能力错觉对探索的激发大部分都是无意的（March & Shapira，1987，1992）。

适应既要求利用，又要求探索。专于利用的系统会发觉自己越来越擅长一项越来越接近于废弃的技术；专于探索的系统永远不会实现其探索的优势。探索与利用的平衡问题广为理性决策学者、进化学者和制度变迁学者所熟悉，在理性决策者眼中，这个问题表现为搜寻与行动之间的平衡问题，在进化学者眼中，这个问题表现为变异和竞择之间的平衡问题，在制度变迁学者的眼中，这个问题表现为变化和稳定之间的平衡问题。

学习动力学往往会摧毁这个平衡（Levinthal & March，1993；March，1991）。一般而言，利用已有知识的回报在时间和空间上系统地密切探索潜在新知识的回报。这导致适应系统容易跌入两个著名的"陷阱"。第一个是"失败"陷阱。在失败陷阱中，缺乏经验导致失败，失败导致改变方案，改变方案导致又一次失败，这样就陷入失败与尝试新方案的无尽循环之中。这个循环之所以能持续下去，是因为大部分新事物是坏的，而且大部分好的新事物往往需要培养和练习才能实现潜力。短期来看，即使是好的新事物也会失败、被否决。失败陷阱导致组织对新的行动路线缺乏耐心，并且过度利用。

第二个陷阱是"成功"陷阱。组织成功了，就会重复与成功有联系的行动；不断在这一行动上积累经验，就会越来越胜任这一行动；越来越胜任这一行动，使用这一行动获得成功的可能性就越来越大。如此继续下去，组织就陷入成功和利用的无尽循环。组织不再尝试新想法或者新技术，即使尝试，也会觉得新的不如旧的好（因为新的和旧的之间存在胜任力差异）。

成功陷阱导致尝试不足（Arthur，1989；Herriot et al.，1985）。

从以上精简版的组织变革故事中，我们可以看出，组织面临一个基本的两难困境。利用和探索是一对永久的共生体，为了生存繁荣，组织哪个都不能缺。然而，与此同时，利用和探索又彼此干扰。利用破坏探索。利用排斥尝试和变异，而尝试和变异对于组织的长期生存来说至关重要。利用导致组织过于坚持一项（现在有效的）能力，几乎不去利用其他能力，或者不能坚持一项（现在无效但长期来看很有潜力的）能力足够长时间以确定其真实价值。类似的，探索破坏利用。热衷于尝试，组织就会对新想法、技术和战略缺乏耐心，等不到发展出足够的胜任力展示它们的真正价值就将它们放弃了。因为组织在探索过程中缺乏耐心，所以组织有很多未能实现的梦想、未能作出的发现。利用和探索往往势不两立，组织一直很难在两者之间保持有效的平衡。

7　即抛型组织

乍一看，组织对现代环境易变性和不确定性的反应似乎与环境的要求并不一致。环境的首要要求是灵活善变，而灵活善变就是鼓励探索、变异、尝试、长期眼光和整体视野。然而，组织的首要反应似乎是增加有效利用，而有效利用似乎就是强调可靠性、有限的尝试、短期眼光和局部视野。

正如组织进化学者经常注意到的那样，组织追求即时效率和环境要求长期适应之间表面的不一致可以通过以下方式化解：眼光跳出个体组织，看到由多个个体组织构成的组织群；不把探索看作个体组织的属性，而把探索看作组织群的属性（Baum & Singh，1994；Hannan & Freeman，1989）。组织群的适应方式如下：刚性的、有效的、合法的个体组织之间相互竞争，以当前环境要求为标准，适者生存，不适者淘汰。

刚性的、有效的、正当的个体组织之间相互竞争，适者生存，不适者淘汰，这一系统适应观抓住了当前趋势的某些要素，而且与似真未来的某些要素相匹配，由此派生的理念就是由即抛型组织构成的系统。所谓即抛型组织，就是那种短期利用效率极高、当前能力精炼效率极高，但是只有中等适应持久性的组织。在这个假想的世界里，组织变异维持在群体水平（Carroll，1993）。每个组织在其特别的情境之下都是高效的：宽裕消失、技能专业化、协作精密化。当这种利用战略不能在新情境下发挥作用——一定会如此——那么一个旧的刚性组织就会被一个新的刚性组织取代。灵活组合高效部件的思想，在现代这个世界很常见。一次性技术，也就是最大化短期效率而非灵活性和可修性的设计思想，在现代工程学中很常见。一次性人事政策，也就是强调选拔和流动，而不是培训和学习的政策，在现代企业、政治学和婚姻中很常见。

在这样的一次性世界里，组织失去了重要的永久性要素。

因为各种各样的法律原因和其他方面的制度原因，组织也许会保持外在的连续性——例如企业名称、架构等。但是组织明显会变得更临时，正如临时组建的项目组，或者不断变化的非层级网络之间的合作所反映的一样（Hakansson，1992；Powell & Smith-Doerr，1994）。这些蜘蛛网状的"虚拟"组织还不是当前组织生活的主导成分，但是其重要性似乎在日益增加。

组织变得更专业、更高效、更刚性、更临时，这种转变也很有可能不会发生，即使发生，其发生方式也很有可能不是上文所描述的那样。组织预言家的幻想还要克服一些实际的障碍，要处理好一些明摆着的难题——正如我们知道的那样，这些难题在塑造组织的同时也在被组织塑造着。特别是，如何将这样的系统嵌入既有的社会环境？如何在个体组织内实现足够的利用？如何在组织群内维持足够的探索？

与即抛型组织系统有关的最大社会环境问题在于：它与从既有的组织系统中生长出来的社会、政治和道德体系之间具有潜在的不一致。特别是，由相对稳定的、持久的劳动力构成的相对稳定的、持久的组织，是大部分在工业化世界进化出的社会体系的重要组成部分，代表了个体和社会体系创建秩序、建立期望、分配权利的方式的关键要素。既然组织镶嵌在政治秩序中，需要政治秩序的容纳，那么可以预期的是，在变革中迷失方向或者处于不利地位的个体会寻求政治补救。此外，组织镶嵌在道德秩序中，这一道德秩序希望人类存在和社区以某种方式向即抛型观念妥协。

在即抛型组织之内实现效率的最大问题在于：如果有迹象表明集中注意力精炼已有能力可能在日后带来不良后果，面对这些迹象，如何才能继续集中注意力精炼已有能力。投入一部分精力探索新的可能性，组织的短期效率就会受损、专门化进程就会放慢，尽管如此，现有的组织有时还是会试着避免变得过于专门化，或者说避免让利用过于刚性化（这种尝试往往不成功，而且对短期效率造成了负面影响）。而即抛型组织的一个基本特点就是高度专门化，或者说利用高度刚性化。

在即抛型组织群之内维持足够探索的最大问题在于：如何保证突变组织源源不断地出现。如果没有足够的变异，竞择就起不到发展工具的作用。这样，只有存在一个可靠的过程不断生产不同于既有组织的新组织，即抛型组织系统才能作为适应系统正常运转。为了能够在环境发生变化的时候用新的专门化组织有效地替代废弃的组织，我们必须创造出这种新组织，在其婴儿时期为其提供必要的支持，帮助其抵御模仿既有成功组织的压力，发展自己独特的胜任力。

没有源源不断的探索，适应就会失败，特别是在环境迅速变化的时候。想象对探索有两方面的贡献。第一，想象未来，就有可能产生新的观念、新的思考方式和新的行动方式。想象激发玩耍和愚蠢。然而，光有玩耍还不够，因为玩耍不长久，是暂时的，而组织群水平的适应要求个体组织水平的不屈不挠，特别是要求新组织不屈不挠。只有在探索能够坚持足够长的时间以展现其真实价值的时候，探索才有用。这样，想象的第二个贡献就很必要。想象能将探索与不利于探索的环境隔离开来。

革命需要觉醒意识，更需要不屈不挠。组织在尝试新的形式、战略或技术的时候，需要将尝试与反馈隔离足够长的时间，以探索其他可选的效率与合法性，并且改变对效率与合法性的理解。组织对环境反馈作出响应，这一响应往往会干扰新的效率与合法性的专门化发展。如果组织根据环境反馈迅速调整形式、战略或技术，那么历次形式、战略或技术的效果就会相互混淆，结果，组织难以判断每次形式、战略或技术的独立效果（Lounamaa & March，1987）。另外一方面，迅速根据暂时的消极反馈改变形式、战略或技术，也会干扰胜任力的发展，由此导致组织还未发现某一形式、战略或技术的真正潜力就转移到另外一种形式、战略或技术上（Levinthal & March，1993）。

因此，从很多方面来说，在即抛型组织适应系统中，一个重要任务不是增加组织柔性，而是增加组织刚性。但是适应系统并不是非常鼓励这样的刚性。大多数异教徒被烧死了，而不是被神圣化；大多数发明最后被证明是无用的，而不是无价的；大多数离经叛道的组织湮灭了，而不是存活下来。结果，为了让组织坚持离经叛道的路线，在许以专利、版权、大饼

（Kahneman & Lovallo，1993；Taylor & Brown，1988）这些比较世俗的做法之外，还有其他做法，比如，鼓励组织面对失败不动摇（March，1994a），建立非理性承诺社区（Festinger et al.，1956），提供足够的社会资本、经济资本帮助组织度过青少年期（Levinthal，1991）。

组织如何在形式、战略和技术方面保持足够的刚性？答案首先在于，学习的自然动力学让组织改进、利用既有模式而不是探索其他可选模式（Levinthal & March，1993；March，1991）。利用的回报一般比探索的回报更确定、更快、更近，所以在学习过程中，利用比探索更占优势，这导致组织强调专门化胜任力、改进既有流程。

学习只是组织刚性的一个来源，组织刚性的另外一个来源是想象。组织总结历史、展望未来，把总结和展望写成故事，将理解和期望固化。例如，在商业世界中，想象（有时披着商业计划的外衣）保护着投资者、员工、管理者、顾客和银行家，不让那些可能导致他们放弃尝试的信息影响他们。幻想对信息进行过滤，以肯定信念。

8　想象的枯荣

热衷于预言未来的人面对的是惨淡的现实。预测组织的未来注定吃力不讨好。分析家再博学、再认真，其预言比算命先生的预言也准不到哪去。这不是因为算命先生的预言很准，而是因为分析家的预言很烂。即使比我们大多数人都聪明的马克思，其预言也不完全准确。组织未来学通过制造新奇、希望和恐惧赢得关注，随着时间的推移，其预言不攻自破。

为什么要想象未来？不是因为要预测未来（预测准确性几乎肯定很低），而是因为，在环境压力下，为了保持刚性，个体和组织需要无条件地承诺，还需要不屈不挠，而想象能够为无条件承诺和不屈不挠提供养分。很多观察家注意到了想象在激发创新中的作用，但是从这个角度来看，想象的主要作用不在于产生新想法，而在于保护新想法免遭证伪。想象不可能比因循更正确，但是比因循更清醒、更自主、更扣人心弦。

明晰愿景，可以保护离经叛道的想象免遭经验和知识的证伪。耽于幻想，可以将历史的模糊性转化成对信念的肯定和坚持路线的意愿。想象的这个自我支撑特性，可以让承诺免遭现实的逼迫。预言者用天真、意识形态和信念建造出一个避风港。在这个避风港里，疯狂受到保护，直到羽翼丰满到足以向正统发出挑战。

我开始怀疑，世界真的存在吗？现实是否只是一团没有形状的凝胶状物质，只有通过我的感觉才能定型？……我可以拿起这团凝胶，捏出我想要的任何东西。这一想法让我感到安慰……在这个世界里，我想让谁住进来就可以让谁住进来，我

想颁布什么法令就可以颁布什么法令，而且我还可以随心所欲地改变法规。在那个一动不动的沙堆里（我的想象生根发芽的地方），一切的生、一切的死、一切的际遇，都取决于我。我可以在沙堆里种下任何我想种的东西，我只要说一句话，就能赐予它生命。有时我觉得，同我周围那个生活着有血有肉的生物的世界相比，我想象出来的世界更清晰。（阿连德，1988：187-8）

时髦的说法是"愿景"，它有一个非常贴切的弦外之意——"梦想"。想象中的未来比我们"周围那个生活着有血有肉的生物的世界"更清晰，能够保护探索免遭扼杀。

说到底，坚持幻想，对个体组织而言是具有毁灭性的，但是能让个体组织顽固到足以满足有效竞择的需要。为了让系统有疯狂的组织可选而让个体组织坚持幻想，这当然有失公平。在这样的世界里，大部分坚持幻想的个体组织都以毁灭告终，但是整个系统会受益，那些碰巧被鉴别出来（暂时）代表天才的疯子也会受益（Shaw，1946）。

以竞择的名义合理化幻想，也有些残酷。正如伊娃·露娜提醒我们的那样，人们追求理智、限制幻想，但是并未因此完全丧失建立在幻想之上的审美情趣。对随心所欲想象出的世界怀有承诺，这一承诺具有一种朴素美，硬要说这一承诺是为了服务于即抛型组织之间的有效竞择的话，就是剥夺想象的无用性，而无用性正是想象之美、想象之人性的关键所在。从这个角度来看，那些认为个体组织是变化的、永久的人与那些认为个体组织是刚性的、即抛的人之间偶尔出现的争论，争的不仅是真理，而且是美和正义，因此也许值得认真对待。

本文最初发表于《组织》，经过作者和出版商的允许在此翻译并再版。

第 3 篇

马奇论组织学习

第8章 学习和企业理论

1 行为学取向企业理论的早期发展

对于行为学取向企业理论的发展历史，冒着仅仅提供一个极其粗略的介绍的危险，我们可以把企业研究的行为学取向总结为三个关键的观念。

第一个观念，在此我将称之为企业与环境不完全匹配。大多数传统的经济学取向企业理论以及很多组织理论都或明确或隐含地假定，环境无情地逼迫组织相对迅速地采取一种与环境相匹配的形式或者战略。结果，我们可以根据对环境的了解来预测组织的行为。早期的行为学取向企业理论则持一种相反的观点，认为组织与环境之间很难达到完美匹配，我们不能仅仅根据对环境的了解预测组织的形式和战略。结果，我们必须了解企业内部的选择过程和适应过程。

第二个观念，实际上是一组观念，这组观念经常被冠以有限理性的名字。有限理性包含的观念有：组织和组织中的个体信息加工能力有限；组织和组织中的个体不可能知道所有可选方案；组织和组织中的个体不可能获得一切有关可选方案结果的信息；组织和组织中的个体根据满意化原则而不是最大化原则解决选择问题，也就是说，区分够好的可选方案与不够好的可选方案；组织和组织中的个体遵循的搜寻战略是，一旦绩效落后于目标，就加大搜索力度。有限理性观认为，因为信息加工能力有限，所以组织依次注意目标（sequential attention to goals），而不是在不同的价值维度之间权衡。有限理性观还认为，因为信息加工能力有限，所以组织使用规则和标准决策流程。

第三个观念是未化解的冲突。即使协商好雇佣契约，即使形成了联盟，即使确定了补偿受益，组织里仍然存在冲突。古典企业理论承认，组织中的不同个体也许具有不同的价值观，其之间存在实际的或潜在的冲突。在古典企业理论的想象中，组织通过一个两阶段过程化解冲突。第一阶段，达成契约，这一契约把利益冲突转化为兼容的利益集合。然后进入第二阶段，履行契约，员工答应遵循雇主的偏好，雇主支付工资或者其他约定的好处作为回报。与古典企业理论相反，行为取向企业理论认为，冲突是无穷无尽的。契约确实能够在某种程度上协调目标、减少冲突，但是契约似乎是不完全的，契约的履行似乎也是不完全的。组织成员似乎永远达不到没有冲突的境界。

这三个观念——不完全匹配、有限理性以及未化解的冲突——是当代企业理论的核心部分。尽管它们保留了理性信念的基本要点，但是现代的经济学取向企业理论同三四十年前相比已经有了很大的不同，现代的理论大都采纳了以上三个观念中的一个或多个。

经济学取向企业理论的早期修订只强调组织信息加工能力有限，因此不能做到完全理性。马斯卡克（Marschak）和兰德勒（Radner）的团队理论（team theory）接受了有限理性观，但是通过假定企业中的个体有着共同的目标回避了利益冲突，而且也不关心企业与环境之间的不完全匹配。类似的，控制理论（control-theory）接受了有限理性观，但是忽略了未化解的冲突和不完全匹配。

经济学取向企业理论的晚期修订，方向稍微有所不同。交易成本理论（transaction cost theory）显然采纳了有限理性观和未化解的冲突观——奥利弗·威廉姆森（Oliver Williamson）称之为"机会主义（opportunism）"。交易成本理论并不关注不完全匹配观，而是仅仅根据环境条件确定组织的形式和战略。

代理理论（agency theory）以及与代理理论有关的博弈理论（game-theory）主要关注冲突问题，但是对有限理性涉及不多（大部分代理理论和博弈理论都是如此），对不完全匹配的态度有些矛盾。尽管早期的博弈理论往往假定存在唯一"解"，但是最近的博弈理论越来越关注多重均衡。

总之，尽管没有哪个当代经济学取向企业理论采取早期行为学取向所有这三个核心观念，但是二十世纪五六十年代流行于组织研究中的那些观念，现在都彻底渗透到标准的微观经济学当中了，而且有了很大的发展，变得更加丰满，地位也提高了很多。有限理性观和未化解的冲突观的某些形式，几乎成为经济学取向企业理论的标准观念。历史是无效的，也就是说，环境不是决定企业形式和战略的唯一因素，这一观念不如前两个观念标准。

2　行为学取向组织研究的晚期发展

在过去的近二十年里，行为学取向组织理论围绕几大问题进行探讨，有了很大的发展。我们可以想象，在接下来的二三十年里，这几大问题也会成为微观经济学的标准话题。

过去的二十年来，行为学取向组织研究的第一个焦点是，偏好的模糊性。古典选择理论假定偏好是一致的、稳定的、外源的，古典微观经济学继承了这一假定。然而，据观察，在现实的组织中，偏好似乎是不一致的、不稳定的、内源的。

过去的二十年来，行为学取向组织研究的第二个焦点是，规则遵循。就像大多数当代社会科学一样，古典企业理论认为，个体（或者企业）按如下方式行动：确定可选方案及其可能结果，根据先前偏好评价结果的价值，选择期望价值最大的那个方案加以实施。另外一种行动观则认为，行为遵循的不是结果逻辑而是适当逻辑。遵循适当逻辑行动，涉及的问题就是："我是什么人？我是什么身份？我处于什么情境？我这种人在这种情境中应该怎么做？"对适当逻辑的认识，导致管理学者重新把焦点放在规则上，也导致制度主义重新兴起。制度主义认为，人们的大部分行为都是为了遵守公认的规范、标准和规则。

过去的二十年来，行为学取向组织研究的第三个焦点是，组织行动和组织形式的历史—依赖式模型（history-dependent）。选择理论和经济学经常强调，现在展演未来，即个体和组织形成对未来的期望，在期望的驱动下行动。最近的行为学取向组织研究更多地强调，现在展演过去，即个体和组织将历史编码成规则，在规则的指导下行动。研究重点的这一转变，让理论更加关注历史如何被编码成规则，进而关注历史—依赖式模型，比如基于变异—竞择的进化模型和基于经验—知识的学习模型。

过去的二十年来，行为学取向组织研究的第四个焦点是，组织行动的生态学特征（姑且这么称呼吧）。我们对组织有一个误解，以为组织中的个体与团体的行动环境、决策环境和学习环境是外源的。但是，实际情况是，组织中的个体之间和团体之间存在竞争关系，具有竞争关系的行动者同时行动，一个行动者的环境很大程度上是由其他行动者的行动构成的。标准的微观经济学对这个问题有所考虑，反映在局部均衡模型与整体均衡模型的对比之中，不同的模型从不同的角度看待竞争者预期和反应的作用。但是，生态学取向组织研究不仅关注行动者之间的竞争关系，而且关注联动网络。最近的联动网络研究强调的是：组织之间的连接方式；信息、目标在组织群范围内的传播方式；竞争—合作交互作用的结果。

过去的二十年来，行为学取向组织研究的第五个焦点是，解释和意义的重要作用。组织可以看成一个决策制定系统，更可以看成一个意义建构系统。信念是社会建构出来的，这显然与标准的选择理论有关，因为它强调预期。一个理论如果强调有关结果的信念是社会建构出来的，那么它也应该把有关可选方案的信念、有关偏好的信念看成是社会建构出来的。然而，与仅仅观察到选择前提是社会建构出来的相比，强调有关可选方案的信念、有关偏好的信念也是社会建构出来的，给组织理论和研究带来的挑战更根本。最近，有些行为学取向组织研究把发展解释、建构意义看作组织的首要活动，认为对于理解组织来说，发展解释、建构意义比制定决策、分配资源更重要。它们的观点是，一个企业理论如果不考虑这一点，就会发现企业的很多行为是难以理解的。

3　组织生态圈如何学习规则

我认为以上五个主题概括了最近的组织研究的相当一部分

工作，而且认为每个主题都对经济学取向企业理论具有启示意义。然而，我将仅仅集中讨论其中三个主题的某些启示意义，读者可以挖掘另外两个主题的启示意义，作为练习。企业的根本活动是建构意义、发展解释，这一想法对于经济学取向企业理论来说具有某些深刻的重要性，但是，我估计这一想法不会迅速渗透到经济学当中。有关偏好的问题，以及有关偏好是如何形成的问题，尤其是有关内源的、不稳定的偏好的问题，对于现代经济学理论来说意义显然非同小可，因此这容易得到密切关注，不管是在经济学之内还是在经济学之外，但是我在这里不作讨论。

我关心的是下面这种组织行动观：个体组织之间交互作用，构成一个组织生态圈；组织生态圈中的个体组织同时都在学习，将历史经验编码并储存于规则之中；个体组织根据适当逻辑履行规则。我认为接下来的几十年中，经济学理论将会更加关注规则遵循、学习以及历史的生态学背景。

组织和组织中的个体在生态学背景中行动，将历史经验编码成规则，这一观点在经济学和大部分社会科学当中有着悠久的传统。社会科学最传统的观念之一是，制度（institution）（或者组织）与环境互相适应，在很多重要方面做到互相匹配。我口中的有效历史假设（efficient history hypothesis，大部分社会科学贯穿始终的一个假设）指的就是，这样的匹配过程存在唯一的最佳均衡。正如我早先指出的那样，如果我们相信历史是有效的，那么理解历史过程对于预测历史过程的结果来说就是不必要的。相反，几乎所有现代的适应过程研究都发现，从很多方面来说，历史是无效的，而且，几乎所有的现代进化理论、现代学习理论或者现代一般适应理论都不假定存在一个稳定的、最佳的、唯一的均衡。

一方面，相对环境变化而言，制度变化一般较慢，这样，即使存在唯一的均衡，经常是过程还未达到均衡点，条件就变了。另一方面，缓慢并不是最关键的问题，我们观察到的很多过程具有多重路径依赖式均衡（multiple path-dependent equilibrium）。例如，物种生态圈的生存问题通常有很多不同的解。从既有的组织形式分布当中，我们推断不出任何有关组织形式的效率、最佳性、适当性之类的东西。在这些理论当中，适应结果严重依赖于具体涉及了什么过程以及具体走过了什么历史路线。

从很多方面来说，依赖于历史是一个令人气馁的现象，它至少意味着，我们必须深入到相当具体的层面才能理解适应过程。我们不能假定，如果组织根据结果逻辑进行理性选择，就会不可避免地达到某个唯一的最佳状态；我们不能假定，如果组织相互模仿，就会导致一个唯一的最佳结果；我们不能假定，如果我们有一个通过变异和竞择进化的系统，就能产生一个唯一的形式分布；我们不能假定，如果我们有一个能够作出持续改善的学习过程，就能得到一个单一的最佳结果。言下之意是说，我们无法根据先前条件或者当前条件预测未来结果，系统明天去往哪里不仅取决于它今天在哪里，而且取决于它如何来到今天、去往明天。

4　企业的学习过程

为了探索这些新发展的某些方面，我会看看有关学习的观念。我即将列出的很多观察也适用于其他适应模型，例如，变异—竞择进化模型。我选择以学习为例，其实没有什么特别的理由。

学习的两个含义

就像其他适应形式的研究一样，经济学（以及其他）取向的学习研究面临的一个问题就是：学习有两个相当不同的含义。我们有时使用"学习"一词指代结果改善，按照这个用法，当某个人增强了自己做某件事情的能力，我们就说这个人学习了。经济学中传统的学习曲线，学习的本质含义就是如此。用经济学的话语说，学习就是单位产出的成本下降。

学习的另外一个定义指对信息的反应过程。通常，我们把学习定义为包括一系列步骤的过程：采取行动，监控行动结果，解释行动结果，改变行动倾向。通常，我们假定，如果行动结果被评价为成功的或者令人满意的，那么日后重复这一行动的可能性就增加；如果行动结果被评价为失败的或者令人不满的，那么日后重复这一行动的可能性就降低。

学习的这两个含义都有用，都导致了重要的适应研究。问题在于，有时这两个含义会混淆。致力于改善的学者有时假定改善源于特定的学习过程，而致力于过程的学者有时假定他们描述的过程一定会导致改善。通常，两种假定都得不到保障。

我将从过程角度讨论学习，也就是，把学习看作一个过程：监控经验并据此改变行动倾向。这一过程是否导致改善，是需要解决的一个问题，而不是仅仅从语言学上假定就可以。

针对组织当中的经验式学习，我们有三大组问题可问。接下来的讨论中，我将集中探讨每三大组问题各自其中的几个方面。第一组问题与学习过程的本质有关：组织如何从经验中学习？组织如何解释历史，并把那些解释应用于未来？组织如何记录、提取那些解释？第二组问题与学习的生态学特点有关：不同组织之间的学习存在交互作用，个体组织的学习路径怎样受到这种交互作用的影响？在组织向环境学习的过程中，环境如何向组织学习？第三组问题与学习过程的明智性有关：什么条件下的学习过程导致明智的结果，什么条件下的学习过程又导致不明智的结果？学习会犯哪些错误，能做些什么预防或者纠正这些错误吗？

从模糊的历史中学习

组织如何从历史当中作出推断、吸取教训？答案就是，建构历史解释。组织偏爱可靠的——也就是共享的、公认的——历史解释。不一定是有效的解释，但一定是共享的解释。面对模糊的历史，如果有多个行动者共享同一解释，那么行动者就会获得信心，并且容易把信度等价于效度。组织追求信念的一致性，另一方面，组织内部存在亚文化，而亚文化会妨碍组织追求一致性。在组织内部，让亚文化得以存在的是冲突和竞争。如果组织既追求一致性又允许多样化，那么组织学习就会出现这样一种状况：大家对大部分历史有着一致的解释，但是不同的亚群体对小部分重要的历史有着不一样的解释。

学习当中的信息加工局限性和推断局限性与理性分析当中的一样多。如果谈到理性选择，我们的信息加工能力有限，那么理所当然的，谈到学习，我们的信息加工能力也有限。为了学习，组织需要知道发生了什么事情，为什么发生这种事情，所发生的事情是否令人满意。一般的，组织必须从非常小的、模糊的历史样本中提取信息。上帝是蹩脚的实验设计者，很多变量没有加以控制，很多变量没有加以观察，很多变量互相关联。

心理学研究当中有充分证据表明，人类对历史的解释存在局限性。人类观察者倾向于夸大人为因素对历史事件的影响。如果某件事情发生了，一定是某个人想让这件事情发生。人类观察者倾向于夸大历史事件的必然性。对于实际发生了的事情，人们往往把它当成必然结果，而很难把它当作若干可能性（可能性也许还非常低）当中的一个。人类观察者运用非常简单的规则解释历史。例如，他们认为大果一定有大因，尽管我们的大部分研究告诉我们，很多大果实际上是由小因经过多个积极反馈回路的放大引起的。组织认为应该在结果的附近寻找原因，尽管我们的研究告诉我们结果和原因之间往往隔着十万八千里。

人类似乎过度解释单一事件。人们往往从个案例研究中提取很多意义，比大多数专家认为能够提取的还要多。例如，显然，人们不仅从行动的终极结果中学习，而且从行动过程中学习，人们之所以重复某一行动，也许不是因为行动的结果是好的，而是因为行动的过程让人快乐。人们从结果预期中学习，把预期当作结果，因此，高期望往往具有和成功结果一样的学习效果。

英格玛·比约克曼（Ingmar Bjorkman）指出，他所观察的数家芬兰企业，第一笔海外投资决策都很慎重，花费好长时间，分析大量数据，反复斟酌，反复讨论，当然还有很多担心，直到做出最后决定，可是，在第一笔投资结果远远未见分晓之前，他们很快又做出几个类似的投资决定。比约克曼对这一现象的解释是，决策制定者通过决策过程实现自我感——这样的决策是我做出来的，我觉得很享受，所以，我再做几个。

历史和学习之间的桥梁是解释，而历史和行动之间的桥梁是规则。规则编码历史，积累知识。规则反映经验，反映组织战争的和平条约，反映实务的不断改进。因为对于组织研究以及组织中的学习来说规则至关重要，所以理解规则是怎样被激活的、怎样被应用的就特别重要。规则告诉行动者做什么，但是很少与情境精确匹配。结果，规则和规则遵循就有很大的模糊性，我们需要确定具体的某个情境应该应用什么规则，以及具体的某个规则到底有什么要求。

规则编码历史，随着经验而变化。因为规则是变化的，所以对于新的行为学取向企业理论来说，研究规则的长期动力学就显得非常必要。例如，马丁·舒尔茨（Martin Schulz）和周雪光（Xueguang Zhou），采用危险函数与事件历史分析法（hazard functions and event history analysis），分析了某组织的规则发展历程。核心问题是：对于组织的某条规则来说，某次修订是会增加还是减少下次修订的可能性？是会缩短还是延长从这次修订到下次修订的时间？我们很容易想出一次修订为什么会减轻修订压力的原因，我们也很容易想出一次修订为什么会增加下次修订可能性的原因。例如，计算机软件，以及诸如此类的各部分高度相互依赖的系统，就属于后面一种情况。在这样的例子中，修订解决了一些问题，又引入了更多的问题，所以每做一次修订，就增加了下次修订的可能性。

在学习者生态圈中学习

生态学习的基本观念是，学习镶嵌在一个学习马赛克中：一方面，任何一个单元同时都在数个不同的维度上学习，而且那些维度以复杂的方式交互作用着；与此同时，任何一个组织都由很多个体组成，每个个体都在学习，不同个体的学习存在交互作用；很多组织又构成一个社区，每个组织都在学习，不同组织的学习也存在交互作用。

由于学习的生态学本质，所以组织容易陷入一个非常著名的陷阱，那就是所谓的"胜任力陷阱"。个体和组织从经验中学习应该使用什么技术或战略，与此同时还在所使用的技术或战略上积累胜任力。假设个体或组织使用某项技术或战略得到了好结果，那么个体或组织就会再次使用这项技术或战略。使用的次数越多，就越胜任；越胜任，获得好结果的可能性就越大；获得好结果，就会再次使用……如此循环下去，行动者很快就会对某项技术或战略情有独钟，这项技术或战略也许是最佳的，也许不是最佳的，但后面一种可能性更大。胜任力陷阱（或者较专门化陷阱），是适应系统比较常见的一种路径—依赖式次佳状态（path-dependent suboptimality）。

学习的生态学特点的另外一个重要方面与行动者之间的联系网络的结构有关。组织/组织中的个体并非孤立地存在着，而是与其他组织/组织中的其他个体通过知识扩散和行动效果扩散形成了网络。组织/组织中的个体从其他组织/组织中的其他个体的经验中学习，模仿其他组织/组织中的其他个体，或者简单地借鉴其他组织/组织中的其他个体的想法。这个扩散过程的媒介是专业网络、教育机构、人际网络。这一扩散过程造成组织群/组织内文化部落的格局与组织/组织中的个体之间的联系网络的结构有着很大的相关。

联系网络不仅仅是简单的交流网络，而且是因果网络。一个组织的行动影响其他组织行动的可能性。竞争与合作都依赖于网络结构。一个效应是"网络外部性（network externalities，通常是这个名字）"：一个组织采取某项战略、技术或行动获得什么结果、得到什么教训，取决于其他组织采取什么战略、技术或行动。交流技术是合作网络最明显的例子，战略是竞争网络最明显的例子。在交互型网络里，行动者 A 学到了什么，取决于 A 之外的行动者在做什么；而 A 之外的行动者在做什么，又取决于 A 之外的行动者在学什么；而 A 之外的行动者在学什么，又取决于 A 在做什么。

学习作为通往智慧之路

个体和组织从历史中吸取教训，编码成规则，这样就将历史与历史的教训割裂开来。规则告诉个体和组织要怎么做，但是并不告诉个体和组织为什么要这么做。

历史的教训变成规则之后，就与历史斩断了联系，这一事实让古典保守主义分子和古典激进主义分子争论不休，前者认为既有的社会规则用明智的方式积累了经验，后者认为理性计算比规则更明智。

过程学习观的一个主要宣称是，学习含有智慧元素。事实上，最初的企业理论也是这么看待学习的。理性是有局限性的，不一定通往智慧，认识到这一点之后，我们把学习看作另外一条通往智慧的路，而且发现，把学习作为智慧工具，不需要那么多夸张的信息假定。于是，大量有关学习作为智慧工具的研究涌现出来。从这些研究中，我们可以看出，学习也许往往能通往智慧，但有时会让人步入歧途。

然而，一开始我们就该观察到，"智慧"的定义并不明确。"一个过程是明智的"，这句话是什么意思呢？广义地说，意思是这个过程能够通往更好的结果。但是，如果我们从社会福利理论中学到了一点什么的话，我们就会注意到，当问题涉及跨时间、跨空间、跨社会代理人的复杂权衡的时候，更好的结果实际上是一个很模糊的概念。短期来看导致更好结果的行动，长期来看不一定导致更好的结果，反之亦然；对个体来说的更好结果对于个体所处的组织来说，不一定是更好的结果，反之亦然；对一个组织来说的更好结果对于其他组织或者该组织所在社区来说，不一定是更好的结果，反之亦然。

学习研究和其他适应形式研究也许能够让我们塑造变革、影响历史进程，但是并不能让我们相信我们的行动最终将产生我们想要的结果。通过标准的生物进化学，我们很早就知道如何塑造物种，原先是用人工育种，现在是用基因工程。我们不知道的是，我们制造的某个变化，最终将是好的还是坏的。

尽管困难重重，但是我们仍然可以就学习作为智慧工具说些什么。我们能说的主要是，经验式学习的局限性。经验是模糊的，因此，经验是蹩脚的老师。实验设计存在问题——很多变量没有加以控制，变量之间互相嵌套；样本存在问题——我们只能从有限的事件中抽样，而且抽样方法还是有偏的；观察存在问题——我们没有详细说明我们是如何观察历史的，而且我们的观察带有很强的主观性；推断存在问题——我们试图理解的环境，是复杂的、是变化的，而且受到我们的行动的影响。另外，我们还有一种倾向——坚守信念和经验。所有这些问题加在一起导致了一个结果——我们对历史的表征，评价者一致信度远远高于效度（也就是说，我们大家对于同一历史事件一般有着同样的看法，可是这个看法不一定是正确的看法）。

经验式学习存在系统误差，一个典型例子就是，新员工的绩效随着经验的增长而降低。作为行动基础的知识包括两部分，一个是经验知识（来自实践经验），一个是教育知识（来自学校、正规培训，等等）。正如我们预料的那样，经验越丰富，个体就越来越看重经验知识。这样，个体从经验中获得两样东西，一是有关世界的知识，二是对经验知识的信心。而且，我认为，信心的获得速度快于知识的获得速度，这就会造成下面这种状况：新员工加入组织之后，随着经验逐渐丰富，经验知识就越来越多，对经验知识的信心也越来越强，行动就越来越依赖经验知识；因为信心的增长速度远远快于经验知识的增长速度，所以知识对绩效的贡献就会变小①，在其他因素保持不变的情况下，绩效就会下降。

当行动者的学习情境涉及小概率大影响事件的时候，学习也会出现问题。核安全就是这样的情境。设计合理的核设备发生事故的可能性极小，但是一旦发生，就很可能是一场巨大的灾难。在这种情境下，大多数参与者从未经历过小概率事件，于是就"学会"低估事件的发生概率。因此，经验造成了威胁。在可靠度高的系统内，人们的经验越丰富，越可能低估风险。

在核安全的例子中，小概率事件是坏事件。有些情境下，小概率事件是好事件，例如，激动人心的科学发现，或者不同凡响的产品创新。研发实验室的大多数人都从未经历过这样的事件，于是大多数人都"学会"低估作出伟大发现的可能性。在罕有发现的系统内，人们的经验越丰富，越可能低估机会。

为了解决经验式学习的这些问题，人们提出了很多建议。其中一个建议有些违反直觉，那就是放慢学习速度。这个建议

---

① 用公式表示的话就是：知识对绩效的贡献 $WQ_a + (1-W) Q_b$，其中 W 是经验知识的权重，Q_a 是经验知识的量，$1-W$ 是教育知识的权重，Q_b 是教育知识的量。新员工经验越来越丰富，那就是 W 增加，Q_a 增加，Q_b 保持不变；因为 W 的增加远远快于 Q_a 的增加，所以知识对绩效的贡献变小。——译者注

的思想基础是，速度相对较慢的学习也许往往比速度很快的学习更有效，因为学习速度越快，就越有可能在积极反馈的作用下陷入次优状态不能自拔——适应系统中的一种典型现象。学习者在积累知识的同时也对知识产生承诺，慢速学习有助于学习者在对知识产生承诺之前积累足够的知识，进而降低学习者陷入次优状态的可能性。

另外一个建议是，改进实验设计，具体途径是，减少同时发生的变革的数目，加大变革的幅度。从这个角度来看，至少，渐进式变革并不特别值得推荐。从学习的角度来看，渐进式变革的问题在于，信号容易被噪音掩盖。如果我们所处的环境很复杂，那么，为了将变革与变革效果分离开来，我们需要沿着单一的维度进行相对剧烈的变革，否则，变革效果就会被环境的复杂性掩盖。

还有一些不太合常规的建议。比如，有人建议，组织可以深入体验历史。具体来说就是，不是对多个案例做蜻蜓点水般的分析，而是集中分析少数几个案例，力求多方位、多角度挖掘出更准确、更深刻的教训。用社会调查的术语来说，就是减少测量误差而非抽样误差。

但是，组织的常规做法似乎是，体验实际上并没发生的事情，也就是说，建构假设的历史。米甲·托穆兹（Michal Tamuz）研究过美国空中交通管制系统是如何从幸免事故中学习的。所谓幸免事故，是差点要发生但实际上并没发生的事故。当然，从实际上并没发生的事故中学习是一件非常复杂的事情，因为，我们是否应该从看似危险实则安全的案例，或者看似安全实则危险的案例中学习，这一点还高度不确定。组织（以及历史学家）建构假设历史的做法，有违古典历史推断理论比较重要的一个原则——区分理论与证据。

还有一些建议涉及的是，如何更好地向其他组织学习。例如，韦斯利·科恩（Wesley Cohen）和丹尼尔·列文托（Daniel Levinthal）认为，一个组织如果打算利用其他组织的新发现，那么必须掌握某些相当基础的知识。

没有这种"吸收能力"，组织就不能模仿。科恩—列文托模型最有趣的一点也许在于，指出了两个稳定的产业均衡。一个均衡的特点是，研发投入低、发现速度慢、模仿速度慢。

在这种均衡状态下，任何公司都不愿在研发上投资，因为自主发明的回报远远低于模仿他人发明的回报。既然没有一家公司在研发上投资，那么就没有发明可模仿；没有发明可模仿，就没有理由在研发上投资。另外一个均衡的特点是，研发投入高、发现速度快、模仿速度快。在这种均衡状态下，任何公司都不愿减少在研发上的投资，因为大家都想利用行业内已经出现的发明。支持研发的不是首创发明（首创发明一般对不起为首创发明所做的投入），而是利用已有发明的能力。

平衡探索与利用

在学习作为智慧工具的很多难题之下，潜伏着所有适应理论的一个核心问题：探索与利用之间的平衡。组织从事的活动可以分为两种，一种是利用，一种是探索。所谓利用，就是利用已知的、有改善潜力的、效率较高的东西。所谓探索，就是考察新的可能性，尝试未知的东西。

任何一种长期适应过程（包括学习过程）都需要联合运用利用和探索。如果系统只忙于利用，就会陷入某种次优状态，不能发现新方向，不能发展新的胜任力。如果系统只忙于探索，就永远不能保证所做发现的优势，永远积累不了足够的胜任力来证明所做发现是有价值的。

利用和探索之间的最佳平衡，是很难确定的，一般是不可能确定的。这个最佳平衡涉及跨时间、跨空间的权衡。因为利用的回报随时间的分布不同于探索的回报随时间的分布，所以最佳平衡取决于所考虑的时间范围；因为利用的回报在不同行动者（个体或团体）之间的分布不同于探索的回报在不同行动者之间的分布，所以最佳平衡取决于所考虑的行动者的构成情况。

不仅最佳平衡难以确定，而且较好平衡难以维持。在最佳平衡的附近，适应系统非常不稳定，至少存在两个相当明显的动力学状态。第一个是，利用倾向于赶尽探索，既然利用的回报比探索的回报更快、更近，所以，利用倾向于占上风。第二个是，探索倾向于赶尽利用。尝试新事物，通常会失败。即使是好的新想法，也一般需要在积累了足够的胜任力之后才能发挥作用。尝试失败时，组织就倾向于放弃新事物，转向另外一个新事物，接着，又失败。系统不断尝试一个又一个新想法，一直都不成功。这两个动力学状态，一个导致越来越多的利用，一个导致越来越多的探索，造成组织很难维持合理的平衡。

利用—探索平衡方面的某些实证研究，把焦点放在风险承担上。行为学取向的风险承担研究普遍注意到，风险承担水平不是个体或组织特质，很大程度上由情境决定。也就是说，在风险承担方面，由稳定的个体或组织属性造成的可靠的变异相对较少，接近于无。相反，风险承担差异似乎主要取决于决策者所处情境的差异。

特别是，风险承担水平似乎很大程度上取决于绩效和目标之间的关系。这些结果让人想起早期有关有限理性的讨论。在讨论有限理性以及满意化原则时，学者们观察到，搜索行为有一个关键特征：个体设定目标水平，拿结果与目标水平比较，当结果高于目标水平时，启动搜索。结合有限理性观，学者们指出了更有趣的一点，目标水平不是固定的，而是随着经验而变化。

类似的现象也可以在学习当中观察到。经验式学习模型需要某些结果评价机制，以确定结果是好（进而"强化"）是坏（进而"压制"）。目标水平具有结果评价功能，目标水平的适应性对于塑造学习的速度和方向而言极其重要。如果行动者具有较高的目标水平，那么他们就可能体验到失败（他们定义的），因此不大可能重复行为。这样，从经验中学习，变得高度主观，而且，不同的个体从同一环境里面学到的东西也许有很大的不同。

风险承担研究也注意到了适应性目标的这些特点。既然风险承担水平似乎受到绩效与目标之间关系的影响，那么风险承担就受到目标随着经验而调整的过程的影响。某些风险承担模型指出，一群风险承担者的长期生存，可以通过改变目标水平的适应速度加以影响。

5　结论

我以上所说的大部分东西，可以总结为两大点：第一，经济学取向企业理论深深地受到始于 20 世纪五六十年代对企业的行为学观察的影响。当然，经济学的核心公理——行为由理性计算驱动——被保留下来。有限理性被合理化了，满意化原则被合理化了，冲突被合理化了。但是，新的微观经济学与三四十年前的微观经济学有着根本的不同。新的微观经济学信奉有限理性、冲突和无效的历史，考虑规则和制度之类的东西，关心学习。理性公理在经济学中，类似于马克思主义在共产主义社会一样，仅仅被信仰是不够的，还必须被吟诵。

第二，在考虑企业行为时，我们更加注重学习过程。组织把学习用作行为改变的基础。在更加重视学习的同时，我们发现学习有些方面相当复杂，值得我们特别注意。学习并不完美；学习过程的结果取决于学习者之间的交互作用；历史是依赖于路径的，因此在发现唯一的、稳定的结果方面，历史一般是无效的；通过学习追求智慧是有问题的，因为智慧概念本身是有问题的。

还有很多工作要做。我们才刚刚开始明白规则是如何创建、修订、被淘汰的，制度是如何进化的。我们需要明白规则是如何转化成行动的，还需要明白规则遵循是如何与其他行动逻辑纠缠的。例如，个体和组织遵循规则，这一观点并非从未考虑结果，恰恰相反，它考虑了结果，但是把结果作为更根本的适当逻辑的一个限制条件。这颠倒了古典决策理论的常见模型：行动者按照结果主义逻辑（最大化预期结果）行动，规范是限制条件。较新的行动观假定，个体按照适当逻辑（遵循规则）行动，结果是限制条件。

当我们探究规则如何在具体情境之下转化成行动的时候，我们可以看到几种逻辑之间相当微妙的纠缠。适当逻辑为行动者提供一套规则，多多少少地告诉行动者要做什么。但是，为了确定数条规则当中哪条规则可以使用，以及在特定情境中规则的具体含义是什么，结果主义逻辑经常被激活。在结果主义逻辑和适当逻辑之外，还有其他几种逻辑：和谐逻辑（logic of congruence）、巧合逻辑（logic of coincidence），等等。所谓和谐逻辑是指，人们模仿别人，问"别人在这个情境之下是这么做吗"？巧合逻辑有时也叫作垃圾桶行动理论，指的是，问题和对策因为同时性而非因果性联系在一起。特别是，人们还经常观察到另外一种逻辑——行动由能力而非目标驱动。如果我知道如何做某件事情，我就会做这件事情。不是先决定我要达到什么目标，然后发展必要的能力，而是先考虑我能做些什么，然后决定我想达到什么目标。

我认为，所有这一切将导致我们更好地理解规则、规则的发展以及规则的利用，还会导致我们研究如何理解并管理路径依赖型历史，还会导致我们更清楚地理解个体和组织行动者如何让利用和探索更好地为自己服务。

这个讲座的目的很简单。我想简要回顾一下某些早期的行为学取向企业理论，以及那些理论与现代的经济学取向企业理论的发展之间的关系。然后，我想把学习研究作为沟通早期研究和当代研究之间的概念桥梁谈论学习研究，还想谈论组织学习作为智慧工具的局限性、组织学习与理解组织的关系，以及组织学习与设计组织的关系。

本文最初发表于《经济和银行—科学史》（特伦托），经过作者和出版商的允许在此翻译并再版。

第9章 学习的短视[①]

组织学习具有很多优点，最近的战略管理文献突出强调了这些优点。然而，学习过程也有一些严重的局限性。众所周知，学习必须应对混乱的经验，除此之外，学习还必须应对一个复杂的问题——平衡探索（也就是说，发展新知识）和利用（也就是说，精炼既有胜任力）。我们考察了组织是如何通过简单化和专门化解决这些问题的，并且考察了简单化和专门化如何导致三种形式的学习短视（忽视长期、整体、失败）。而且，我们还考察了组织在面对过度利用的倾向时如何维持探索。我们得出结论认为，学习的缺点并没有大到让我们放弃提高组织学习能力的努力，但是那些缺点意味着我们不能对组织学习抱有太大的期望。

本文考察了经验式学习过程作为组织智慧工具的优点和缺点。学习过程对智慧大有裨益，学习能力是战略优势的基础，

---

① 本文由沃顿商学院教授丹尼尔·列文托与詹姆斯·马奇合写。

这是一个重要的见解。然而，学习具有局限性。不注意学习的局限性让组织学习，就像不注意理性的局限性让组织理性一样。

1 追求组织智慧

组织进行战略管理，追求智慧。可是，"智慧"的定义并不清晰，组织也很难做到十分"智慧"。

基于理性的战略管理观

早期的战略管理观，集中在分析理性式决策流程的运用（或者没有运用）之上，把明智管理的任务描述为促进理性行动（Lorange，1980）。组织智慧与明晰目标、细化目标、追求目标（收集信息，根据预期结果评价可选方案，从中选择一个付诸实施）联系在一起；任务结构、任务分派、激励体系、关系服从于决策制定对信息收集的要求，以确保尽可能选择预期结果最佳的方案，并且尽可能控制方案的实施。组织在理性计算的基础上进行战略管理，利用比较优势和竞争机会。

基于计算理性的战略管理观将继续占主导地位，尽管一直不断被修订。基于计算理性的战略管理观的假定受到了各种各样的批评，特别是有关信息可获得性的假定，有关组织信息加工能力的假定，以及有关偏好稳定性、一致性、外源性的假定。因为实际情况似乎并不满足基于计算理性的战略管理对认知能力、计算能力的要求以及对偏好一致性、稳定性的要求，所以，学术界和实务界的努力方向一直主要放在改善组织的认知能力和计算能力、维持组织目标的一致性和稳定性之上。现代的面向决策型管理信息系统、目标定义（或者协商）流程都反映了这种努力（Keen & Morton，1978；Jones & Macleod，1986）。

基于学习的发现

实务界和学术界在修订和改进基于计算理性的战略管理观的同时，"发现"了学习在战略管理当中的作用。商业环境不断变化，不同企业之间的绩效差异却保持稳定，研究者考察这一现象之后得出结论说，学习能力是持续竞争优势的重要来源（有人甚至认为是唯一来源）（Burgelman，1990；Senge，1990）。管理界既关注学习又关注学习型组织（Senge，1990；Stalk，Evans & Shulman，1992），经济学家（Cross，1983）和组织学者（Argyris & Schon，1978；Levitt & M&arch，1988）探索基于学习的适应模型，就反映了这一点。

从经验中学习

组织和组织中的个体通过重复同一任务改进绩效，很多学习曲线研究详细记录了生产型任务基于重复的绩效改进

（Yelle，1979）。随着累积生产出的产品越来越多，单个产品的生产成本越来越低。这种改善自然可以归因于从经验中获得知识。一个运营单位从经验中吸取的教训可以转移到其他运营单位（Argote，Beckman & Epple，1990）。这种教训也许还可以从一项活动迁移到另外一项活动中（Udayagiri & Balakrishnan，993）。

这样的基于经验的知识可以成为企业竞争优势的一个重要基础，对于某些组织学者和战略学者来说，学习似乎可以替代或者辅助计算理性追求组织智慧。学习之所以被（重新）发现，是因为战略管理学者现在对组织能力和知识感兴趣（Prahald & Hamel，1990）。成功的组织被描述成具有学习能力——通过改变技术、形式和实务对经验作出反应（Stalk et al.，1992）。经理人的一项任务就是监控自己的经验并从中学习，另外一项任务就是组织大家学习并且运用从自身和他人经验当中获得的知识（Senge，1990）。对于早期将长期计划和理性计算作为组织繁荣昌盛基础的热情而言，现在将学习作为组织繁荣昌盛基础的热情是一种补充，在某种程度上是一种替代。

经验的混乱性

总的说来，记录了单位生产成本随着累积生产量的增加而减少这一现象的研究，既没演示改善是如何发生的，也没证明经验式学习必然导致最佳实务。经验作为智慧工具具有局限性，这一点并不难以理解，因为适应型智慧一般都有这些局限性。

经验往往是蹩脚的老师，相对于学习的场所——复杂多变的世界来说，经验通常太过贫瘠。很多限制理性的认知局限性也限制学习。从经验中学习涉及从信息中推断、记忆、汇集个人经验与从他人经验当中所获得的知识。经验的混乱性降低了学习的有效性，造成了很多著名的学习困难的案例。个体和组织学习能力再强，也很难用小样本的模糊经验解释复杂的世界（Brehmer，1980；Fischhoff，1980）。

更糟的是，在个体认知和推断局限性之外，还有组织局限性。历史解释具有政治性，解释者有推脱责任、美化自己的倾向（Sagan，1993）。组织记录历史教训的方式是修订规则、精编故事，但是两种方式都不完美。记忆、冲突、流失和去中心化等问题让组织难以从经验中吸取教训并将之保存下去（March，Sproull & Tamuz，1991）。

学习的自我限制性

最近的把学习当作一种适应过程来考察的研究，不仅提出了有关经验的混乱性的问题，而且提出了有关学习的自我限制性的问题。从短期局部经验中高效地学习，就很难从长期整体经验中学习。知识和能力发展会带来直接绩效的改进，但是经常同时会打击在新技术或新范式上发展胜任力的积极性。学习会给自己挖陷阱。

　　在下面三个部分，我们将考察：（1）组织用来降低经验混乱度的两种主要机制；（2）这两种机制导致的短视问题；（3）在学习过程中，与利用—探索平衡有关的复杂动力学状态。

2　学习的两种机制

　　组织主要运用两种机制促进经验式学习。第一个机制是简单化，学习过程力求简单化经验，最小化时间或空间上接近的行动之间的交互作用，限制时间或空间上接近的行动之间的相互影响。第二个机制是专门化，学习过程倾向于集中注意力、磨尖胜任力。简单化和专门化都不是学习所特有的机制，然而，对于讨论如何设计学习型组织来说，这两个机制特别重要。

简单化和创建缓冲

　　学习以经验解释为前提。组织把结果编码为成功或失败，并且对成功或失败进行归因。让经验变得模糊的是，历史具有交互复杂性，特别是，很多行动者在同时学习，一起塑造着经验。如果某个个体或某个个体组织的行动镶嵌在由很多（同时在学习并变化的）个体或个体组织交互作用构成的行动生态圈之中，那么这个个体或个体组织就很难弄懂正在发生什么事情。因为组织中的很多个体同时在行动，所以某个个体的行动与组织整体绩效之间的关系就变得模糊，进而让组织中的个体的学习变得困难。特别是在那种绩效并非完全依赖组织决策的环境中，高度交互的学习很有可能是没有回报的。例如，尽管孤立的亚单元往往可以高效地学习（Cyert & March，1992；Lave & March，1993），但是数个交互作用的亚单元却很难同时在嘈杂的环境中学习（Lounamaa & March，1987）。

如何解决多个行动者同时学习的交互作用问题？有两种做法可选：产生足够多的经验，用相对复杂的模型匹配数据。实际上，这种做法往往不可行。另外一种做法：避免多个行动者同步调整，控制多个行动者的交互作用。提高学习有效性的一种手段是将自然经验简单化，具体就是，抑制组织某部分的学习，让组织另外一部分的学习变得更加有效（Lounamaa & March，1987）。为了降低环境的混乱度和交互度，组织进行领域分解，把分解出来的子领域看成是独立自主、互不干扰的。组织创建缓冲，展演环境。

分解与组织结构
部门划分也许是减轻复杂组织内部学习交互作用的最基本的方式。一直以来，人们认为，组织从功能型结构向产品型结构转变，目的是为了加强协调和控制（Chandler，1962），其实，这种转变还能起到经验分解的作用。另外一种方式在规范的战略和组织文献中不太突出，但是在偏描述性的理论叙述中比较突出（Cyert & March，1992），这种方式就是依次注意多个目标。尽管人们一般认为依次注意法是目标冲突和有限理性的结果，但是依次注意法也是简化组织变革实验的结果。

运用缓冲加强组织有效性的理念在组织文献中有着悠久的传统（Thompson，1967），单元之间的资源缓冲和其他缓冲可以进一步简化学习环境。单元之间的缓冲（部门划分）和目标之间的缓冲（依次注意）允许组织检验局部结果。营销部门尝试可选营销策略，生产部门尝试可选生产策略，各部门在评价各自策略的结果时都忽略其他部门的尝试。如果组织总体绩效不佳，那么管理者就会根据组织结构将问题分解，看是让成本中心削减成本，还是让利润中心增加利润，或者双管齐下。

然而，值得一提的是，很多当代学者和实践者提倡加紧组织耦合（Bower & Hout，1988）。紧密耦合思想最突出的应用也许表现在精益生产系统（lean production system）和即时库存系统（just-in-time inventory system）上。然而，紧密耦合思想的应用范围又不局限于生产分销。在某些情况下，让组织紧密耦合的思想和加强与顾客的联系的思想结合在一起，产生了一个流行的口号——做“顾客驱动型”组织。在其他情况下，紧密耦合思想的应用范围还延伸到组织内部的联系（Schonberger，1990）。

各种各样紧密耦合机制的倡导者认为，紧密耦合结构的一个重要优点是促进学习。他们给出的理由是，在紧密耦合的组织内部，某子单元出现问题，其他子单元都能看得到，并且因此获得学习机会。客户投诉不会仅仅被跨界人员吸收，而是会在整个组织范围内被广泛知晓。生产中的问题不会被零件装配部门的缓冲存货掩盖，也不会被产后检测和维修掩盖。

考虑到两种困难，紧密耦合缓冲观与松散耦合缓冲观之间表面的不一致就好理解了。其一，缓冲隐藏问题信号让同时监控变得困难；其二，如果环境太过复杂、交互性太强，学习者就容易误释信号。前面那种困难建议紧密耦合以促进信号检测，后面那种困难建议松散耦合以促进信号解释。提倡紧密耦合的人的基本观点是，很多组织一面临问题就习惯分解问题，这一习惯不是不好，只是做得太过了，应该校正一下。这一观点含有两层意思，一方面，由于市场和技术的发展，组织之间、组织内部的联系比以往更紧密了，问题很难分解；另一方面，现代的分析技术和协作技术（也许由于信息技术的新发展）降低了集中解决问题的成本。

紧密耦合系统，对于系统范围内的失误检验来说相对较好，但是对于失误诊断来说相对较差。松散耦合系统，让诊断变得更容易（假定系统实际上是可分解的），但是让失误检验局部化，进而让广泛知晓变得困难。失误检验和失误诊断之间的平衡，应该取决于失误的出现频度以及失误的诊断难度。

分解与展演

在什么条件下，部门分化缓冲法和依次注意缓冲法可以导致有效的局部学习？答案在于，组织所面临的问题具有相对的可分解性，也就是说，跨部门和跨目标的交互作用是相对可以减轻的（Gulick & Urwick，1937）。可分解性通常被当作问题的一个固有属性。只要问题的可分解性保持不变，通过部门分化或依次注意简单化能否行得通，就取决于问题的性质。所谓的"扁平化组织"（Ostroff & Smith，1992）之所以具有吸引力，部分原因在于它强迫组织当中原先被缓冲的单元更加了解终端客户的偏好。扁平化组织的思想基础是，标准的组织结构不恰当地分解了组织所面临的问题。

然而，可分解性也许并不是问题的固有属性，我们可以把可分解性强加给问题。组织面临的问题不仅有外源的技术问题，而且还有社会问题和政治问题，这些社会问题和政治问题是否存在以及具有什么特点，受到组织注意力结构（organizational attention structure）的影响。组织展演自己的环境。组织把问题当作可分解的，问题就变成可分解的（Weick，1979）。看不到的问题，就不存在，或者至少其表现被推迟；而表现被推迟，问题就可能随着时间而转化，也许变得更严重、不可避免，也许变得更轻微、无关紧要。

展演的形式多种多样，但大都涉及强加一个结构，让它变成现实，让它越来越完善。人类把相对混沌的世界划分成一个个模块，这些模块具有自我肯定的特性，随着时间的推移变成真正的模块，比如，给国家划分疆界、给组织划分部门、对市场进行细分、给社会划分阶层，等等（March & Olsen，1989）。组织在亚单元之间设置注意力缓冲，限制亚单元之间的信息交流。信息交流被限制，对机会和活动的了解就被限制；了解被限制，显著性就降低。这样，组织可以自行定义问题范围（也就是决定哪些是有关的、哪些是无关的），在所定义的范围内寻找对策。展演的一个经典形式是建构心理模型。所谓心理模型，就是相互关联的言语或表象的命题集合，是人们作出推论和预测的深层知识基础。例如，各个学科的理论体系就属于心理模型。类似的，组织在为自己寻找或者建构"利基"的时候，同时也在建构只能被自己理解的世界。

众所周知，组织以及组织中的个体非常不愿放弃这样的心理模型（Kuhn，1970）。刚性不仅来自组织专门能力的制度化，而且来自组织政治结构的制度化（Boeker，1989）。组织内部，握有权力的人往往都是成功的人，他们的成功可能已经成为过去，可是他们的权力不会紧随着成为过去，而是会逗留一段时间。

专门化和替代原则

学习系统可以在数个不同部分通过数个不同机制作出适应，而且，不管是哪个部分通过哪个机制作出适应，总体效果几乎是一样的。结果，这部分的学习可以替代那部分的学习，这个机制的学习可以替代那个机制的学习。如果数个不同部分通过数个不同机制同时作出适应，那么不同部分之间的学习、不同机制之间的学习就会相互干扰，系统因此变得不稳定。假定系统竭力避免这一点，那么系统某部分的适应成功就有两大效果：一方面，减轻其他部分的适应压力，只要不同的方式可以达到同样的效果，一种方式的适应就会抑制其他方式的适应；另一方面，相对于系统不习惯作出适应的部分而言，系统习惯作出适应的部分就会发展出越来越强的适应胜任力。这两大效果结合起来产生了学习胜任力的专门化。

多重行动者：有的学得快，有的学得慢

　　一方的迅速适应会降低另外一方的适应需要和适应可能性，这一命题对于内部具有多重行动者的系统而言都成立，最有名的例子恐怕是谈判。在谈判中，各方都会有意识地努力让对方首先作出调整（Schelling，1960），谈判高手也许会想方设法表明自己不可能作出让步，例如，表明决定不可更改。对于多重行动者相互适应的系统而言，谋略算计不再那么重要，但是命题依然成立。在这种情况下，学得快的多动一步，学得慢的一方就少动一步（Lave & March，1993）。

　　经典情境是，两车狭路相逢、即将相撞，一个司机理解了情境、作出了反应，另外一个司机就没有必要反应了。（当然，

在这种情况下，两个司机如果相继独立作出反应，那么可能还是会相撞。）类似的，父母迅速适应孩子，就会降低孩子的适应压力，进而造成孩子的适应能力减弱。老话"慈母多败儿"说的就是这么回事。或者，在政法系统中，执法部门的灵活应变能力强，立法部门就不用急着修订法律法规。

多重机制：目标、搜寻、宽裕

在有限理性搜寻模型中，组织对成功或者失败作出反应，改变搜寻力度、宽裕水平和目标水平（Cyert & March，1992）。成功，则减少搜寻、增加宽裕、提高目标；失败，则增加搜寻、减少宽裕、降低目标。搜寻的变化、宽裕的变化、目标的变化可以有效地相互替代。调整搜寻可以替代调整宽裕或调整目标，反之亦然。从恢复目标—绩效均衡的角度来说，不同反应的效果是等价的，但是，从组织及组织学习的角度来说，不同反应的效果不一定是等价的。

特别是，长期来看，一个缓慢调整目标、迅速调整宽裕的系统，与一个快速调整目标、缓慢调整宽裕的系统有着很大的不同。例如，所谓的"皮格马利翁效应"，也就是"期待效应"，其实就是教导管理者，面对绩效不佳的状况，要心怀乐观，暂缓调整目标。但是，面对绩效不佳的状况，心怀乐观，不仅会抑制目标的降低，也会抑制宽裕的减少，还会抑制搜寻的增加（因为低估了目标和绩效之间的差距）。

行动者也可以通过改变偏好作出适应（March，1988）。随着一个人在歌剧、芭蕾、棒球方面的胜任力发生变化，这个人对歌剧、芭蕾、棒球的品位也在发生变化，而且后者显著受到前者的影响。类似的，一个组织对特定技术的偏好会随着这个组织在这个技术上的胜任力的发展而发展。既然，在特定活动上获得胜任力，重新评价参与这项活动是否明智的倾向就会减弱，那么，从适应角度来说，改变偏好可以替代增加搜寻或改变活动。

多重反应：退出、呼吁与忠诚

赫希曼（Hirschman，1970）曾经使用替代原则解释了尼日利亚铁路运输系统、公立学校系统以及其他有着不满顾客的系统的某些发展特点。在赫希曼的框架里，顾客如果感到供应商的服务或产品质量在下降，就会作出以下两种可能的反应：第一种是，退出，寻找其他可能的供应商；第二种是，呼吁，敦促现有的供应商改进服务或产品质量。对于整个系统的适应来说，这两种反应有着同样的质量下降校正效果，是可以互相替代的。不满的顾客可以随便选取其中一个，因为不管作出哪种反应，都极有可能得到更好的产品或服务。退出可以替代呼吁，反之亦然。

然而，从供应商的角度来看，这两种可选反应具有十分不同的含义。如果不满的顾客选择退出，剩下的就是一些不太挑剔的顾客，供应商的能力就会逐渐衰退。另外一方面，如果不满的顾客选择呼吁，其实就是在鼓励供应商作出改进。这样，供应商面临的问题就是，如何防止质量意识较强的顾客退出，直到利用他们的影响作出改进。一个对策就是鼓励顾客忠诚，也就是制造一种退出阻力。在我们看来，赫希曼忠诚对策的本质就是，抑制增加搜索、抑制下调目标、鼓励增加宽裕。

多重、嵌套选择

学习是嵌套的，也就是说，学习同时发生在数个不同但相关的层级之上。组织在学习采取哪个战略的同时，还要学习在各种各样的可选战略之下如何运营（Herriott, Levinthal & March, 1985）。个体在学习是否要像经济学家那样思考的同时，还要学习如何像经济学家那样思考。军队在学习使用哪项技术的同时，还在学习如何使用数种可选技术。商业企业在学习要进入哪个市场的同时，还在学习如何在数个可选市场中有效运行。

当学习是嵌套的时候，一个层级的学习就能有效地替代另外一个层级的学习。精炼既有的技术可以替代寻找新的、更好的技术，反之亦然；强化在既有的范式上的胜任力可以替代寻找新的、更好的范式，反之亦然；维护既有的关系可以替代寻找新的、更好的关系，反之亦然。

对于组织结构的不同层级而言也是一样的，组织某个层级的快速适应容易导致其他层级的缓慢适应。只要运营层在实施政策时能够根据条件变化作出调整，那么战略层的政策修订压力就会得到缓解。企业的运营经理在不断变化的竞争环境之下所做的调整也许是，为企业既有的产品开发新的市场。例如，军火制造商面对国内军事预算削减的状况，把目光转向国外武器市场。

然而，较低层级的适应容易掩盖较高层级所面临的问题。较低层级作出了适应，较高层级的适应压力就减小。如果顾客适应了产品缺陷，制造商就不大可能改进产品；如果下属处理了顾客投诉，上司就不大可能了解到顾客的不满。较低层级的适应含有智慧元素，因为它倾向于巩固组织在当前环境里的地位。然而，长期来看，这样的低阶学习不能替代高阶学习（比如，运营层的学习不能替代战略层的学习）。

3 短视问题

组织将经验简单化、将反应专门化，这样的学习一般会带来绩效改进。然而，简单化和专门化在带来改进的同时也让那些改进具有局限性。特别是，我们要指出三种形式的学习短视：第一种形式的短视是倾向于忽略长期。组织学习偏袒短期，结果，长期生存有时受到威胁。第二种形式的短视是倾向于忽略全局。组织学习偏袒局部，结果，整体生存有时受到威胁。第三种形式的短视是倾向于忽略失败。组织学习偏袒从成功当中吸取的教训，结果，失败的风险有时被低估。

忽视长期

短期生存和长期生存并非总能一起得到保证。我们很容易想象得到，在有些情境下，组织使用某项战略保证了短期的生存，就可能招致长期的失败；在另外一些情境下，组织使用某项战略保证了长期的生存，就可能招致短期的失败。尽管我们很容易说，任何有关未来的考虑必须以短期生存为限制条件，但是，组织运用简单化机制和专门化机制学习，就会格外忽视未来。我们可以从以下方面阐释这一点：（1）展演随着时间而风化；（2）替代原则的高阶效应；（3）与知识储备有关的几个问题。

展演的风化

在学习过程中，组织倾向于把环境展演得足够简单，以作出推断、增加收益。然而，展演是有局限性的。众所周知，社会建构现实过程经常受到其他现实过程（例如，自然现实过程）的干扰。组织在学习过程中建构出一个简化的世界，并且在这个简化的世界中逐渐专门化。这样的心理模型（即简化的世界）抓住的更可能是过去环境的核心要素，而不是现在环境的权变因素。只有最热衷于展演的观察家才否认，自然现实过程会限制社会展演现实过程，有时会强迫社会展演现实过程重新来过。总有一天，某个心理模型必然被淘汰，与该心理模型对应的胜任力也必然被淘汰。展演的风化，在现代企业当中很常见，就像在古老的魔法系统、宗教系统、战争系统和贸易系统中一样常见。

专门化的高阶效应

组织某部分的学习和其他部分的学习可以相互替代，一般而言，这是一种明智的专门化适应形式。然而，它们确实产生了某种不良的高阶效应，其表现形式为，不同部分的适应能力发展不平衡，有些部分的学习技能、学习流程和学习技术发展得相对较快，另外一些部分的学习技能、学习流程和学习技术发展得相对较慢、甚至衰退。相对于局部学习的即时效果而言，这些不良效应出现得比较晚。在某领域产生比较优势的学习，短期来看是有回报的，但是长期来看却可能造成其他领域适应能力的衰退，并由此导致战略问题。

特长陷阱

一个组织之内，有些部分的技能比其他部分的技能更好，比如，有些组织的市场部比其他部门发展得更好，有些组织的技术部比其他部门发展得更好，有些组织则是战略部比其他部门发展得更好。这一现象背后的机制是，经验和胜任力互相积极反馈。越擅长的活动，组织越经常从事；越经常从事的活动，组织越擅长。特长鼓励利用，利用又进一步促进特长的发展。学习的自我强化性质导致聚焦于现在的领域对于个体和组织来说特别有吸引力，由此导致的结果就是，特长被巩固，组织变得特别精通能够产生具有即时优势的利基。

学习者越来越疏远其他领域的经验和知识，越来越难应对其他领域的环境变化（David，1985）。既然使用与了解相互促进（Cohen & Levinthal，forthcoming），那么组织越使用、越了解旧的胜任力，就越不愿意发展新的胜任力。Abernath 和 Wayne（1974）以福特（Ford）追求 T 型车生产效率为例阐述了这个病态现象。福特在成功降低 T 型车生产成本的同时，A 型车生产的改良几乎止步不前，最后，福特不得不关闭 A 型车生产线很长一段时间。

影响力陷阱

组织影响力短期来看是资产，长期来看是潜在的负债。影响力允许组织主动改变环境，而不是被动适应环境。这样，市场地位稳固的企业就把自己的政策、产品和战略强加到其他企业头上，而不是学着适应外源的环境。既然这个环境定义能力（比如，建立行业标准的能力）能让组织围绕具体计划做部署而不用考虑权变因素，那么它就为企业提供了优势。为了利用并巩固这个优势，组织就会精炼环境定义能力。

　　然而，长期来看，组织运用对环境的影响力，其变化响应能力就会萎缩。组织越来越擅长影响环境，就越来越不擅长回应环境（Deutsch，1966：111）。一旦经济力量、政治力量或者人口学力量削弱其影响环境的能力，其适应能力的欠发展就会暴露出来，那个时候，组织也许没有足够的时间去克服这一弱势。

知识储备和时机问题

　　在知识储备管理中，我们也能看出，平衡短期与长期是一件多么难的事情。组织有时遵循问题解决逻辑行动，它们发现问题、诊断原因、试验各种各样的对策、实施似乎可能产生有利结果的对策。很多决策理论，很多决策支持系统的设计，都隐含这一逻辑。组织还有其他行动逻辑，比如，组织根据现有的能力行动，也就是有什么能力就做什么事情（Starbuck，1983），或者说，组织监控环境、从反应方式库里提取一个适当的反应（March & Simon，1993）。多数情况下，组织行动遵循后面那种逻辑。

　　反应时间较短的时候，组织特别有可能遵循监控—反应逻辑。从预测问题到问题出现，之间的间隔时间也许不够长，这么短的时间之内，组织无法确认需要什么知识，并且发展这些知识、积累经验，进而不能作出有效的反应。正如迪耶里克（Dierickx）和库尔（Cool，1989）指出的那样，组织在能力建设中存在时间压缩不经济（time compression diseconomies），所以组织储备胜任力（Feldman，1989）。具体方法为：在组织内外建造信息和经验仓库，制订权变计划，储备有关产品、技术、市场和社会环境、政治环境的知识，发展顾问联系网络和同行联系网络。

如果组织面临的环境简单而稳定，那么维持适当的知识储备就相对不复杂。这种情况下，组织只需让组织中的个体和团体具备少量专门化的胜任力储备就可以了。如果组织面临的环境复杂而多变，那么组织就很难制定并实现最佳的知识储备战略。在要用的时候才去获得知识，就为时已晚；未雨绸缪，又很难确切地说出什么知识也许会用到。组织必须在不清楚未来要求的情况下储备以后可能用到的胜任力。

组织很难确定知识储备的广度和深度，一不小心就会跌入陷阱。用途明确又直接的知识，迎合的是现在的技术和市场，能够迅速带来回报，而且回报更容易落在拥有知识的行动者头上。组织比较容易确定需要获得哪些这样的知识。较广、较深的知识不大可能带来即时回报，但是会带来更强的变化适应能力。此外，组织已经具有某些知识，就更可能使用与这些知识相关的知识。在新兴的技术领域具有某些胜任力的组织，更可能认识到那个领域的潜在重要性，重视对那个领域的新知识的投资（Cohen & Levinthal，1990 and forthcoming）。

忽视整体

正如嵌套系统进化研究经常观察到的那样，最大化系统某部分生存前景的战略相对不如最大化整个系统生存前景的战略常见（March，forthcoming 1994）。组织的生存战略，也许对于组织所处的经济系统或者社会系统而言并不是最佳的，对于构成组织的个体和团体而言也不是最佳的。

学习者之间的竞择

正如我们早先讨论过的那样，学习偏袒现在行动的局部结果。组织若能有效地学习，就能适应环境，哪怕环境也同时在适应它们。世界在不断变化，在以前的环境当中适应良好的组织不一定能够适应新的环境。不能适应新环境的组织就会死去，被新的组织替代。新的组织又在新的环境中逐渐专门化，直到被又一代的新组织替代。

专门化和替代的循环，对个体组织的生存来说是一个很大的威胁，但是有利于组织群的生存，因为它结合了个体组织水平的学习优势和组织群水平的竞择优势。这样，学习的"自我毁灭"属性让废弃的组织变得更加容易被替代。个体组织的刚性既能起到利用现有知识的作用，又能起到让组织群新陈代谢的作用（Hannan & Freeman，1984）。当然，个体的死亡促进整体的新陈代谢很早就是进化理论学家津津乐道的话题，所以在此出现，应该不至于让人惊讶。

　　然而，对于组织群而言，学习并非总能带来好结果。探索的成果，不管是新的技术、新的产品理念还是新的管理模式，往往会在组织群内扩散。它们是公共商品。相反，探索的风险和成本是私有商品，一般由探索的组织来承担。结果，对于任何个体组织而言，最好的战略往往就是强调利用其他组织的探索成果。如果所有的组织都遵循这样的战略，那么就没有创新可模仿，所有的组织只能改进既有的技术和战略，如此陷入恶性循环，最后，整个系统对探索投资不足。

知识扩散

　　不仅精炼和模仿的回报取决于其他学习者的探索程度，知识的回报也是如此。Cohen 和 Levinthal（1989，1990）在考察商业企业的研发活动时提出了这个观点。他们认为，研发有双重作用，一是产生新知识，二是加强一个企业吸收其他企业所产生的新知识的能力。因为后面那种作用，所以一个企业研发活动的回报取决于新知识的丰富程度，进而取决于其他企业的研发活动。结果，均衡状态也许不止一个。如果其他企业对研究投入高，那么这个企业就能接触到非常丰富的新知识，这样，研究高投入对该企业来说也是很有吸引力的做法。还有一种低水平均衡，在这种均衡中，新知识非常少，个体企业因此没有投资动力。

　　这一观点隐含的意思是，在组织群水平下，对学习投入越大，学习带来的回报就越大。环境当中的知识越丰富，对知识发展的投入就越大。类似的观点可见于最近的经济发展文献之中（Romer，1986；Lucas，1988）。发展经济学家面临一个谜题——为什么资本流动性、生产率没有跨国家融合？罗默（Romer，1986）和其他人给出的答案是——在一个国家之内，投资回报是既有基础设施和人力资本的函数。

我们也可以在组织水平方面提出类似的观点。对于某个特定的行动者或者亚单元来说，知识的回报取决于组织内其他行动者或亚单元的知识发展水平。结果，组织也许会进入一个不断自我强化的良性循环，或者陷入一个不断自我强化的恶性循环。在良性循环当中，组织对知识生产投入高，组织的更新和成长速度就快；组织的更新和成长速度快，组织就对知识生产投入高。在恶性循环当中，个体和亚单元发现有价值的知识很少，就不愿学习；不愿学习，有价值的知识就进一步减少。

忽视失败

学习有时也不能通往智慧，因为学习者提取的经验记录有可能是过去现实的有偏代表，进而有可能是未来可能性的有偏代表。组织学习产生这样的有偏历史。学习产生成功而非失败。不管在什么领域，积累的胜任力越多，获得成功的可能性就越大（即使把目标水平调整考虑在内）。学习者在某个领域不断积累胜任力和经验，在这个领域遭遇失败的可能性就越来越小。可是，当他们把这些经验概化到其他领域，就有可能大大夸大成功的可能性。

随着成功转化成知识、知识转化成成功，增加的不仅有能力而且有自信。组织和组织中的个体变得更加自信有能力处理所在领域的问题。自信有能力控制结果，就会在观察到实际结果之前从预期结果中学习，进而以更有利于自信的方式解释结果（Bjokman，1989；March et al.，1991）。这样，组织和组织中的个体用自己的想象去肯定自己的自信。既然对于不成功的个体来说，缺乏自信具有类似的自我肯定作用，所以学习的自我矫正作用并不像我们期望的那样强。在精炼胜任力的早期阶段，失败相对较常出现，自信提升较慢；当学习带来越来越多的成功时，自信提升很快。

当成功的经验记录不能很好地预测未来的成功的时候，自信度就很难把握，要么过高，要么过低。例如，想一想，在经验式学习中，如何避免一个小概率事件的发生（例如，重大核事故），或者促进一个小概率事件的发生（重大科学发现）。经验很少造就罕见事件。结果，大多数核事业从业人员倾向于高估自己保证环境安全的能力，大多数科学研究人员倾向于低估自己作出重大发现的能力。经验也许让核安全工程师过度自信，让科学研究者信心不足。

个体归因研究表明，个体更可能把成功归因于能力、把失败归因于运气，更不可能把成功归因于运气、把失败归因于能力（Miller & Ross，1975）。归因偏差会转化成风险估计偏差。夸大运气的作用，就会高估风险，进而减少风险承担。类似的，夸大能力的作用，就会低估风险，进而增加风险承担。结果，连续的失败，就会导致高估行动风险的倾向；连续的成功，就会导致低估行动风险的倾向。成功的人自信有能力险中求胜，倾向于低估行动的风险、高估行动的预期回报（March & Shapira，1987；Kahneman & Lovallo，1993）。既然晋升到高端职位、手握权力的人一般都是成功的人而非不成功的人，那么与决策制定特别有关的就是成功偏差而非失败偏差。

4　利用—探索平衡

上文详细讨论的短视问题镶嵌于更广的适应型智慧问题之中。组织在两大类活动中分配注意力和其他资源（March，1991）。组织致力于探索——追求新知识、追求未知的东西，组织也致力于利用——运用并发展已知的东西。专门致力于开发的组织一般很难收获所做发现的回报，专门致力于利用的组织一般要面临逐渐废弃的危险。组织面临的最基本的问题就是：把一部分精力投入到利用上，以维持当前的生存；把另外一部分精力投入到探索上，以保证未来的生存。生存要求平衡，然而，利用和开发之间的最佳平衡点难以精确地指出。

保持平衡的问题

利用与探索之间的平衡问题之所以复杂，不仅是因为最佳平衡点难以确定，而且是因为学习从很多方面来说，本身不利于平衡的维持。学习容易导致组织陷入加速利用或者加速开发的动力学状态，学习对竞争地位既有消极贡献又有积极贡献。

学习陷阱

学习容易导致组织陷入具有自我毁灭性的动力学状态，要么过度开发，要么过度利用。利用—开发平衡的这些动态畸变并不变态，导致它们的适应过程就是导致组织行为与环境条件有效匹配的适应过程（Hedberg，Nystrom & Starbuck，1976）。这些适应过程涉及短期对利用或者开发的积极反馈，因此容易打破利用与开发之间的平衡。

失败陷阱

有的时候，探索赶尽利用。在失败型动力学状态中，组织疯狂地尝试、变革、创新。失败导致搜寻和变革，搜寻和变革导致又一次失败，如此循环下去。新想法和新技术失败了，就尝试又一个新想法或者又一项新技术，然后又一次失败。这一病态现象来自组织生活的三个普遍特征：

1. 大多数新想法是坏想法，所以大多数创新是没有回报的。

2. 任何一项特定的创新、技术或者改革所带来的回报，都随着组织在这项创新、技术或者改革上的经验的增长而增长。再成功的创新，第一次引入时，也容易表现不佳，直到组织积累了足够的经验并加以运用。

3. 目标下调的速度慢于目标上调的速度，因此展示出一致的乐观偏差（optimistic bias）（Lant，1992）。

这些特征容易导致组织陷入失败与没有回报的创新的无尽循环之中。跳出探索与失败循环陷阱的方式是，引入极好的可选方案，或者是相对快速地下调目标。在所有组织都同样屡遭失败的情境下，组织可能会相对快速地下调目标。

成功陷阱

有的时候，利用赶尽探索。一般而言，利用的回报比探索的回报更确定、更快、更近（March，1991）。新流程或者新形式的探索性尝试，可能在短期之内导致较差的结果，但是对组织、组织群的回报可能大于对个体的回报。

特别是，在决策者快速流动的时候，探索的回报更不确定、更慢、更远，进而很有可能大打折扣。结果，组织认为利用是明智的，探索是愚蠢的，至少短期来看如此（Levinthal & March，1981）。随着组织越来越擅长某项活动，组织就越来越频繁地从事这项活动，因此进一步越来越擅长这项活动，进而探索的机会成本就越高。这一胜任力陷阱是学习的标准产物，具有潜在的自我毁灭性。快速上调目标，或者编造虚假反馈和强调探索的高回报，就可以跳出这一陷阱，但是，不可否认的是，这一陷阱确实很厉害。

学习与竞争优势

学习的两个特征对竞争优势很重要。第一个是，学习一般可以改进平均绩效。个体或团体的经验越丰富、所受训练涵盖面越广，表现就越好。第二个是，学习一般可以增加可靠性。个体或团体的经验越丰富、所受训练涵盖面越广，制造的意外就越少。此外，组织还跨个体积累经验，组织运用规则、流程、标准惯例保证老成员把经验传递给新成员。这个常规化过程，非常有利于组织利用集体经验改进平均绩效，也非常有利于组织在老化过程中保证行动可靠性、控制行动偏差量。学习降低变异性。

学习改进平均绩效，这显然有助于组织打造竞争优势。确实，组织的竞争优势很大一部分来自组织学习所带来的绩效改进。另外一方面，学习提高可靠性，这对组织打造竞争优势来说，好坏参半。在提高可靠性的同时，学习也控制了偏差量，进而打击了探索。学习能力强的个体和组织，竞争力是否一定就强？我们考察过这一问题，得出的答案是，不一定。竞争有时让可靠性（进而让学习）变成劣势。

　　看看下面这个简单的模型（March，1991）：个体之间或者组织之间的相互竞争，生存几率取决于相对绩效；每个绩效都是从一个绩效分布中提取出来的，分布的平均数反映了个体或组织的能力水平，分布的方差反映了个体或组织的行动可靠性；如果绩效样本很大，相对绩效就由相对能力决定，进而，生存几率由相对能力决定。

　　然而，绩效样本往往相当小。对于小绩效样本来说，相对地位就不再仅仅取决于能力，而是由能力和可靠性共同决定。如果竞争很残酷（也就是说，只有最好的才能生存），生存几率就严重取决于从绩效分布中提取一个极端值。因此，在这样的情况下，学习带来的平均绩效增长对竞争优势的贡献是相对较小的，而学习带来的可靠性提高（变异性降低）对竞争优势的损害是相对较大的。如果学习极大地提高了可靠性、稍微提高了平均绩效（例如，标准化、简单化），那么在竞争者众多的时候，学习对于竞争优势来说就不是好事情。要想在一大群人/公司中处于领先地位，不仅要把事情做好，而且要做与众不同的事情，还要足够幸运（运气好，才能抽到高的极端值）。

　　绝非巧合的是，研究发现，尽管在一般情况下，个体能否在组织当中获得成功，经验和教育是很好的预测因子，但是在竞争残酷的环境下，卓越的成功与经验和教育的关系并不如大家普遍以为的那样密切。要想出类拔萃，就要不走平常路，也就是要探索。探索一般是没有成果的，但是探索是争做第一的唯一途径。一旦依靠运气建立了领先地位，个体和组织在一段合理的时期之内可以通过利用巩固维持领先地位。然而，随着个体和组织通过学习利用幸运的探索所带来的收益，极有可能失去竞争优势，让位给其他新的、依靠运气探索成功的个体和组织。

维持探索

尽管显然在有些情况下，组织需要激发利用、限制探索，但是更常见的情况是，利用倾向于赶尽探索。为什么会这样？有人给出的解释是，既有企业不愿让自己的产品废弃（Reinganum，1989）。本文给出的解释稍有不同。学习过程由经验驱动，与探索相比，利用得到更明确、更早、更近的反馈，进而能更早校正自己，并且在短期之内、局部之内产生更多的积极回报。结果，快速的学习者和成功的组织倾向于减少分配到探索上的资源，这一倾向是对利用—开发平衡最大的挑战。如何维持利用—开发平衡的问题变成了如何维持探索的问题。已有的对策基本上是从以下方面入手的：激励、组织结构、个人信念或者竞择过程。

激励

如何维持探索？经济学给出的经典答案是激励（Reignaum，1989）。特别是，经济学家分析创新活动，一般就是把焦点放在授予成功的探索活动以产权上。其假定是，对创新成果的垄断权为承担创新活动的风险提供了激励。这样，组织和社会为那些少数几个成功的创新者提供巨大的奖励、为那些失败的探索者提供安全网，以鼓励探索。

专利之类的工具会改变探索的实际回报，进而鼓励探索。美国实行破产法、OPM 政策（Other People's Money，直译为"别人的钱"）并且给成功的公募提供巨大奖励，以促进企业家活动。组织可以使用类似的激励措施。然而，一般而言，组织似乎更擅长运用为失败提供保险法，而不是为成功提供巨奖法。

组织结构

从组织结构方面入手，就是破坏利用的有效性（Hedberg et al.，1976；Hedberg & Jonsson，1978）。回忆过去教训、实施过去方案、沟通当期问题或者交流反馈意见等活动中出现的失误，都会降低既有能力精炼的有效性，进而促进试验的发展——所有的试验都是愚蠢的，大部分的试验都是没有回报的，但是偶尔一两个试验可以带来新发现（March，1988）。

当然，有一点需要指出的是，利用与开发之间的区别在某种程度上随着视角的变化而模糊。例如，组织经常会让一些亚单元专门开拓新业务（Burgelman，1988），这种亚单元的活动，从组织水平来说是探索，从亚单元本身的水平来说则是利用。这样的做法存在一个明显的危险：因为预期回报不高，所以最有可能的结果不是探索，而是各种各样互不协调的探索。

我们还可以把组织结构设计成能够避免新成员过度社会化的样子。在社会化过程当中，两件事情同时发生着：（1）规则在不断调整；（2）个体在学习规则。在这样的相互适应系统中，个体要想"取得进步"，就要尽可能快地学习规则；另外一方面，规则也在以一种有用的方式向那些偏离常规的个体"学习"。这样，放慢新成员的社会化过程，就有利于系统适应，也有利于长期适应（因为规则可以向个体"学习"），但是不利于个体适应，也不利于短期适应（March，1991）。组织结构若鼓励快速文化适应和快速社会化，就会减弱组织向偏离常规的个体学习的能力。

信念

风险承担研究表明，信念影响风险承担的方式有两种。第一种是影响风险偏好，也就是愿意从事明显有危险的活动的倾向。第二种是影响风险知觉，也就是对活动风险水平的估计。组织通过调整目标水平来影响风险偏好，通过选拔有着特定经验的个体影响风险知觉。

影响风险偏好

大量的风险承担研究表明，当前（或者期望）绩效与目标之间的关系会影响风险承担行为。绩效稍微低于目标与绩效稍微高出目标相比,前一种情况下,个体和组织的风险规避倾向更强。随着个体和组织越来越落后于目标,个体和组织往往变得越来越冒险;面临生存危机时,个体和组织尤其愿意冒险。在绩效高于目标的时候,越来越成功,个体和组织的风险寻求倾向就慢慢越来越强。因此,一般而言,在失败的时候(直到无法生存)、在获得巨大成功的时候,个体和组织倾向于探索;在获得一般成功的时候,个体和组织倾向于规避风险(Mac-Crimmon & Wehrung,1986;March & Shapira,1987)。

大部分时间,由于学习的缘故,绩效和目标之间的差距不会太大,个体和组织会根据目标改进绩效,也会根据绩效调整目标(March & Simon,1993)。因为个体和组织倾向于让绩效与目标保持接近,所以个体和组织容易专注于利用而不是探索。如果目标是严格自我参照的(也就是说,个体和组织根据最近的绩效和目标决定当前的目标),那么目标调整得越慢、绩效改进得越慢,风险寻求倾向就越大。目标或绩效调整得慢,目标和绩效之间的差距就会加大,这一般又会增强风险寻求倾向。另外一方面,如果个体和组织瞄准群体中的优秀绩效确定目标,那么目标调整往往会让大多数个体和组织失败,进而冒险。在这样的情况下,那些在改进绩效方面学得较慢、在瞄准优秀绩效方面学得较快的个体和组织,越爱冒险(Lopes,1987;March & Shapira,1992)。

影响风险知觉

无知、误解风险也能鼓励探索。成功的组织往往培养员工"敢作敢为"的精神。在年轻的、高度发展的组织里，管理者一般具有"敢作敢为"的精神，他们的经验让他们自信知道劣势取胜的秘诀。成功的管理者（记录他们故事的记者和传记作家）倾向于低估自己曾经经历的风险以及他们当前面对的风险，因此，在制定决策时，他们经常在主观意图上规避风险，实际上却是寻求风险。

当然，这样低估风险也许有利于组织或者组织群。一方面，它能弥补成功对风险承担的负面影响；另一方面，它能诱使管理者作出牺牲自己，但是服务于组织以及更大的社会的风险承担行为。在为了成功必须冒险的情境中，大多数过度自信的个体和组织无疑会在不期而遇的风险中灰飞烟灭，但是，只有过度自信的个体和组织才能成为英雄。在人们的刻板印象里，高绩效、速决断、高危险职业的从业者都是格外自信的。过度自信往往导致灾难，但是在某些情境下，个体或个体组织的盲目自信会给组织或组织群带来好处。

内部竞择

组织提拔有经验的个体，使他们相信自己的能力，并且相信自己是凭借能力为组织的成功作出贡献的。假定个体所经历的每个结果都是所谓的"能力"与所谓的"运气"相互结合的产物，在一群没有哪个人特别倒霉也没有哪个人特别走运的学习者当中，应该不存在系统的运气体验偏差。然而，如果我们根据成功程度把学习者分为两组，那么相对不成功组抽取的过去经验样本，平均而言就会过于暗淡；相反，相对成功组抽取的过去经验样本，平均而言就会过于耀眼。

组织的选拔实务一般对成功的人过度取样，其意图也是如此。成功的人留下来，晋升到更有影响力的职位，不成功的人则被开除或者降至影响力较小的职位。由此造成的结果就是，组织往往对失败取样不足。高层管理者把世界想象得过于美好，低估自己实际承担的风险，高估自己对命运的掌控能力。

简而言之，由于过去的成功，经理人容易产生掌控错觉（illusion of control）（Langer，1975）。过去的经历让他们自信具有应对未来事件的能力，让他们强烈相信自己的智慧和眼光（Einhorn and Hogarth，1978）。他们难以认识运气在其成功中的作用。组织的"传记"进一步强化了这一错觉。除了提拔成功的人以外，组织还积极地鼓励员工相信管理者的掌控能力。传记作者在书写名人名企的探索故事时存在取样偏差，探索成功的故事更普遍。那些故事只关注成功的结果，忽视极有可能（实际并没经历）的失败路径，弄得就像个体和组织的探索结果一定是成功的一样。

5　学习与战略管理

战略管理是一门艺术，其任务是明智地处理决策制定的三大问题：

1. 无知问题——不确定世界的未来、过去和因果结构。

2. 冲突问题——行动者多重嵌套，时间范围多重嵌套，偏好和身份跨个体、跨时间不一致。

3. 模糊问题——偏好和身份清晰度低、稳定性差、具有内源性。

人类的想象似乎能够为其中任何一个问题提供有限的/不完全的"对策"，每个相应的战略管理隐喻都有瑕疵。

组织学习也不例外。我们可以建设学习型组织，让组织从自身经验中学习，向其他组织学习，这样的设计是组织智慧的主要贡献因子。但是，仔细考察一下学习作为智慧工具，就会发现，对于组织而言，学习并不是包治百病的灵丹妙药。学习对智慧的贡献受到以下三个短视问题的限制：

1. 时间短视

学习倾向于不顾长期只顾短期。有效的学习要求探索，但是学习会加重而不是缓解维持探索的困难。学习在发展特长和利基的同时，也在危害那些特长和利基之外的能力。当条件变化，既有特长和利基就会变成阻碍。当然，并非所有的组织问题都是可以解决的。一个组织只有在通往未来的每个短期中生存下来，才能长期生存下来，然而，允许短期生存的战略往往会增加长期脆弱性。个体或者资本源可以选择作为企业家加入或退出某个特定组织，让其他人体验组织的衰败，但是对于那些和组织一起衰败的人而言，这也许很残酷。

2. 空间短视

学习倾向于只顾局部不顾整体。学习效果随空间分布的"社会福利"问题，让战略管理本身就是有问题的。特别是，牺牲局部成就整体，就是一个问题。大多数管理决策学者都轻易地把组织利益置于个体利益和亚单元利益之上，把注意力集中在维持组织的生存上面，建议组织重构或者重组，而重构或者重组非常不利于组织中的个体或者亚单元的生存繁荣。眼光跳出个体组织，看到整个组织群，我们也许会料到战略管理学者会把个体组织的利益置于它所在的更大的系统的利益之上（至少直到他们受雇于那个更大的系统）。这一矛盾在当代政治学中有所反映，比如，有人倡导发展自由竞争市场，有人倡导维持现有模式。后者（就像战略管理决策者一样）主张支持既有企业的生存，前者主张加强环境竞则压力。

3. 失败短视

组织学习对成功取样过度，对失败取样不足。所有的学习过程都倾向于抹去失败，让这一倾向变得更严重的是，学习产生信心，而信心产生有利的预期和有利的结果解释。对失败取样不足，也是组织选拔机制的结果。组织提拔成功的人。平均而言，成功的人对过去经验的取样过于灿烂，进而过于乐观地估计未来，不成功的人对过去经验的取样过于黯淡，进而过于悲观地估计未来。学习不能轻易纠正这些经验偏差。既然这些过度自信元素对于克服学习施加给利用的压力来说也许是必要的，所以过度自信也许有利于维持探索。

所有这些短视元素都损害了学习的有效性。特别是，让利用与维持保持适当平衡的问题变得更加复杂。通常，学习的这些缺点让组织不能维持足够的探索。学习的这些缺点还不至于让我们放弃改善组织学习能力的努力，但是它们意味着我们不要对学习的作用抱有太大的期望。当然，对学习不抱太大期望，这样做一般不利于我们向战略管理者推销学习，但是有利于我们对学习作为智慧工具的作用作出符合实际的评价。奇迹固然好，但是世界很少有奇迹。

6 致谢

感谢"斯宾塞基金（Spencer Foundation）"、"斯堪的纳维亚组织研究联合体（Scandinavian Consortium for Organizational Research）"、"斯坦福大学商学研究院（Stanford Graduate School

of Business)" 和 "宾夕法尼亚大学沃顿商学院斯奈德创业中心
(Sol C. Snider Entrepreneurial Center at the Wharton School, Uni-
versity of Pennsylvania)" 对本研究的支持。

本文最初发表于《战略管理杂志》，经过作者和出版商的允许在此翻译
并再版。

第 10 章　狂野的想法：异端之教理问答

萧伯纳曾经写过，天才"是这样的人：比一般人看得更远、钻得更深，有着不同于常人的道德价值观，精力充沛到足以实现自己的远见卓识、证明其价值"。

历史上伟大的政治领袖都是这样的人，比如，甘地、俾斯麦、伊丽莎白一世、拿破仑、亚历山大大帝、毛泽东、马丁·路德·金。我们佩服他们的远见卓识，认为他们特别擅长透过表象看实质。

伟大的作家、伟大的艺术家以及伟大的科学家同样也是卓有远见的人。波德莱尔、梵高和达尔文比一般人看得更高、钻得更深。他们用新观念挑战传统理念，改变我们对世界的理解。

现代的伟大的商业领袖同样是卓有远见的人，看得更高、钻得更深，比如卡耐基、福特、斯隆、惠普、帕卡德。他们质疑公认的组织和商业教条，发明新的组织形式和制造流程。

回忆这些伟人，我们就会在当代领导者当中寻找类似的天才。我们要找的人，应该具有某种特别的东西，比方说，某种远见、某种新观念或者某种新梦想。但是我们往往找不到，现在大多数领导者似乎都是胜任的、理性的，而非富有想象力、富有远见的。他们追求改进而不是挑战、改变既有的东西。

我们对现代领导者的平庸乏味、中规中矩感到失望，这一失望是可以理解的，但是，这一失望也可能引起错觉。如果富有远见的天才容易识别出来，那么我们一定会毫不犹豫地拥护他。不幸的是，富有远见的天才与耽于妄想的疯子之间的区别，在历史教材中比在经验中清楚得多。

如果不是借助于回顾，我们看到的就是离经叛道的人——异端、傻瓜和怪人。我们不能在他们中间可靠地识别出天才，直到他们的天才品质随着历史的展开而显现。

如果大部分疯狂的想法都是好想法，那么我们就不用烦恼，我们可以把少数几个误判当作微小的代价。根本的困境在于，尽管对于进步而言，新的、离奇的想法是必不可少的，但是事实证明，大部分狂野的想法是坏想法。在孩提时代，我们就认识到了这一点。小时候，注意到火看起来那么美，于是想体验一下火摸起来或者尝起来是什么感觉，这个想法无疑是狂野的，但显然是不明智的。

同样，政治怪人、异教之徒、科学狂人、疯癫艺术家和组织梦想家的狂野想法，绝大多数都是愚蠢的而非绝妙的。只有少数几个异端最后会被追封为圣人，而我们不能先于时间识别出他们。

社会不可能支持毫无节制的愚蠢，没有很强的常规思考能力，领导者注定会失败。与此同时，社会需要一些机制引入、支持狂野想法，激发、保护异端学说。尽管绝大部分离经叛道的领导者并不是天才，但是我们需要大量疯狂的领导者，因为说不定这些疯狂的领导者当中就有一个原来是富有远见的天才。

既然大多数新想法都不会带来回报，那么平均而言，坚持狂野想法就是不明智的。大部分情况下，狂野想法的期望成本远远超过期望收益。这样，明智的人就会避免狂野想法，而社会依靠愚蠢产生狂野想法。

下面，我们将针对愿景式领导进行一番教理问答。

> ●大多数离经叛道的领导者是傻瓜或者连傻瓜都不如，但是我们不可能事前区分出愚蠢的异端和聪明的异端；
>
> ●一般而言，要想引入新想法，较明智的做法是模仿成功的创新者，而不是自己去尝试，但是如果每个人都使用这个策略，那就没有经过检验并被证明是好的新想法可模仿；
>
> ●一方面，新想法在接受评价、付诸实施的过程中容易丧失狂野性；另一方面，鼓励新想法的狂野性，就容易丧失评价的有效性。

那么，我们如何鼓励愚蠢的远见？

标准答案是，我们应该为异端和天才提供激励。最显而易见的方式就是重奖成功的愚蠢，这也是专利法以及其他为少数修成正果的狂野想法提供大额补偿的政策法规的目的。

但是，如果我们只奖励成功的愚蠢，那么获奖的人就相对很少。所以，为了给异端提供激励，在重奖成功之外，还要适当地奖励有趣的失败。

例如，我曾经有个学生在中学当过实习老师，她给我讲过一件趣事。一次，她听见一个老师告诉班上的学生："两个分数相加，分子与分子相加得到总数的分子，分母与分母相加得到总数的分母。"

这当然错得离谱，但是那个老师也并非是随便瞎说，她不知道问题的答案，于是她为问题想象答案。她败在她的想象，但是她的失败很有趣，她应该为此得到奖励。

作为父母、老师或管理者，我们经常犯的一个错误就是看不见错误当中所涉及的想象，因此不能奖励有趣的错误。我们不想奖励错误，但是我们应该奖励有时导致错误的想象。

鼓励愚蠢的远见的第二种方式是"效能幻想（illusion of efficacy）"，也就是说，以"梦想最终成为现实"为主题制作神话。我们如何使用这种方法？

我们讲述异端修成正果的故事，鼓励人们高估成功的可能性；我们把成功的离经叛道者提拔到更高的职位，讲述他们的成功史，把他们刻画成天才（而不是有点儿幸运的傻瓜）；我们让领导者周围的人崇拜领导者，让领导者自信在做正确的事

情、有着伟大的想法、曾经的狂野想法都是绝妙的、以后的狂
野想法也会是绝妙的；我们只邀请成功的梦想家给商学院的学
生讲座，以放大他们自己成功的可能性。

效能幻想可以鼓励异端，但是制造神话是件有风险的事情。
神话往往会在现实中破灭，之后，幻灭迅速变成愤世嫉俗。

促进异端的第三种方式是，不是把伟大结果，而是把光荣
义务看成我们的行动驱动力。我之所以做某件事情，并不是因
为我想做，也不是因为做这件事情会（为我个人或者其他人）
带来什么好处，而是因为我必须做。

义务规则与结果规则不同。在结果主义逻辑中，人"立足
于现实"并且问，我有哪些选择？那些选择分别可能带来什么
结果？那些可能结果具有什么价值？然后选择预期价值最大的
那个。

在义务逻辑中，人"立足于自我"并且问，我处在什么情
境？我是什么人？我这样的人在这样的情境应该怎么做？

即使在这个结果主义逻辑大行其道的社会里，义务逻辑也
很常见。父母做父母应该做的事情，会计做会计应该做的事
情，管理者做管理者应该做的事情。组织新进员工更可能问有
关适当行为的问题，而不是最佳行为的问题。

一个遵循义务逻辑的愿景式领导者，在面对表明其行动是
愚蠢的或者无效的证据时，不会动摇。堂吉诃德把自己看作游
侠骑士，作为游侠骑士，他必须做一个游侠骑士应该做的所有

事情：维护少女清白、挑战风车巨人、保护老弱病残。因为堂吉诃德并不像我们大多数人一样看重行动结果，所以在别人用"现实主义"围攻他时，他仍能坚持梦想，直到别人看到其中的天才元素。

这三种愚蠢源——奖励狂野想法、效能幻想、义务感——支持着伟大的愿景和愿景式领导。如果我们奖励狂野想法，我们就有狂野想法，但是那些想法大部分是愚蠢的，有些还是危险的。如果我们制造效能幻想，我们就会坚持伟大的行动，但是那些行动大部分是不成功的，有些还是灾难性的。如果我们鼓励行动的义务逻辑，我们所做的事情很多将会是错误的，有些还是可怕的。

这是一个真正的两难问题。社会需要富有远见的人，不需要妄想狂。但是如果没有后者，也就没有前者。

这个问题并不新，而且也不会得到解决。然而，如果我们意识到了领导需要在梦想和现实之间、在愚蠢和理智之间保持平衡，那么这个问题就会变得容易一些。对于受过教育的、明智的、经验丰富的人（经营这个世界、读这本杂志的人）而言，维持那个平衡通常意味着加强对疯狂的保护，避免疯狂遭到理智的强烈要求的影响。

本文最初发表于《斯坦福杂志》，经过作者和出版商的允许在此翻译并再版。

第 4 篇

马奇论领导力

第 11 章　平凡的组织和英雄般的领导者

1　组织基础效率

看看有关组织和领导力的两个简单问题：第一，是什么让组织正常运转？第二，为了让组织正常运转，在权衡一些事情的时候，容易出现哪些管理偏差？问题很简单，答案却不简单。然而，我认为，我们可以就这两个问题谈谈几点看法。

现在有一个很大的产业致力于生产有关领导力和最佳领导风格的书籍。在很大程度上，这样的书这样刻画领导力：领导者英雄般的个人特质产生了英雄般的结果。组织、组织历史学家，特别是组织领导者，都倾向于将组织历史个人化，并且赋予特定领导者对历史事件难以置信的深刻影响力。特别是，在讨论组织和领导力的时候，我们经常会不由自主地强调创新、激烈干预和英雄式领导。尽管这些东西也许真的很重要，但是为了理解是什么让组织正常运转，我们也许得从认识次要事情的重要性开始。

如果人们排着长队等待，如果来信、来电无人回复，如果缺少办公用品，如果任务无人执行，那么没有哪个组织能够正常运转。在我们建构复杂的理论以说明基础效率的限度的时候，我们有时忘了一个简单的事实：除非一切都按部就班、秩序井然，每个人都各司其职、各干其事，否则组织无法正常运转。具有这个特点的组织都能正常运转，没有这个特点的组织都不能正常运转，这对于我们来说应该是显而易见的。

例如，假设一个人到美国访问，打算观察人们对交通事故的反应，那么这个人将会发现，在不同的地方，人们对交通事故的反应有很大的不同。假设某地发生了一起交通事故，造成数人受伤：

如果事故发生在佛蒙特州（Vermont），那么你会看到，附近的居民继续在自己的花园里浇花，似乎不想介入别人的生活。所以，事故受伤者将一直躺在地上，但是隐私不受侵犯。

如果事故发生在佛罗里达州（Florida），那么你会看到，人们会围观，安慰事故受伤者，告诉事故受伤者，发生这样的事情，他们是多么的难过。

如果事故发生在纽约州（New York），那么你会看到，人们会和事故受伤者吵架，争论谁应该对事故负责。

如果事故发生在加利福尼亚州（California），那么你会看到，警察会赶到事故现场，带着护理人员、最先进的设备，还带着一个公共心理医生——是用来安抚目击者的。

如果事故发生在爱荷华州（Iowa），那么你会看到，警察会赶到事故现场，但是在这之前，附近的居民已经处理了事故，有的用自己的汽车把伤者送往了医院，有的正在清理街道。

以上所列的交通事故反应方式，每种都含有美的元素。但是，我想说的是，通常情况下，最后一种方式，也就是爱荷华方式，是最好的。

出了问题，自然有人迅速将之处理妥当，组织要想达到这种运转状态，其文化必须具备几大特点：权责明确，员工责任意识强，员工胜任自己的工作。这样的文化不一定是自然而然形成的，这样的文化也培养不出多少英雄。

下面，让我说说组织基础效率的四个要素，这四个要素既不新异也不神秘，但是，我认为，这四个要素是基本的。第一个要素，在我看来应该是最重要的一个要素，就是胜任力，其重要性不言而喻。只有组织中的人有能力完成自己的工作，组织才能正常运转。如何鼓励胜任力？传统管理思想给出的建议是，基于能力而非亲疏来任命和提拔；现代管理理论给出的建议是，劳动分工、专门化、常规化和培训。简而言之，胜任力要求让懂的人做事，把不懂的人排除在外。

基础效率的第二个要素是主动性。只有问题在大多数情况下就地、及时、自动得到解决，组织才能正常运转。要达到这一境界，组织需要建立授权机制。授权暗含授予犯错的权利。如果你打算鼓励主动性，那么你需要留给别人一些自主发挥的余地。你还需要设置注意力缓冲，不让所有人看到所有事情。就像父母学会不注意孩子所做的每件事情一样，组织要想鼓励主动性，就得学会忽略小偏差。

基础效率的第三个要素是认同感。只有组织中的人为自己所做的事情感到骄傲，为自己身为组织的一员感到自豪，组织才能正常运转。组织中的人同呼吸、共命运、互相信任、认同集体。培养认同感的主要方式是：整合个人目标和组织目标、在团体规范和社会规范的支持下建立合作文化、培养团体凝聚力和团体效能感。在某种程度上，外部威胁、外部敌人，往往会增强认同感。

基础效率的第四个要素是不引人注目的协调力。只有个体的自主行动被有效地、快速地、低成本地协调起来，组织才能正常运转。如何培养协调力？组织可以通过以下措施培养协调力：常规化、操作流程标准化、信号和信息流动、个人预见和冗员。

这四样东西——胜任力、主动性、认同感和不引人注目的协调力——十分平凡，任何一本标准的管理书籍都会提到。因为它们如此平常、如此标准，所以我们这些自以为是的精明人经常忽略其重要性。实际上，胜任力、主动性、认同感和不引人注目的协调力是领导有效性的核心。它们不大气，它们不磅础，在很大程度上，它们甚至很无趣。它们代表了另外一种领导观，一种不同于很多管理者所持有的、很多领导力书籍所倡导的领导观。

2　英雄式领导

领导力涉及很多东西，我不打算——列举出来。很多领导技能都有一个共同的基础，那就是运用分析和经验作出判断的能力。然而，运用分析和经验进行判断容易出错，领导者并非总是对的。不同的领导者有着不同的弱点，从这个意义上说，组织领导者所犯的某些错误是非系统性的，但是，领导者个人特质与领导者所犯判断错误的特点之间并不存在一致的关系。另外一方面，组织领导者还会犯一些系统性错误。

特别是，领导者角色、领导者职业道路的某些独特特征，容易导致领导者出现系统性的认知偏差。其中最明显的一个就是，领导者倾向于夸大领导和管理的作用，进而夸大自己的作用。和我们大部分人一样，领导者希望自己是一个重要的人。和我们大部分人不一样，他们有很多证据表明他们是重要的人。然而，这些证据也许会误导他们。

随着管理者在组织里一步步晋升，权力越来越大，待遇越来越高，他们就越来越容易陷入管理重要性陷阱，但是他们的行动对组织绩效的影响却越来越模糊。沿着组织等级结构往上看，越往上层，两样东西就越来越模糊，其一是组织目标，其二是组织领导者对绩效的贡献。其症状表现为，越往上层，管理者（以及那些依靠或者仰仗他们的人）对领导地位的象征物越来越敏感。决策流程、决策场景的设置，象征着管理和管理者的重要性；信息的搜集、信息的流动，象征着决策方式是适当的；会议的举行，象征着具体的行动是由当权者决定的；控制流程的引入，象征着系统处在控制之下；评估的开展，象征着管理者对组织的监督是适当的。

因为这些仪式和典礼，所以大多数领导者极有可能夸大自己对成功的掌控能力。我们知道个体倾向于夸大个人行动在控制人类事件方面的作用，在那种历来都很成功的人身上，这种倾向特别常见。成功的人倾向于认为他们的生活事件是他们自己的行动造就的。组织领导者一般都是成功的人。能够走上领导职位的人，一般在历任职位都做得很成功，这样的成功史鼓励他们把其成功看成其行动和能力的结果。

尽管成功的人坚信其成功是其能力、品质和努力的结果，但是成功学研究并不是特别支持这一信念。成功学研究显示，大多数组织中的成功人士，就像生活中大多数其他行业中的成功人士一样，其独特之处在于在生命早期做了两个明智的决策。第一个决策是选择父母。如果你选择了成功的父母，那么你更有可能获得成功。第二个决策是选择性别。如果你选择了男性，那么你比选择女性的人更可能成为成功的经理人。这两个"决策",当然不能解释成功者与平庸者之间的全部差异,远远不能,但是它们所解释的差异比已知的其他任何因素都多。

除了以上两个决策之外,对于其他个人因素的作用,各种各样的成功学研究很少得到一致的结论。领导者个人特质对领导成功没有任何预测力。研究得出这样的结果,可能是因为研究本身存在问题,研究本身也确实存在问题。研究得出这样的结果,还可能是因为领导者个人特质与领导情境存在交互作用。然而,在我看来,大多数领导力著书者和大多数领导者也许高估了领导者对于领导成功的作用。也许,看看组织中的管理金字塔(有人也许早就这样做过),把那些明显不合适的人排除之后,我们根本就无法区分不同副总裁之间的区别。

组织领导者似乎容易混淆不可或缺性和重要性,他们也许可以说自己很重要,但是不能说自己不可或缺。由于等级结构制和管理者评价选拔机制,所以,越往上层,管理者越来越同质,在态度、能力、精力和组织忠诚度方面越来越像。另外一方面,越往上层,组织目标越来越模糊,管理者行动和组织绩效之间的关系也越来越模糊。结果,对领导者的评价越容易出现随机错误。极端情况下,评价流程引起的误差变异超过了候选领导者之间的真实变异,我们无法把不同的领导者区分出来。

因此，在正常运转的组织里，高层管理者很可能是有用的，甚至是必要的，但是，既然他们是无法区分的，所以没有哪个个体管理者是不可或缺的。组织领导者自然想成为不可或缺的人，自然渴望证明自己是独一无二地重要，而非仅仅是重要的。但是，如果哪个组织存在一个不可或缺的领导者，那么这个组织就是一个无效的组织。在有效的组织里，我们无法说出一个副总裁与另外一个副总裁有什么区别。

3　对比

上文对比了基础效率理念与英雄式领导理念，对比结果不仅令人震撼，而且可能会引起领导者的不安。承认英雄式领导不重要，与他们对自身经验的解释不一致。他们不想它是真的，也不相信它是真的。结果，他们忽略了某些东西，在我看来，对于理解组织如何运转来说，这些东西非常根本。

第一，组织之所以运行，是因为组织遍布平凡胜任力。德国军队之所以有效，不是因为其将军——尽管其将军很能干，而是因为很多德国中士都能有效地、自动地行动。他们知道自己需要做什么，也有能力去完成。专门化是一个有用的、强大的组织工具，但是，如果不管遇到什么问题，都叫专家来解决，那么大部分东西在大部分时间都不能运行。运行良好的组织具有这样的特点：如果组织中的厕所不能用了，有人会自动修好。这一点很难实现，除非组织里的所有基础事务都有懂的人在负责。

第二，组织之所以运行，是因为亚单元和个体具有相互依赖的自主性，也就是说，亚单元和个体可以放手做自己的工作，相互授权、相互信任。工作之间的协调相对不引人注目，更少地依靠外显的干预，更多地依靠相互的预期。我知道你将要做什么，你知道我将要做什么，我们不需要就此进行多少沟通。协作的实现，靠的是非正式安排，靠的是避免大家互相干扰的宽裕缓冲，靠的是不引人注目的信号和信息流动。简而言之，当组织更像帆船而非机动船时，组织运行得更好。

第三，组织之所以运行，是因为冗员。几乎每个人都是重要的，但没有一个人是不可或缺的，不管是在任何一段时间之内还是在任何一个时刻。如果有个任务需要完成，那么一定存在若干备选人员、若干备选技术、若干备选方案。任何一个个人或者亚单元掉链子，都不会对任务完成造成太大的影响。组织中的冗员，就像机械设备中的冗员一样，往往看起来昂贵，容易让人将其去掉，但是如果没有冗员，任何一个部分的失败都容易导致整个组织的失败，随着组织运营规模变大、复杂性提高，这种可能性迅速增加。

第四，组织之所以运行，是因为组织中的个体之间不掺杂个人情感的相互信任。信任的经典形式，例如，在家庭里，与个人情感有关。组织需要一种不同的信任，组织中的个体之间相互信任，不是因为他们私人关系好，而是因为他们都相信对方能够做好本职工作，进而不妨碍自己的工作。特别是，上下级之间，相互依赖性很强，所以信任尤其重要，但是上下级之间的信任也容易掺杂个人情感。

因为我们书写、看待领导力的方式，因为我们要求走上领导职位的人应该经历过一系列的成功，所以，领导者容易遗忘这些不言而喻的道理，容易把自己看成组织的英雄。

4 启示

假设组织领导者改变信念，承认让组织运行的大部分东西都是平凡的而非伟大的，并且承认不管领导对于组织来说是多么重要，单个的领导者对组织来说都不是很重要，那会怎样？如果领导者明白这个道理，那么还有什么阻止他们放弃自怜自艾、愤世嫉俗和遁世离俗呢？如果我们不让领导者期望伟大的结果，那么领导者如何坚持那些对我们而言非常重要的伟大行动？一个怀疑自己重要性的高级管理者如何评判行动和投入的正当性？

人之渺小，奈何以堪？既然这是一个经典问题，那么最好在经典的文学作品而非现代的组织研究中寻找答案。我们面对的是这样一个世界：让组织运行的东西是平淡的东西，人们很难发现自己所做的事情有多大的意义。我们能给现代的领导者提供一些什么建议呢？首先，我们建议他们读读《战争与和平》(War and Peace)。把时间花在研究库图佐夫将军 (General Kutuzov) 在波罗底诺战役 (Battle of Borodino) 中的沉思上也许比花在研究战略规划上更有用。一个怀疑将才有效性的人如何做将军？托尔斯泰 (Tolstoy) 对这个问题的讨论，表明他对领导模糊性的认识胜过大多数现代组织研究者。

或者读读易卜生 (Ibsen) 的《野鸭》(The Wild Duck)。在《野鸭》中，易卜生借瑞灵医生 (Dr. Relling) 之口警告我们，如果剥夺掉一个平凡人的幻想权力，我们也同时剥夺了他的幸福权力。无独有偶，其他文学家也发出过类似的警告，尤其是奥尼尔 (O'Neil) 和皮兰德娄 (Pirandello)。他们的警告非常睿智。在我们忙于怀疑结果主义行动逻辑的时候，我们应该也不要忽略一点：领导力要求对伟大行动怀有承诺而幻想伟大的结果，可以起到坚守承诺的作用。

然而，我还想跟你们提一提另外一个经典的答案。看看堂吉诃德向唐·迭戈·德·米兰达 (Don Diego de Miranda) 解释自己的时候是怎么说的：

"你一定认为我很疯或者很傻，其实我既不疯也不傻……所有的骑士都有其使命……既然我有幸成为一名游侠骑士，我就要尽自己的一切努力完成这些使命。"(II, 17)

堂吉诃德说出这样的话，说明他信奉另外一种人生观和行动观，这种人生观和行动观将伟大的承诺与对伟大结果的希望分开了。它说的是义务而非期望，说的是有待度过和享受的人生，说的是有待赞美的责任。堂吉诃德大战风车，不是因为他不知道风车是什么，而是因为他对生命怀有热忱，因为他明白自己的身份要求。

如果说塞万提斯的作品给了现代的平凡组织什么启示的话，我认为那就是：好的领导要求结合对平淡人生的热忱与对平凡责任的承诺；领导既是艺术又是技术，既是美又是真理，既欣赏复杂性又欣赏简单性，既追求矛盾又追求统一，既实现优雅又实现控制。对于一个愤世嫉俗大行其道的年代来说，这套陈词似乎太过浪漫，然而，最近的组织观察表明，这样的领导观也许比我们想的要普遍。

如果领导者本着堂吉诃德精神行动，那么他们会丰富我们的生活、改进我们的组织。他们会管理让组织正常运行的平凡事务，会生产可以被读作、解释为诗歌的决策、行动和生活。这样的领导涉及保证厕所能够正常使用，还涉及书写管理诗歌（文件、通知、报告和命令），激发新的、有趣的解释和实施。最理想的情况也许是，领导者能够像 T.S.艾略特（T.S. Eliot）一样。很多人（包括与艾略特同时代的人）赏析过艾略特的诗作，艾略特曾经在文章中表达了他对这些赏析的态度：

"……赏析的目的是弄清诗是什么意思，不管解读出来的意思是不是我想表达的意思，我都深表感谢；如果能够解读出我没有明确表达，或者我自己都没意识到的意思，我尤其感谢。"

本文最初发表于法语杂志《管理与理解》，经过作者和出版商的允许在此翻译并再版。

第 12 章　文学作品与领导力

领导力的基本问题（成为、作为、面对和评价领导者所涉及的种种难题）并非领导力所特有，而是更一般的人生关键问题在领导力方面的体现。结果，与现代的领导力研究相比，伟大的文学作品对这些问题阐述得更为深刻。

例如，看看下面几个基本问题：

私人生活和公共责任

尽管领导者往往觉得职业生活回报更大，但是他们依靠私人生活维持情感平衡和基本生计。领导角色既有损隐私又有损私人生活的质量。职位的重要性破坏人际关系的真诚性。自我与地位密不可分，因此爱戴和憎恨同样可疑。领导角色还容易引人注目、引来流言蜚语，造成隐私丧失。追随者宣称有权了解领导者的私人生活，既是为了评价领导者的人品，也是为了建立和睦的关系。最后，私人生活让领导责任变得复杂。私心和私人关系影响领导者的行动，嫉妒和忠诚歪曲领导者的判断。人际信任既有助于又腐蚀组织行动。作为组织领导者，有多大的可能拥有丰富多彩的私人生活？如何将个人情感与组织责任协调一致？

机智、纯真和德行

领导力评论者对世故和机智的态度是矛盾的。一方面，文学作品经常把领导者刻画成这样：见识过人，机敏过人，精通谋事御人之术，善于出奇制胜，善于声东击西。另一方面，在文学作品的刻画中，领导者的世故又不是通常意义的世故，领导者的世故含有纯真的成分，因为纯真，所以领导者能够克服自作聪明的弯弯绕绕、直达事物本质。这种简单化能力与教育、智力和教养无关，而与以一种简单的方式领悟人生真谛的能力有关。所以，文学作品经常赞扬领导者朴实坦率、善于运用诚实赢得人心。机智和纯真、智慧和愚蠢，在领导力中到底各占多少比例？又应该各占多少？

天才、异端和疯癫

文学作品经常把伟大的领导者刻画成天才。他们比其他人看得更远、更准，而且因为这种远见卓识，他们敢冒其他人不敢冒之险。他们通过想象力、创造力、洞察力和意志力改造组织。然而，这样的描述似乎把伟大与异端联系在了一起，因此不符合组织的一个合情合理的要求——行动应该具有高保障性、高可靠性。尽管有些异端事后往往被证明是成功变革的基础，但是大多数大胆的新想法是愚蠢的，会被恰当地忽略掉。大胆的新想法更可能摧毁组织，而不是改善组织。因此，伟大的领导者一般是挑战正统的异端，但是大多数异端如果当上领导者则会带来灾难。天才、疯癫和领导力之间是什么关系？我们如何从疯子当中识别出伟大的领导者？如果我们不能先于历史识别出天才，又怎样培养天才？

多样性和统一性

在一切事物之中，不管是问题解决，还是人事政策，或者意识形态，领导者都要在多样性和统一性之间、在变异和整合之间、在发散和会聚之间权衡。组织是由多个个体和多个团体组成的集合体，不同的个体和团体有着十分不同的态度、背景、宗教、目标、培训、身份、种族、经验、社会联系和风格。领导的一个主要内容就是最小化多样性，所采取的方式是招募有着共同背景、经验或教育的新人，或者运用说服、谈判、激励、社会化和鼓舞等手段将有着不同背景的各种人才融入共同的文化。简而言之，领导的任务就是促进和谐统一、消除矛盾冲突。然而，在这种领导观之外，还有另外一种领导观，后者认为，领导的任务就是激发和培养多样性，让它们成为组织创新和社会进步的力量源泉。领导者如何在建立统一性和建立多样性之间选择？他们能够二者得兼吗？在何种程度上，一个层次的统一性成为另一个层次的多样性的前提条件？

模糊性与一致性

领导力一般被看作一致性的推动力，领导就是通过消除矛盾、防止混乱促成组织行动的有效性。未来的领导者被教导着要通过精确的目标和精心的计划消除不一致、模糊性和复杂性。在现代商业企业中，目标和计划表现为企业战略和"商业计划"。然而，不一致和模糊性却有助于变革和适应，强求一致既无助于理解、又无助于改善领导和人生。一般而言，有效的领导意味着能够生活在两个世界中，一个是由想象、幻想和梦想构成的不一致的世界，另一个是由计划、规则、实际行动构成的有序的世界。我们如何同时维持模糊性和一致性、愚蠢和理性、矛盾和调解？这么做所需要的才能，在多大程度上与艺术、文学和诗歌想象力有关？

权力、统治和服从

很多现代的意识形态认为权力不平等是不合理的，然而，我们追求权力、为之着迷。我们把权力等价于自我价值，把丧失权力等价于丧失自尊和自我。我们根据统治和服从模式的变换书写描述历史进程。结果，我们认为权力对于领导既不可或缺又节外生枝。我们认识到，等级和参与之间、权力和平等之间、控制和自主之间关系紧张。我们经常说，权力会腐蚀掌权者，让原本高尚的人变得下作。与此同时，我们还经常说，权力往往是虚无缥缈的，是神话而非现实。领导者应该如何使用手中的权力？权力的边界在哪里？权力的成本是什么？在一个以权力为基础的制度下，手中缺少权力的人们该如何行动？权力的道德两难有哪些？

性别和性欲

性别和性欲的作用在现代的生物学、社会学和意识形态中得到了确认，在组织中，性别和性欲影响到很多行为以及对行为的解释。几乎在所有社会里，领导力都与性身份和两性平等问题有关系。历史上，大多数领导者是男性，领导者辞令与男性辞令密切相关。随着对男性和女性在等级组织内外的关系的理解的变化，以及对两性的风格、性格、信仰或者行为是相同还是不同的阐释的变化，关于性别与领导力的看法也在变化。而且，领导力和性欲也纠缠在一起。领导者的身份和权力是性魅力和性身份的要素，领导者的桃色新闻是人们津津乐道的话题。领导力中显而易见的性欲元素和性别元素，如何影响我们理解领导者、成为领导者，以及作为领导者？

在莎士比亚、莫里哀、易卜生、托尔斯泰、塞万提斯、曼恩、歌德、阿赫玛托娃、席勒、司汤达、川端康成、萧伯纳、詹姆斯、陀思妥耶夫斯基、巴尔扎克以及其他类似人物的作品之中，我们可以看到对领导力的这些基本问题的讨论。同其他读物相比，伟大的文学作品对这些问题的讨论更深入、更持久。之所以更深入、更持久，是因为文学作品更深刻地认识到，这些问题与其说是有待解决的问题，不如说是难以应付的两难。他们处理的是伟大的丹麦物理学家尼尔斯·波尔（Niels Bohr）口中的"深层真相"，其特点是，与之相反的事实也是深层真相。因为与这些真相作斗争永远不会有结果，所以它们创造了永久的人际冲突和内心冲突。要想理解它们，就要体验那些冲突给社会、给个人造成的心灵痛苦。

证明文学作品具有强大的识别和澄清领导力两难问题的能力，不是一篇短短的论文能够做到的，但是考虑考虑最后一个有关领导力的基本问题，也许有助于简要地阐释这一点。这个基本问题就是：

伟大的行动、伟大的愿景和伟大的预期

在领导力意识形态中，行动被看成意图性的和工具性的，行动的驱动力是对期望结果的评价。付出成本，是因为期待有所收益。因此，只有预期获得伟大的结果，领导者才会愿意付出伟大的承诺。领导者相信他们能够有所成就。然而，对领导行为的这种描述既不全面，也缺乏足够的道德基础。我们所处的世界，因果关系模糊不清，成就大业困难重重，伟大的行动往往不会带来伟大的结果。如果持有功利主义道德观，面对不利的后果或者模糊的后果，领导者如何维持自己的全心承诺？一个组织或者一个社会如何在其领导者中维持一种效能幻想？这么做有怎样的后果？是否有其他选择？

数不清的激励论文、理性论文、领导力论文都把伟大行动刻画成由对伟大结果的希望支撑着。在帝王传记或伟人故事之中，领导者都怀有英雄之志，或是称王称霸、或是造福世界，为了实现这个抱负，他们粉身碎骨在所不辞。领导者、领导者的支持者、领导者的对手都认为领导者的行动可以改天换地。在领导者动机理论的天下，历史伟人论是大王。

然而，正如托尔斯泰提醒我们的一样，用预期结果的重要性证明伟大行动的正当性存在一个明显的问题。一般而言，我们的传奇故事与我们的平凡经验并不一致，除非我们接受传奇故事，让它们变得一致。生活忠告表明，伟大的行动不一定带来预期之中的伟大结果。组织的混乱性和复杂性，就像波罗底诺战役的混乱性和复杂性一样，让我们很难准确地理解成功或失败的原因，进而很难可靠地控制行动的结果。

这样，承诺就面临一个存在问题：既然平凡经验有可能毁掉对伟大结果的预期，那么明智的领导者要如何做才能坚守伟大的承诺？易卜生《野鸭》中的瑞灵医生提供了一个经典答案。在戏剧中，瑞灵医生拥护人们的幻想权力，他说，如果剥夺掉一个平凡人的幻想权力，我们也同时剥夺了他的幸福权力。无独有偶，皮兰德娄《利奥拉》（*Liola*）中的利奥拉也有类似的看法，他说"想象是一种美德，如果你不能想象，你就不能称王"。在各行各业的名人传记中，我们都能看到人们在荒谬困境中作出的瑞灵式反应或利奥拉式反应：借助幻想坚守伟大的承诺。

　　我们坚持把行动与希望（哪怕是缥缈的希望）绑在一起，这种坚持是现代动机理论的标志。现代动机理论假定行动以对积极结果的预期为基础。内隐的社会策略就是借助神话让一大群人想象伟大的可能性。当特定个体历经沧桑、失去希望之后，这个幻灭者就被新的天真者替代。天真者追求结果逻辑、编造可能性的幻想，证明英雄式承诺的正当性。现代的经济学学者谈论激励，现代的心理学学者证实激励，在某些情况下，对效能的虚假信念有时比对成功前景的现实了解具有更强的绩效改进效果。

　　然而，为了坚守承诺，将希望建立在谎言之上，这既危险又没必要。之所以危险，是因为建立在谎言之上的希望对傻瓜比对智者更有效，而且是短期有效、长期无效。人生建立在对英雄壮举的预期之上，就注定要以失望或者妄想告终。正如乌纳穆诺（Unamuno）在《人生的悲剧意义》（*The Tragic Sense of Life*）中提醒我们的那样，怀疑主义和不确定性是"理性不断分析自己，以及自己的有效性最终到达的状态"。睿智的领导者知道自己的能力是有限的，也知道自己的人生有可能是荒谬的。一旦壮志难酬，他们就很有可能愤世嫉俗或者遁世离俗。这样，只留下那些不太睿智的领导者坚守承诺。

　　将希望建立在谎言之上，不仅是危险的，而且是不必要的。伟大的行动不需要依赖结果预期。塞万提斯的著作有一幕很精彩（I, 4），堂吉诃德碰到一群来自托莱多的商人，要求他们承认"杜西尼亚公主（Empress of La Mancha）的美，世上无人能及"。商人们则要求看看杜西尼亚公主，其中一个人说："如果她真像你说的那样美，我们就心服口服，按你的要求做。"堂吉诃德回答说："承认你能够清清楚楚看见的美，那算什么德行！……要点在于，即使没有看见她，你也必须相信、承认、肯定、宣誓、捍卫这一点。"

这是一个伟大的宣言，宣告着对幻想的拥护，宣告着人类有一项非常重要的能力，即，不把现实作为行动基础，也不把为结果主义辩护作为行动基础——现实和结果主义辩护确实会危害行动。理解、发展、驾驭想象力，是领导心理学的一个重要课题，不管是做领导者，还是研究领导者，都要面临这样一个道德的、美学的、实际的难题。

堂吉诃德宣称不用现实为信念辩护，这一宣称并非特别有悖于我们的理智准则。我们所在的世界，现实在一定程度上是社会建构而来的，人生往往是荒谬的，道德与理性混为一谈，于是，不用现实为信念辩护，就成为领导力的一个关键元素。某种自我欺骗能力既是领导力的必要成分，也是领导力让人害怕的一个根源。与明明白白讨论领导力的读物相比，《堂吉诃德》为考察自我欺骗的困境、可能性和成本提供了更好的基础。

堂吉诃德不是以结果的名义而是以身份的名义行动，他说："我知道我是谁。"他对唐·迭戈·德·米兰达（Ⅱ，17）说："所有的骑士都有其使命……既然我有幸成为一名游侠骑士，我就要尽自己的一切努力完成这些使命。"后来（Ⅱ，32），他向公爵和公爵夫人解释说："我坠入爱河，不为别的，只是因为作为游侠骑士必须如此。"

边沁的结果逻辑与堂吉诃德的适当逻辑之间的斗争，是领导心理学世界的核心斗争。陀思妥耶夫斯基的《白痴》，莎士比亚的《哈姆雷特》和《李尔王》，司汤达的《红与黑》，以及无数其他有着心理学、哲学和道德寓意的文学作品，演示了这个斗争、讨论了这个问题，但是没有完全解决它。

这些文学作品提供的答案并不简单。例如，堂吉诃德不是完人，他经常好心办坏事，本来想帮助别人，结果却害了别人。然而，文学作品这样展现人类动机的复杂性，有助于领导者认识到，现代的理性选择理论和激励动机理论是不完美的，行动也许更多地取决于身份而非预期回报，而且，这样的行动是恰当的。领导力需要工具主义正气（instrumental probity）——强烈的结果导向，但是领导力也需要热情——拒绝功利主义辩护。领导力用一种不合理的方式在对历史和人类命运的理解中发现并嵌入个人身份，进而肯定人生。

这样一种做法的光辉与遗憾，被文学作品用非常具有震撼力、非常微妙的方式表现出来，正因为如此，我们最好读一读文学大师的作品。然而，不管你如何论证伟大的文学作品有助于领导者应对特定的领导问题，这样的论证都是不完全的。人类对文学著作的承诺，就像人类对领导力的承诺一样，本身就是一种卓越的行动，超越了工具主义辩护。领导者热衷于阅读文学作品，就像领导者热衷于做领导者一样，肯定了对生命（苦也好，乐也罢）随心所欲的热忱。尽管如此，更明智的说法也许是，领导是一种太过平凡的行动，无法支撑这样的崇高目标，但是，也可以套用堂吉诃德（I，25）的一句话说："游侠骑士之所以让自己疯狂，既不是为了别人的嘉奖，也不是为了别人的感谢。游侠骑士的愚蠢行为不需要辩护。"

本文最初发表于法语杂志《经济与社会评论》（洛桑），经过作者和出版商的允许在此翻译并再版。

第 13 章　刘澜—马奇对话录

1　马奇小传

詹姆斯·马奇是斯坦福大学商学院"人力资源管理与经济学"（Jack Steele Parker）名誉教授。马奇在业界最出名的地方是他对决策制定和组织领域的贡献，他写过很多这方面的文章和书，包括他在职业生涯早期写的两本经典著作《组织》和《企业行为理论》。马奇在其他领域也很出色，此外他还是很多协会的理事，比如，"美国科学院"（National Academy of Science）、"美国艺术与科学院"（American Academy of Arts and Sciences）、"美国哲学会"（American Philosophical Society）、"美国公共行政研究院"（National Academy of Public Administration）、"美国教育学会"（National Academy of Education）以及几个海外学会。

马奇生于1928年，很早就成为学术界公认的大师。他在早期职业生涯所写的两本书，一本是与诺贝尔经济学奖得主赫伯特·西蒙于1958年合写的《组织》，另外一本是与理查德·赛尔特于 1963 年合写的《企业行为理论》，是组织研究的经典之作。马奇于 1995 年从斯坦福退休，在这之前，他担任过很多学科的教授，比如心理学、政治学、社会学、管理学和教育学。此外，他还是一位诗人，出过 8 本诗集。

詹姆斯·马奇在实务界没有什么名气，却是管理大师心目中的大师。两位咨询顾问制作了一个管理大师排行榜，然后问上榜的大师们这样一个问题：谁是你们心目中的大师？根据收到的回答，他们又制作了一个"大师的大师"排行榜，发表在 2003 年 12 月的《哈佛商业评论》上。马奇排在第二，仅次于彼得·德鲁克。

马奇具有典型的象牙塔气质，学识渊博、清高雅致，坦承自己更喜欢把玩想法而非兜售想法。据说，他喜欢用这样一句话作为每门课的开场白："我现在不是，过去也一直不是，有用的。"他尽量拒绝提供关于实务的建议。在我们的对话中，他跟我开玩笑说，他向人们提的唯一建议是"生孩子"。

然而，马奇绝不是隐士。他是加州大学欧文分享社会学院（School of Social Science at the University of California, Irvine）的院长，他创办了花旗集团行为科学研究委员会（Citigroup Behavioral Sciences Research Council），并且担任了 6 年的主席，他还是几家公司的董事会成员，还偶尔为实践者提建议，例如，建议约翰·里德，花旗公司（Citicorp）当时的 CEO，也是他的朋友，放弃花旗公司与旅行者集团（Travelers Group）

的兼并计划。

马奇不喜欢被人称作大师，他对自己的定位是老师。他长期讲授的一门课是"组织领导力"，从 1980 年开始直到 1995 年他退休，每年有三四百名本科生和研究生选这门课，其中包括约 100 名 MBA 学生。在这门课上，他要求学生阅读《战争与和平》之类的经典文学著作，然后引导学生在阅读的基础上探析领导力。这门课如此不同寻常，已经成为一个传奇。

在马奇退休之后，这门课已经停开，但是传奇还在两个方面延续：其一，一位法国管理学者在马奇的授课讲义的基础上，替马奇写了一本叫作《论领导力》的著作，先以法文出版，后于 2005 年译回英文出版；其二，在斯坦福大学商学院一位副院长的建议下，马奇从这门课中选取一部分素材，制作了两部电影——2003 年的《激情与自律：堂吉诃德的领导力课程》以及 2008 年的《英雄与历史：〈战争与和平〉的领导力课程》（*Heroes and History：The Lessons for Leadership from Tolstoy's War and Peace*），其构思、剧本、旁白全部由他亲手操刀。

2008 年 6 月，我与马奇进行了一次对话，地点是他在斯坦福的办公室。他当时已经 80 岁了，但是相当幽默、敏锐。与君一席话，胜读十年书。

2　如何定义领导

刘澜：我读了你的书《论领导力》。使用小说、戏剧和诗歌之类的文学作品教领导力，是很少见的。

马奇：领导方面的研究文献不是很好，里面有许多断言和宣称，要么很难搞清楚它们的意思，要么没有多少证据支持它们。

要讨论领导，我们必须认识到领导的基本问题和人生的基本问题没有什么不同。而对于人生的基本问题，伟大的文学作品很可能比社会科学谈论得更好。所以在我的领导力课上，我们会读一些经典的文学作品，包括莎士比亚的《奥赛罗》、萧伯纳的《圣女贞德》、托尔斯泰的《战争与和平》，还有塞万提斯的《堂吉诃德》。

刘澜：你如何定义领导？

马奇：我不定义，因为我很少使用这个术语。我认为大多数人是在谈论位于组织顶层的人。

刘澜：因此你所说的领导者也是指位居高位的人？

马奇：是。有人说领导者应该从功能上定义，指那些推动他人做事的人，或者诸如此类的人。那也不错，不过我认为大多数时候、大多数人使用"领导者"一词并不是这个意思。

刘澜：你在一本书中说过："领导有两个基本维度：疏通管道与书写诗歌。"从这个表述，我推断跟许多人不同，你不区分领导与管理。

马奇：我说的"疏通水管"就是多数人说的"管理"，我说的"书写诗歌"就是多数人说的"领导"。生活中的任何职位几乎两者都需要，无论你是艺术家、作家、管理者，还是管道工。

3 如何辨别伟大的领导者

刘澜：你认为伟大的领导者具有一些共同特质吗？

马奇：不。不管我们用什么特质定义伟大的领导者，在那些并不伟大的领导者身上也能看到这种特质。我认为证据非常清楚，就个性、技能、智力、训练这些方面而言，很难说有什么东西能够一贯地把伟大的领导者辨别出来。

刘澜：有人说，伟大的领导者所做的事情有一些共同之处。

马奇：还是那句话，你可以这样定义他们，但我从未发现这样做有什么大用。

我对学生说：你在人生中很早就做的几个决定，会影响到你是否成为一个领导者，它们的影响大于我们现在已知的任何其他因素。第一个决定是谁当你的父母；第二个决定是你在什么地方什么时候出生；第三个决定是你是什么性别。这些决定解释了我们能够解释的绝大部分变异。其他方面的一切东西都是特异性的东西。

刘澜：所以你认为，影响一个人成为领导者的因素是超出个人控制的？

马奇：我们不太擅长预测谁将成为领导者。有许多研究致力于这个事业，但所得结果各不相同。当我读这些研究的时候，我说：你无法辨别。

4　如何向堂吉诃德学习

刘澜：我们谈谈《堂吉诃德》吧。你不仅在领导力的课上教它，还以它为蓝本制作了一部电影。我曾经写道，詹姆斯·马奇说，堂吉诃德是伟大领导者的榜样。你为什么这样认为？还是我理解错了？

马奇：不，我肯定没有这么说过。实际上我想，看着他，你不得不说，他不是领导者的好榜样。

刘澜：但是我们可以向他学习。

马奇：对。我们可以向他学习什么呢？我们可以学习的是如何看待伟大的行动。

至少在大多数的西方文化中，有这么一种传统做法：用伟大的结果为伟大的行动辩护。你行动，是因为你期待你的行动会带来好结果。这种结果主义逻辑遍布我们的教学、演讲、标语、海报，遍布我们书写的所有历史。

这种逻辑的深层问题是：在大多数情况下，这不是真的。多数人会发现自己很难作出伟大的成就，他们无法用伟大的结果替自己的人生辩护。

堂吉诃德之所以重要，根本在于他揭示还有非常不同的第二种方式证明伟大的行动是正当的。堂吉诃德不关心结果。他关心的是成为一个真正的骑士。在某种意义上，这部小说当中最重要的句子是 "yo sé quien soy" ——我知道我是谁。因为他知道他是谁，所以他行动。

他说："在这种情况下，一个骑士会怎么做？那么我就那么做。"他坠入爱河，不为别的，只是因为他心目中的游侠骑士就是如此。因此，说你采取伟大的行动并不是因为期待伟大的结果，而是在表态。你之所以采取伟大的行动是因为对你那样的人而言，那是适当之举。

这样的行动观有它的局限性，但是对于伟大的领导者来说非常重要。

刘澜：电影的名字是《激情与自律》(*Passion and Disci-*

pline）。我想你是在说伟大的领导者应该具备两个要素：你要有激情，同时你要自律。

马奇：对，而堂吉诃德两者都有。他对身份承诺充满激情，又非常自律。他完全知道身份的要求，并且据此行动。

刘澜：你刚才强调了"我知道我是谁"。这非常重要，不仅对于领导者，实际上对于每个人都是如此。然而，堂吉诃德真的知道自己是谁吗？他并非一个骑士。我们是否该说：他不知道自己是谁，但是他知道自己想成为谁，或者应该成为谁？

马奇：这是非常敏锐的观察。从许多外在的现实的角度来看，他不知道自己是谁。但是他非常清楚地知道他想象自己是谁，或者应该是谁，或者想要是谁。我认为，那才是我们的身份所在。

堂吉诃德所选的身份是社会建构出来的，不是他自己建构出来的，他只是尽力实现这个身份。我们的大多数身份都是如此，我们具有一些身份，尽力实现这些身份，这些身份并不是我们发明的。

刘澜：你在评论堂吉诃德的时候，说他用身份感取代了现实感。我们是否该说，领导者要在身份感和现实感之间找到平衡呢？

马奇：是，我会这么说。我会根据情境决定是否强调堂吉诃德。我的听众，几乎在所有时候，都完全信奉结果主义世界观，也就是说，一个人做某些事，是因为期待与之相随的某些结果。

　　一方面，完全抛弃这种世界观会很糟糕。另一方面，我认为他们应该在这种世界观和基于身份的世界观之间取得平衡。因此，在这个文化中，对这些人，我尽我之力把他们推向堂吉诃德。但万一他们都跑到堂吉诃德那一边了，我大概要把他们拉回来。

　　这样，我能想象自己在其他文化中采取不同的立场。我曾经写过一篇论文，叫《愚蠢术》。我曾经在一个会议上宣读了这篇论文，当时，一个来自前南斯拉夫的与会者过来对我说："你去南斯拉夫的时候，请别讲这种话。我们已经够蠢了。"我想他也许是对的。所以这是一个平衡的问题。

5　如何发现快乐与美

　　刘澜：你在书中谈了很多做领导者的快乐，这并不寻常。人们通常不把快乐与领导扯在一起。当然，每个人都知道这个，但是不谈论这个。

　　马奇：我认为有两件事人们不谈论，但是很重要。一个是快乐，另一个是美。

　　快乐是最深刻的人类情感之一。我认为，我们都想在生活中找到快乐。如果忽略快乐，忽略领导活动的享乐性质，领导力就过于一本正经了。

就像其他许多事物一样，快乐也让你爱恨交织。领导的部分快乐与权力相联系，而权力是非常危险的工具。因此，你既想从中获取快乐，又不想滥用权力。这很难做到。

然而对于一个领导者来说，说"这感觉太棒了"是正当的，特别是如果这样的快乐不是来自官位、职称、薪水之类的东西，而是来自工作本身的内在特性，来自展示创造力和做出成就的机会。再也没有什么比看见一个领导者筋疲力尽、精力透支又不能从所做的事情当中获得快乐更糟的了。

刘澜：关于美呢？

马奇：我认为我们的义务之一，就是如果可能的话，让生活变得更加美丽一些，特别是在我们的平凡生活之中。对于那些能够打理一个小小的花园，让自己的生活更加美好的人，我心存倾慕。同样，对于那些能够写出优雅的备忘录，把它们看作诗歌而非仅仅文件的管理者，我心存倾慕。

刘澜：我想到了沃伦·巴菲特。他给股东的信和报告堪称精彩。

马奇：常常都非常精彩。他也从生活当中获得快乐，不为权力和财富所困扰。是的，我认为他是个好例子。

6　如何看待商业领袖

刘澜：你敬佩哪些商业领袖？

马奇：我主要通过新闻报道看商业领袖，因此我实际上不大了解他们。我了解而且敬佩的一个商业领袖是约翰·里德，他在花旗当过多年的 CEO，现在已经退休了。

刘澜：那跟我说说约翰·里德。你敬佩他身上哪些品质，别人可以向他学习什么？

马奇：他让我敬佩的品质是分析型的大脑，以及尽力去做自己认为正确的事情。而且，他对于研究型知识有强烈的兴趣，主张管理者应该持续更新知识。我认为这些都很有用。

当时，他正在筹划花旗和旅行者之间的盛大兼并事宜，我告诉他：在他曾经有过的想法当中，那个最疯狂，而且愚蠢。

刘澜：你为什么那么说？

马奇：因为花旗是一家相当重视正直诚信的企业，而且，我认为，在银行业中，花旗非常努力地用正正当当的方式发展业务。而旅行者是一家野心勃勃的财务驱动型企业。

刘澜：一种不同的文化？

马奇：一种不同的文化，而且从某种意义上说是危险的文化。

不过我喜欢他的答复。他说：他感谢我的忠告，不过他认为那个想法很好。我们是很好的朋友，因此他愿意听我的意见，不过他没有改变主意。后来我看到这次兼并结果不佳，提醒他那次对话，他说：他认为兼并实际上对股东有利，但是对企业不利。

刘澜：CEO 们实际上向华尔街汇报，你认为这是个大问题吗？

马奇：我只是个退休的研究者，因此我不知道我是否足够了解。但是我认为确定无疑的一件事情是，随着时间的推移，商业机构的领导者对华尔街越来越敏感，对他们的业务越来越不敏感。这不是什么好事情。

刘澜：读到你在课堂上提到比尔·盖茨和史蒂夫·乔布斯，我有点惊讶。我以为你只谈论文学作品中的人物，不谈论当代商业领袖。你愿意评价一下盖茨和乔布斯这样的著名商业领袖吗？

马奇：我说过，我对他们的了解完全是二手的。

刘澜：不过你对堂吉诃德的了解也完全是二手的。

马奇：那倒也是。我没有理由认为他们有着明显不同于其他人的地方。很多人倾向于想象历史是由少数伟人创造的。我不这么认为。

比尔·盖茨愿意通过基金会用自己的财富行善，这一点给我留下了深刻的印象。我想他在某种程度上认识到了财富不属于他个人，而是社会创造的。因此我对他比对乔布斯更有好感。不过我非常不情愿谈论我不太了解的人。

刘澜：你刚才谈到美。人们也许会说乔布斯在从事一项美丽的事业，他制造了很多美丽的产品。我不知道你是否同意。

马奇：乔布斯一度离开苹果（Apple），创立了一家名叫NeXT的企业，这家企业经营得并不是特别好。然后乔布斯设法说服苹果收购了 NeXT，挣了更多的钱。他在苹果创建了一个很好的环境激励创新、风格意识之类的东西，因此广受赞誉。我喜欢苹果对设计之美的追求，我认为设计之美是个很好的东西。我不想把所有这些都归功于乔布斯，不过他当然作出了贡献，值得夸一夸。

7 商业机构如何促进学习

刘澜：你对商业人士有什么建议吗？

马奇：我从不提建议。

刘澜：你给约翰·里德提了建议。

马奇：对朋友，也许吧，不过我只是对他们无礼地说"不要"。不，我不提建议。

刘澜：我换种问法。我观察到管理者不太善于学习。他们不知道如何学习，而且很多时候他们宁愿不学习。这是我在中国的观察，我想美国或者其他地方也有同样的现象。为什么会这样？为什么在组织中人们不知道如何学习？为什么组织有时不能好好学习？我知道你是组织学习的权威，你能就此提点建议吗？

马奇：我们一开始就要知道，在组织中，从经验中学习不是一件容易的事情。我们想要从中学习的世界，用我的话说，是"一个有着微弱信号和少量样本的嘈杂世界"。在这样的世界里，脑子再好的人学习起来也是有困难的。

但是我们可以了解具体的几点，这也许有利于我们的学习。第一点，也是令我着迷的一点，是我们不要急于尝试新事物，换句话说，我们学习得太快了。一项活动还没做好，我们就很快转到另一项活动，很可能快得超出了合理程度。在这个嘈杂的世界里，经验容易出现取样误差，因此，一项不被看好的活动，如果我们坚持下去，最后的结果可能比我们想象的要好。

管理者常常在尽快见结果的巨大压力下工作。学习要求尝试，还要求相对充裕的时间。如果企业最高层多给管理者一点时间，让管理者放慢学习速度、仔细深入研究小样本，那么管理者可能从经验中学到更有用的东西。

刘澜：美国有本商业杂志叫《快企业》（*Fast Company*），你是在建议我们出一本杂志《慢企业》？

马奇：对。你听说过"慢餐"没有？快餐之类的东西激发出一项与之相反的"慢餐"运动，就是要求从从容容。

8　如何做老师/领导者

刘澜：你是学术界公认的大师，但是你不想被人称作大师。你怎么定义自己？

马奇：我认为自己是个老师。我在堂吉诃德的意义上尽力做个老师。我尽力想象怎样的老师是适当的，然后我就这样去做做。当学生在老师的启发下想出老师的心中所想的东西并视之为己出，老师就会觉得幸福。

我有个孙女，她学过希伯来语，学得不错。我对她的老师说她教得很不错，她的老师说："我发现了一块玉，然后雕琢它。"这也是我对学生的感觉。学生是玉，我的作用不过是雕琢他们。最后，我会被忘记，而他们还在那里。

刘澜：实际上，在古汉语中，"学"也有"教"的意思。

马奇：在斯堪的纳维亚语言中就是同一个词。

刘澜：我在纳闷为什么你没说自己是一个"学"者，而说自己是一个"教"者。

马奇：那么说也对，我在这个世界学到了很多，大部分是通过教而学到的。

刘澜：许多商业思想家提倡说商业领导者同时也该是老师。你怎么想？

马奇：我赞成这一点。我不喜欢导师（mentor）这个词，因为它过多地意味着一种跟随者的关系。老师尽力创造一个环境促进学生学习。我认为管理者应该创造一个环境促进员工和其他管理者学习。管理者还应该有这样的信念——尽管对于管理者来说很难——他们的成功来自他们学生的成功，而非他们自己。

刘澜：很有意思的是，听到你说你不提建议。提建议不是老师的工作吗？

马奇：不，我不这么认为。老师的工作是建构一个世界，使得人们通过自己的眼睛发现自己应当做什么。我想我善于倾听学生，只是适当介入一点点，问："你想到过这点吗？你想到过那点吗?"

刘澜：你是说老师的工作是创造一个环境，让学生可以反思自己、知道如何学习。我还想了解一下如何创造这个环境?

马奇：我过去常常说，在和某人进行严肃的谈话之前，你至少要跟他做三年的酒友。不要开场就谈正题，要先创建轻松的环境，让他觉得安全，从而敞开心扉，不管他说什么，都不要评判。

然后你才能就一些具体的文章或者表述展开批评。你说：你写的这个是垃圾，这不意味着你是垃圾。但是要让对方领会到其中差别，你必须和他建立很好的关系，让他觉得你是站在他那边的。

刘澜：你刚才说你善于倾听。我想这是建立关系的一个技巧。

马奇：绝对如此。

刘澜：而且你还得问问题，对吗?

马奇：是的，要常常问自己都不知道答案的问题。很多情况下，你是通过问题做推测，而且你自己不一定相信这些推测。

我的工作不是告诉人们正确答案是什么，而是提醒他们，他们此刻拥有的答案不是全部的答案。因此对不同的人，我常常说不同的话，可能还会自相矛盾。

刘澜：这大概也是领导者的工作——不告诉人们答案。

马奇：我可以想象自己当领导者是什么样子，肯定和当老师没有什么不同，这两个角色非常相似。我钦佩的领导者大都是些不自大的人，他们对于建立自己的地位或者优越性之类的事情并不过于关心。

刘澜：他们很谦卑？

马奇：是，我想是这样。这是中国哲学。

刘澜：这个问题我经常问别人：伟大的领导者谦卑吗？

马奇：这个问题很棘手。他们既是，又不是。

我在美国中部的威斯康星州长大。从威斯康星州到东海岸，就是从一种文化到另一种在很多方面都更高级的文化。举个例子，当一个威斯康星人来到纽约时，他是谦卑的，但同时他又相信自己比所打交道的人更聪明。因此是真诚的谦卑加上真诚的自信。

这很难让人理解。我知道我只是沙滩上一颗小鹅卵石，但是我是一颗非常坚硬的鹅卵石。就是这样一种感觉。

刘澜：如果称你为思想领袖，你会喜欢吗？

马奇：没问题。我的兄弟姐妹都很聪明，而我的父亲笃信一点：不要认为自己比别人更重要。他让我们把这一点铭记在心，所以我信奉这一点。我想我愿意生活在那样的世界——你不要自以为高人一等。因此我尽量不。

9　环境的重要性

刘澜：你提到的威斯康星人到纽约的故事，让我想起了另外一个问题，这个问题也是我在读你的书的时候想到的。你描述了美国不同地方的人解决交通事故的不同方式，然后你说，你更喜欢其中一种方式——爱荷华州的方式。我的问题是：如果我们在全球环境下来看，可以说有美国方式、欧洲方式、中国方式等等。我们可以说只有一种正确的方式吗？这些方式在各自的环境下不都是正确的吗？

马奇：绝对如此。它们适合各自的背景。所有事物都植根于文化之中。当我从威斯康星去纽约，有件事让我很惊讶：在威斯康星，如果你很聪明，你一言不发；但是在纽约，聪明人也喋喋不休。我因此犯了些错误，认为那个人很笨。他不笨，文化差异而已。

刘澜：如果回到我们讨论的重点——领导力，我们可以说没有唯一正确的领导风格。

马奇：绝对如此。

刘澜：领导风格需要根据追随者、任务和环境的不同而调整。

马奇：在很大程度上是这样。当然，有些领导者是多文化的，或者"多语言"的。他们可以随时从一种风格转到另一种风格。这很有用。不过我也认识一些相当成功的领导者，就是非常独裁的风格。我还认识一些金口难开的领导者。

领导风格的确要根据环境来调整。当然，你也在塑造自己的环境。

10　如何学习领导力

刘澜：我在研究领导力。你能给我什么建议吗？

马奇：我不提建议，我尽力不提建议。

如果你在研究领导力，你必须认识到这个术语不太有用，几乎不可能进行研究，因为人们对这个术语有强烈的感情，听不见你在说什么。

尽管如此，因为我教了很长时间的领导力课，所以觉得它还是有些用处。它主要的用处在于告诉大家：看，你对这个问题的思考方式并不正确。

有些现象与领导力有联系。例如，在人们得到正式的权威职位之后会发生什么事情，他们会怎么做，会有什么改变。这方面，我们比较了解。还有，在团体中一个人如何引导其他人达成决定。这方面，我们了解不多。

关于如何平衡个人生活和公共生活，我们也许知道一些。对于领导者来说，那是个重大的问题。关于如何在统一性和一致性之间、在利用和探索之间权衡，我们知道一些。这些对领导力也很有用。

因此，有许多事情跟领导力相关，但不是直接谈论领导力，那是我愿意选择的方向。

我曾经写过一篇文章，指出了领导者面临的一个问题：他们所生活的世界，要求清晰，清晰的目标、清晰的理解、精确的判断，等等；但是，他们所生活的世界，并不清晰，而是自相矛盾。这他们也知道。因此，他们生活在这样一个世界：他们必须说一套做一套。对于许多人来说，那是无法忍受的。

文章的核心观点是：他们应该读诗。因为在大多数时候，诗歌透过两个镜头看世界，一个清晰的，一个模糊的。因为生活既清晰又模糊，人既可敬又卑鄙。两方面同时存在，你必须同时看到它们，不要妄图调和它们之间的冲突，而要把它们都看作人生的本质。我不确定有多少领导者在我的说服之下去读诗，但是我认为，如果有很多的话，那会很好。你最好也去读一读。

11　疏通水管与书写诗歌

在詹姆斯·马奇看来，领导力有两个基本维度：疏通水管和书写诗歌。领导力的疏通水管指有效应用已知技术的能力，包括一些日常任务，比如，保证厕所能用。它要求至少四个要素：

- 胜任力　确保懂的人在做事，把不懂的人排除在外。
- 主动性　问题在大多数情况下就地、及时、自动得到解决。主动性的实现，依赖于授权和容忍犯错。
- 认同感　组织中的人同呼吸、共命运、互相信任、认同集体，为自己身为组织的一员感到自豪。
- 不引人注目的协调力　个体的自主行动被有效地、快速地、低成本地协调起来，协调机制为，常规化、操作流程标准化、信号和信息流动、个人预见和冗员。

马奇认为，这四样东西，尽管十分平凡，任何一本标准的管理书籍都会提到，但却是领导有效性的核心。

然而，有效的领导除了依赖以上的平凡事物之外，还需要领导者是一个诗人，需要领导者在行动中寻找意义、为生命涂抹颜色。领导者有两样武器可以用来实现这一目的，一个是权力——用来鼓励其他人成长壮大，另外一个是话语——用来描述愿景、引人追随。

本文最初发表于刘澜的《领导力沉思录》。

第 5 篇

马奇论以管理为业

第 14 章　管理学教育对"有用性"的追求[①]

　　整个 20 世纪，北美大学级别的商学院一直在争论以下问题：管理学教育应该呈现什么样的特点？具备什么样的结构？开设什么样的项目？设置什么样的专业？争论一直延伸到师资配置、组织形式、课程设置、研究项目等问题。现在已经进入 21 世纪，可是这些争论丝毫没有偃旗息鼓的迹象。

　　纵观历史，所有这些争论都分成两派：一派为管理学教育冥顽不化，追求学术纯粹性牺牲有用性而痛心疾首；一派为管理学教育目光短浅，重视实际问题、轻视基础知识和基础研究而扼腕叹息。两派都有夸张和做戏的成分，但是两派之间的争论却是实实在在的，而且旷日持久。纵观医学院、工程学院、法学院、教育学院以及公共政策与行政管理学院的发展历史，

　　① 在此感谢 Markus Becker、Robert Gibbons、Michael Hay、Michael Jacobides、Thorbjørn Knudsen、Andrew Marshall、William Pounds、John Reed 和 Sidney Winter，他们针对这个话题提出了很多有用的意见和建议。有关管理学教育发展史的研究由"斯隆基金"（Sloan Foundation）和"辛西亚与约翰·里德基金"（Cynthia and John Reed Foundation）资助。本论文的部分内容源自在哥本哈根商学院（Copenhagen Business School）和约克大学（York University）的讲话。——作者注

也可以看到类似的争论。

1　经验知识与学术知识之争

在所有上述学院，都可以看到"经验"知识和"学术"知识之间的矛盾。经验知识来自现场经验，储存在有经验的实践者的才智之中，在有经验的实践者之间交流。经验知识的特点是，与实务有着直接联系。学术知识来自学校研究，储存在学术理论之中，在学者之间交流。学术知识的特点是，从实务中抽象而来，具有美感。

这个二分法过分简化了经验知识与学术知识的关系。从很多方面来说，我们最好把经验知识和学术知识看作相互纠缠而不是相互对立的。一个人要想解释清楚自己和他人的经验，必须具有学术敏感性；一个人要想做好研究，必须对实务有所观察、对经验有所理解。然而，至少从亚里士多德（Aristotle）做亚历山大大帝（Alexander the Great）的老师那个时代开始，实践者的正式培训，就涉及熟练的实践者从现场经验总结的知识与熟练的学者从学术研究总结的知识之间的关系问题。来自实践经验的知识往往强调能够直接用于具体情境，与学术知识相比，具有更强的时间聚焦性和空间聚焦性。相反，学术知识则强调永远有用、普遍有用。学术知识作为普遍规则，适用时间越长、适用范围越广，比较优势越强。

两种知识之间的矛盾如何解决？标准答案就是"平衡"或"整合"。所谓平衡，就是把知识当作公共商品或者集体商品，分别在经验知识和学术知识上投资，对各种投资组合进行跨时间的成本收益分析，确定经验知识和学术知识的最佳投资比例。所谓整合，就是找到另外一种知识，将产自实践经验的知识和产自学术研究的知识糅合在一起。管理学教育家们都心照不宣地同意、提倡"平衡"或"整合"，这一点可以从他们有关管理学教育的讲话中看出。

可以理解的是，领导者尤其偏爱使用"平衡"法和"整合"法化解冲突。他们渴望某种制度上的和谐统一，也就是，通过参考某种更高目标化解冲突。美国商学院（American Collegiate Schools of Business）早期的一位校长声称：

商学教育的未来完全在于我们能否成功地整合专业教育和底下的基础学科教育。

类似的观点可以在 20 世纪五六十年代致力于商学院改革的很多领导者的宣言中见到，也可以在对那次改革持怀疑态度的人的文章中见到。

一种常见的构想是：研究实际问题，但主要目的是理解那些问题，而不是在具体情境之下解决那些问题；商学院的研究既有助于定义和架构实际问题，又有助于推动相关的基础学科的发展。这种构想解决"平衡"和"整合"问题的方式是宣布它们并不存在。

在这些渴望和构想的作用下,商学院每场争论必然都会提到平衡和整合。然而,追求平衡和整合是一回事,实现平衡和整合则是另外一回事。尽管大家都同意经验知识和学术知识要比例恰当,但是对于现在的比例、最佳的比例、根据什么标准确定最佳的比例,众说纷纭。什么才算平衡?如何实现平衡?大家争论得很激烈,找到答案的机会却很渺茫,因为没人拿得出可靠的数据,也无法形成公认的假定。不时有人呈现一些典型的"事实",或者一些粗浅的经验,根据臆断或者成见得出结论。

类似的,尽管几乎所有人都同意经验知识和学术知识需要整合,但是就通过什么途径实现整合没有达成一致意见,甚至就什么是整合都没有达成一致意见。结果,大家都渴望整合经验知识和学术知识,但是对于教育实务来说整合意味着什么,大家意见不一。

在商学院及其赞助者与这些问题做斗争的时候,他们的讨论与其说是为了认真解决问题,不如说是为了卖弄辩才。一方批评商学院学识浅薄、学术二流,另外一方批评商学院脱离实际、无益实务。

双方都认为自己在斗争中处于弱势。在提倡学术知识的人看来,提倡经验知识的人在美国商学院具有很多优势,因为商学院与企业联系密切，企业希望商学院帮助自己解决实际问题，于是投入更多的财力赞助商学院发展经验知识而非学术知识。商学院的老师有时不愿做学问，而去做管理实践者的顾问（或者说马屁精）。结果，学术知识的倡导者认为，商学院的教育和研究，因为要仰赖企业的赞助，所以忽略了经验知识只在很小的时间范围内和很小的空间范围内有用。

另外一方面，在提倡经验知识的人看来，美国商学院不受外界压力影响，商学院的老师可以追求自己的利益和学术知识。尽管商学院的部分资金来自企业的赞助，但是商学院可以自由安排这部分资金，并且把大部分资金用在一些没有实用价值的研究上。结果，经验知识的倡导者认为，商学院的教育和研究，因为不受企业的控制，所以并不关心那些可以帮助企业解决实际问题的知识。

2　近史

很多学者考察过北美和欧洲商学院的发展历史，从经验知识与学术知识关系的角度来看，他们讲述的故事非常一致。20世纪上半叶，商学院的用处在于为想进入管理界的学生提供敲门砖。早期的一个商学教育研究这么说：

商学院的主要目的是为企业输送管理人才。

学术研究是学术生活的一部分，但在商学院中，学术研究通常不重要。有些商学院有博士点，但是那些博士点几乎没为培养研究者作出什么贡献。有些商学院有研究项目，但是以学术界的标准来看，商学院的研究做得太烂了。商学院聘请经验丰富的经理人做教授，企图通过案例教学法、老师参与咨询法、课程论文结合公司实习法复制经验，力求成为"最佳实务"的传播者。

从很大程度上来说，商学院成功做到了对企业有用，但是付出的代价也很大：那个时期的北美商学院（所有重要的商学院，那些商学院都与大学有正式联系）在学术界很没地位，甚至连哈佛商学院（也许是第二次世界大战以前北美最著名的商学院）也被哈佛的基础学科院系看不起。

基础学科院系看不起商学院，也许是因为他们治学态度严谨，也许是因为他们嫉妒商学院有钱。商学院在学术殿堂是否应该坚持非结果主义立场，不同的人有不同的看法，但是北美商学院因学术能力平庸遭人诟病，是毋庸置疑的事实。尽管没有一致的数据支持这一成见，但是在人们看来，攻读商学的学生一般比攻读其他学科的学生差。尽管商学院也有杰出的学者，但是在人们看来，商学院老师的学术能力一般明显不如其他学院老师的学术能力。赫伯特·西蒙所受训练全是基础学科训练，但是在商学院任职，他在自传中这样反思商学院的地位：

276

准确也好，不准也罢，我们认为那个时期（二战刚刚结束），美国的商学教育还处于洪荒的职业主义（vocationalism）阶段，需要开垦，以尽快进入基于科学的专业主义（science-based professionalism）阶段，就像医学和工程学在之前一两代所经历的转变一样。

尽管据我们所知，没有一篇发表物详细记载这一改革的范围和性质，但是人们普遍相信管理学教育在 20 世纪五六十年代经历了一场不大不小的改革。根据观察家的印象，在院长、老师、基金会和企业经理人的共同努力下，大多数北美商学院经历了一场改革，提高了学术知识在管理学教育中的地位。商学院把工作重心从传播"最佳实务"转到发展基础知识，减少对直接与实务挂钩的研究项目的支持，增加对基础研究项目的支持。商学院强调：通过研究产生知识，加强与基础学科的联系，提高治学严谨性，多使用数学模型，多应用心理学和经济学的研究发现，用正式分析代替经验法则。

打响改革第一枪的是阿伦·戈登（Aaron Gordon）和詹姆斯·豪威尔（James Howell），他们在呈给"福特基金"（Ford Foundation）的一篇著名报告中说：

我们的大致建议是：商学院（和商学系）未来的努力方向是加强基础学科教育，提高治学严谨性，提高入学门槛和毕业门槛，配备更多研究能力很强的学术型老师，通过发展作为商学原材料的基础学科促进商学的发展。

这些改革信奉者认为管理学教育有两大目标：

第一，商学院（特别是研究生教育）的任务是培养未来的管理学老师和研究者，商学院所做的研究既要有实用价值又要有理论价值。

第二，商学院（不管是本科生教育，还是研究生教育，或者 MBA、EMBA 等等）还要培养未来的管理实践者，但是要让未来的管理实践者接受经济学、行为学、量化研究方法等方面的正规培训，就像医学院让未来的医生接受生物学、生理学和化学等方面的正规训练一样，这些都是打基础。

赛尔特和迪尔宣布：

管理学学生……应该在数学、统计学、计算机方面修够学分，能够理解、使用来自管理科学和运筹学的决策模型，还应该理解经济学家给公司和政府所提建议所依赖的理论基础和研究基础，还应该了解心理学、社会学和政治学有关人类行为的重要发现和假设。

改革者的努力没有白费。在二十年的时间里，大多数一流的北美商学院的文化和实务发生了很大的变化。课程变得更具分析性，要求也更严格。相对其他专业的学生，学生质量有所提高。学院在聘用新老师时，越来越看重其研究能力；新老师，特别是那些从基础学科调来的老师，在学院的地位越来越重要。相对于本科生教育来说，研究生教育变得更加重要。研究生招生偏爱那些具有重点大学基础学科背景的学生。商学院老师的研究领域变成了准基础学科，有了自己的学术研究杂志和专业学会。在这一过程中，北美商学院力求赢得学术界的尊重，实际上，也确实做到了。北美商学院的这些成就，很大程度上和学生、老师、资源所发生的巨大变化分不开。商学院的新老师很多是从基础学科方向聘请过来的。那个时期，商学院非常看好科学研究对管理学的贡献潜力。

在随后数年里，商学院改革在管理实务中渐显成效。例如，运筹学方面的学术研究（线性和动态规划、排队论等）让运营管理实务发生了很大变化；金融经济学方面的学术研究让金融管理实务发生了很大变化；组织行为学方面的学术研究让人力资源管理实务发生了很大变化。随着时间的推移，商学院还把兴趣拓展到一些貌似和管理沾不上边的东西上，例如博弈论、混沌理论、进化论、图形学、认知理论、文学理论以及细微的文化差异等等，其中有些东西（至少在某些观察家看来）也为管理实务贡献了很多有用的想法。

继 20 世纪五六十年代的那次革命之后，20 世纪八九十年代，北美管理学教育又迎来了一场反革命。反革命的支持者是商业报纸杂志和商学院的部分人（包括老师），特别是包括但不限于在上次改革中地位衰落的那群人。他们声称北美商学院变得太学术化、太脱离实际，抨击商学院对基础学科和学术知识的强调，着手接管商学院评价事宜，旨在重塑商学院。商业报纸杂志成功炮制出商学院排行榜，操纵了评价标准，把商业经验、咨询能力和市场价值置于学术影响力之前。

以上压力，再加上商学院对企业赞助的日益依赖、参与咨询对教授的巨大诱惑、劳动力市场对商学院毕业生的需求疲软、学生"顾客"对商学院的大声疾呼，导致商学院在研究和教学中抬高经验知识的地位、降低学术知识的地位、追求更大的直接有用性。

在这场"革命"中，卷入者明显分成两派：学术派和实务派。很多商学院老师把自己归为实务派，例如，著名的商学教授沃伦·本尼斯（Warren Bennis）和詹姆斯·奥图尔（James O'Toole），学术经验和咨询经验都很丰富，他们在某一流大众商业杂志上发表文章宣称：

在过去的几十年里，很多一流的商学院静静地采取了学术卓越型模式，但是这一模式不适合商学院，最终会让商学院走向失败。商学院评价自己的标准不是它们的毕业生多大程度上能够满足企业的要求，也不是它们的老师对如何改进企业绩效有多了解，而仅仅是科学研究的严谨性。

与此同时，很多一流的企业经理人把自己归为学术派。例如，花旗公司和花旗集团前 CEO 约翰·里德说：

一般而言，我认为，管理实务应该受到基础研究和基础知识的塑造，这很重要。基础学科的研究（但是要以跨学科的方式）有一个很重要的功能：提供一个框架，帮助管理实践者理解所处理的具体问题的背景和内容。所以，显然，学术界和实务界之间的互动很重要，管理理论只需操心如何为理解管理问题提供框架，不用太操心直接有用性。

未来的五十年，商学院似乎还会经历类似的有用性之争。未来的倡导者将和过去的倡导者一样高贵、一样自私、一样审慎、一样坚持、一样善辩、一样对历史视而不见。也许会有一段相对沉寂的时期，在这个时期，学术对"有用性"有个相对一致的理解，并相应建立起一套公认的体制，但沉寂很快又会被一场新的争论打破。学术界对有用性之争的热情似乎不会消失，化解争论所面临的困难似乎也不会消失。

3　明争理，暗争利

不足为奇的是，考虑到同在学术圈子，那些学者把管理学教育追求有用性的历史描述成比较文雅的理智之争的历史。有用性之争尽管显然牵扯到个体利益和团体利益，但是从措辞上看，争论并不是以个体利益或团体利益为中心。有些人主张，商学院是企业界的工具，是咨询的堡垒，是智慧与实践问题之间的桥梁，学术思考为实践带来启示。他们强调这种定位的普遍个体价值和普遍社会价值，打着改善管理学教育而不是为谁谋利的旗号。类似的，有些人主张，商学院是基础学问的机构，是研究的壁垒，商学院应该鼓励自发的求知欲，不用操心直接有用性。就像对方的同胞一样，他们把自己的偏好贴上普遍价值理念的标签，以改善管理学教育而不是为谁服务标榜自己。

那些学者这样描述管理学教育追求有用性的历史，隐含的一层意思就是，两派人争的是政策、辩的是哲学。这样的理解显然不全面，它混淆了政治斗争和政治斗争之下隐藏的利益斗争。描述商学院的历史时将利益按下不表，让商学院的历史显得完全由有用性之争驱动。就像所有这样的历史描述一样，它用冠冕堂皇的措辞粉饰利益冲突，把有关哪个论点有意义的不确定性置于有关为哪方利益服务的不确定性之上。这样理解有用性之争，基本上就忽略了一个比较残酷的政治哲学问题：采取行动时，应该将谁的利益考虑在内，应该如何权衡各方利益。对谁更有用？在什么方面更有用？

在以上讨论中，我们假定措辞很重要。对于这一点，我们毫无歉意，学者就该重视措辞。然而，个体利益和团体利益也隐含在、潜伏在争论之中，我们最好认识到这一点。用基于利益的写史手法描述北美商学院 20 世纪的历史，就会只看到有用性之争这层薄皮，看不到严肃的政治斗争（争夺商学院和管理学教育的控制权）这层厚瓤。我们应该观察到，有用性问题是政治权力问题的幌子，争权者通常把私欲遮掩起来，以蛊惑同盟、打击对手。在最明显的层面上，经验知识的倡导者往往是那些在围绕经验而建的世界中具有比较优势的人，学术知识的倡导者往往是那些在围绕学术知识而建的世界中具有比较优势的人。这没有什么好奇怪的，商学院的选择，牵扯到多方的利益，要一一列举出来的话，名单一定很长。

尽管认识到争论的真正动力，但是我们仍然坚持认为，任何把措辞描述为附带现象的做法都会低估措辞的重要性，特别是对于学者唱主角的政治斗争来说。当代有一场关于措辞和想法在历史中的作用的讨论，我们应该属于认为措辞和想法有时会影响人们对历史的认识的那一方。此外，有用性之争的内容即使对于商学院历史的结果来说无关紧要，但是对于那段历史的教化来说也非常重要。对于理智的倡导者来说，现实并非总是美好的，但是理智承诺是有教养的人的浪漫标志。

4　有用性标准

从有关如何设计管理学教育的争论之中，我们可以看出商学院很大程度上是功利主义道德观的产物。人们通常用工具主义方式，也就是说，根据管理学教育和研究在多大程度上满足个体和集体的需求，证明投入到知识创造、知识保留、知识转移上的时间和资源的正当性。一个没有争议的标准（各种各样的行动者、利益、背景和评论者共享的标准）就是——有用性。

功利主义道德观

　　人们投入资源发展、精炼、复制知识，就是期望这样做能为个体、社会带来回报。知识投资之所以有价值，是因为它们要么能让我们得到更好的结果，要么能让我们更可能获得某种结果，或者能让我们做出更好的选择。那些讨论管理学教育未来的人，绝大多数都信奉这一广义的功利主义道德观。

　　将功利主义道德观应用到商学院，就得到以下耳熟能详的教义：课程应该能够满足学生的需求和欲望；毕业生的技能应该能够满足雇主的需求和欲望，进而满足毕业生的需求；老师的技能应该满足有意聘请他们做顾问，或者聘请他们的学生做管理者的组织的需求和欲望；学术研究的目标应该是产生知识，促进个体成功、组织效率、经济增长。例如，在过去的几十年里，人们将基于市场的资源分配神圣化，进而将商学教育（不只是商学教育，还有其他很多教育）"商品化"、"市场化"，这一做法的基础就是功利主义道德观。

　　然而，功利主义导向的含义比市场导向更广。市场导向的基本思想是，东西应该对顾客有用。但是，"有用" 显然是个主观概念，效用由使用者决定。在教育有用性的争论之中，很多人拓展了效用的含义，把 "客观" 有用性或者 "社会" 有用性包含在内（尽管这些有用性很难说清楚），认为市场化或商品化并不能完全实现有用性，甚至会让我们误入歧途。然而，对教育 "商品化"、"市场化" 的这些批评，最常见于彻底的功利主义者对市场的声讨之中。彻底的功利主义者认为市场是没用的，但是同意把有用性作为标准。

就像功利主义世界里的其他讨论一样，在管理学教育有用性的讨论之中，"效用" 的定义往往非常灵活。有用性，也许既反映社会价值又反映个体价值，既反映享乐主义又反映实用价值，既反映短期价值又反映长期价值。功利主义道德观占主导地位，我们就努力提供功利主义辩护，不仅为诸如会计之类比较明显的实用学科，而且为诸如文学、艺术、音乐、宗教和玄学之类经典非实用学科提供功利主义辩护。偶尔，我们对 "效用" 的定义太过复杂，缺乏可操作性，结果，它往往更像一种争论标准，而非评判标准。

模糊性和短视性

"效用" 观建议，测量预期结果的 "效用" 和可能性，将两者相乘得到预期结果的期望价值，根据预期结果的期望价值比较各种各样的可选方案。多年以来，选择理论家认为，基数效用函数也许可以作为人类选择的基础，并且一直在为这一看法寻找支持证据，但是结果并不理想。人类所拥有的价值观似乎不如期望价值计算所要求的那样一致、那样简单、那样清晰、那样可以精确测量。

确实，在功利主义思想的指导下追求有用性，就得面对两个著名难题，这两个难题若是解决不好，我们的追求也许就会没有结果。

第一，"有用性"，定义模糊、含义复杂、难以精确测量。教育的很多重要价值，大都极其难以测量、极其难以预测。我们认为，教育的一个重要价值在于，让毕业生具备受用一生的基础知识，但是对于如何据此评价当前的学生（或者学习项目），我们却没有一点共识。我们还认为，教育的另外一个重要价值在于，发展具有长期解释力的知识，但是对于如何据此评价当前的研究，我们却没有一点共识。结果就是，功利主义争论很容易堕落成咬文嚼字的口水战。"成本"和"收益"包括那些不易计算、不易比较的抽象之物。此外，我们还有一个很出名的倾向：把可测量性和重要性混为一谈，假定难以测量的东西可以忽略掉。

基础研究和学术知识的倡导者必须承认，基础研究和学术知识的回报不仅更慢、更远，而且更不确定，未来结果概率分布的变异相对较大。所以投资基础研究不仅"风险更大"（结果分布变异大），而且更容易出现估计偏差。平均而言，学者会高估基础研究的可能回报，实践者会低估基础研究的可能回报，而且，所涉及的时间范围越长、空间范围越广，两者之间的估计差异越大。

第二，在实践中，我们对有用性的追求往往是短视的。尽管在给"有用性"下定义时，我们可以纳入长远考虑和整体考虑，但是在实际操作中，说到"有用性"，我们一般只会顾及比较清晰的眼前结果和局部结果。例如，现代商学院的任何一位老师都清楚，尽管商学院的老师和学生也许有着共同的功利主义道德观，但是，与老师相比，学生考虑的空间范围明显更窄、时间范围明显更短。

最佳的时间范围或空间范围并不好确定。理智的人非常容易出现意见分歧。看看什么是适当的空间范围：对于高层管理者或社会领导者来说是有用的，对于执行行动的那部分人来说不一定是有用的。对于基层员工、中层管理者或者高层管理者来说，商学院应该有用到什么程度？对于股东来说呢？对于政治领导者来说呢？对于学生来说，商学院应该有用到什么程度？对于资助者来说呢？对于企业来说呢？对于整个经济/社会体系来说呢？对于社会来说呢？简单的答案是，商学院应该对他们都有用，现代商学院在一定程度上确实做到了这一点。然而，作为一个代号词，"有用性"往往把注意力引向短期、局部的行动者所关心的具体的、实际的问题，而不是更远的、更无形的、更理论的问题。

类似的，看看什么是适当的时间范围：说到有用性，就要标注时间范围。何时有用？商学院应该在多大程度上追求短期有用性？又应该在多大程度上追求长期有用性？为明天培养管理者，还是为未来的十年？对长期来说很重要的东西，对短期来说很重要的东西，两者有很大的不同吗？还是，长期不过是一串短期，这样，只要控制好每个短期，自然就控制住了长期？让这些问题变得更复杂的是，结果具有不确定性，长期结果比短期结果更难预测。

过度关注短期，这一问题在 20 世纪五六十年代北美商学院改革的设计者的言论中很明显。卡内基工学院（Carnegie Institute of Technology）工业管理研究生院（Graduate School of Industrial Administration）的首任院长 G.利兰·巴赫（G. Leland Bach）写道：

我的核心建议既老套又具革命性，也就是说，商学教育不该只为今天的世界培养管理者，还要为明天的世界培养管理者，为 1980 年而不是 1958 年……当然，商学教育，不管培养学生的什么品质，思维灵活性也好，对新观念的开放性和接受能力也好，自学习惯和自学技能也好，或者其他诸如此类的素质也好，应该能够帮助个体和组织适应未来 25 年不断变化的环境，而不是仅仅传播有关今天的组织和今天的最佳商业实务的知识。

类似的言论，在那个时期的教育领导者和企业领导者之中很常见。

学术知识的倡导者一般都相信，基础知识最终会产生实际回报。例如，西蒙说：

应用有用性标准时，人们务必要认识到，基础知识最终能够促进实际问题的解决，即使过程很曲折、道路很艰辛。

然而，支持这一论断的，更多的是一些趣闻逸事而非系统性证据。米那（Miner）分析了 32 个既有的组织理论的重要性、有效性和有用性，发现没有什么证据表明这三个属性之间存在一致的关系。

适应的短视性

在分析基于经验的适应过程（比如，问题解决、学习、进化和政治竞争）的时候，我们在理论上探讨过短视问题。在问题解决中，相对于短期结果，个体和组织容易忽视或者轻视长期结果；在学习中，个体和组织对局部和直接经验作出反应；在进化中，个体和组织对局部和直接环境作出反应；在政治竞争中，与倡导预示着递延收益的行动方针的党派相比，倡导预示着直接有用性的行动方针的党派能够获得更多的资源和注意力。适应对要经过一段时间才能见收益的活动怀有系统性偏见。

因为工具主义适应过程容易只顾短期不顾长期、只顾局部不顾整体，所以它们具有潜在的自我毁灭性。提供长期、整体、不确定、抽象收益的可选方案在与提供短期、局部、确定、具体收益的可选方案的竞争中处于下风，短期收益倾向于赶尽长期收益，利用倾向于赶尽探索。尽管在追求利用—探索平衡时，适应过程有可能过于靠近探索，但更可能过于靠近利用。

基于经验的适应过程具有短视性，这一短视性来源于经验的内源性以及经验的顺序取样。有大量文献探讨适应的短视性，特别是探讨以下两个问题：（1）如何通过倡导利他主义校正适应的空间短视；（2）如何通过加强自我控制校正适应的时间短视。任何一种基于经验的适应过程，都隐含这两个问题。追求有用性，就要面对这两个问题。

急功近利，欲速则不达这，这话很老套，但大部分情况下还不至于惹人厌烦。赤裸裸地追求眼前的一己私利，也许会损害个人的长期信誉；短期之内多次重复调动肾上腺机能，作出"战或逃"反应，也许会损害记忆和学习；迅速根据反馈作出调整，也许会损害学习所必需的耐心。这方面的负面例子，在儿童教养、企业战略、经济政策、政治和战争中屡见不鲜。人类在追求其他重要东西时也要面对类似的问题，比如，追求美德、追求爱、追求荣耀，等等。有充分的历史证据表明，这一

问题既无处不在又非常棘手。

商学院的短视性

商学院在使用有用性标准时，就显示出适应的短视性，商学院最看重本学院的学生、老师、管理者、赞助者、校友的近期需求，其次是本学院的学生、老师、管理者、赞助者、校友的远期需求，最后才轮到本学院以外的相关利益团体或者整个社会的需求。具体而言，商学院容易把工作重点放在教学而非科研上，把教学重点放在传授面试技巧而非传授沟通理论上，把研究重点放在解决实际问题而非发展问题解决模型上，把知识发展重点放在具体知识而非抽象知识上，把分析重点放在商业案例而非理论模型上，把思考重点放在企业的战略管理而非公共机构的战略管理上。

根据我们在商学院的经验，根据我们对适应短视性的了解，我们得出这么一个看法：管理学教育追求有用性，就会对回报不确定、不直接或者不即时的形式和实务怀有系统性偏见。追求的这一特征意味着，出于功利主义方面的考虑，我们在追求有用性时应该当心误入歧途。尽管追求有用性可能会让商学院太过强调学术知识，但是追求有用性更可能让商学院太过强调经验知识，因为经验知识具有更快、更近的有用性。

5　追求意义和美

北美商学院内部的争论以及围绕北美商学院的争论完全是基于边沁主义的，但是，并不是每个人都同意那个基础。正如约翰·斯图亚特·穆勒在其著名评论中指出的那样，边沁"具有有限人的完整性"。穆勒具体是这么描述的：

（边沁）从来没有认识到人能够……为了自己的缘故而渴望，根据自己的卓越标准修身养性，从自己的内在意识而不是其他什么地方寻求善或恶。

根据穆勒的说法，边沁没有领会或者表征一系列基本的人类情感，这些情感更少地来自关心人类机构和实务的有用性，更多地来自要求人类机构和实务确认、表彰、复制人类精神的关键元素。

其他可选的道德观

对于商学院争论的某些参与者而言，争论如果仅仅限于考虑有用性，即使有用性的含义很广，那么争论也是不完全的。追求有用性，以及作为追求有用性基础的功利主义道德观，忽视或者说否认了另外一种传统和道德观，这一传统和道德观强调教育是信仰和美的载体，还强调教育与人性和人类身份的联

系。在这一传统和道德观中，有用性在很大程度上是无用的。它们强调的问题，无关教育和研究的有用性，但是有关教育和研究作为一种正当的人类存在的本质属性，有关学者身份的定义和意义，有关审视、增加学术生活的美。

在围绕功利主义道德观展开的争论中，这样的问题看起来很奇怪，但是在人类历史中，它们至少和有关有用性的问题一样常见。在边沁和穆勒之外，还有康德、克尔凯郭尔、昆德拉、尼采、柏拉图和怀特海德讨论过这些问题。他们的讨论，不是围绕什么是有用的，而是围绕什么是"本质的"。对于教育和研究来说，什么是本质的？没有了什么，教育和研究就不能实现人类存在的基本性质？从这个角度来看，教育和研究的主旨可以看成是为人类生活提供优美、意义、精致和典雅，不是因为那些属性可以产生竞争优势，而是因为那些属性是教育信仰的基本元素。对教育的承诺，可以看成更多地来自对人性的哲学概念、美的美学概念的承诺，而不是来自对结果主义、计算主义的承诺。

要想在管理学教育争论中为这样的问题争取合法地位，就一定要挑战主流的功利主义道德观，这一挑战不同于"有用性"的模糊性和短视性对功利主义道德观带来的挑战。争论有关信仰和美的问题，就要跳出功利主义框架。最终，信仰和美的问题与身份感和美感质素联系在一起。为人的本质是什么？是什么让人类生活具有美感？教育之本和教育之美如何反映在教育机构和教育实务之中？这些问题的答案不是来自理解有用性意味着什么，而是来自理解为人、人生意味着什么，并且来自这一理解在大学教育和研究中的体现。考察这些问题的条件是，忠实地崇拜人类身份，忠实地追求教育和研究中雅和美。

教育之本和教育之美

从那些追求教育的意义和美的人的角度来看，教育设计恪守功利主义原则，尽管具有很大的吸引力、毋庸置疑的价值，但是是错误的。然而，与此同时，我们必须认识到，教育的本质在于什么，教育的美在于什么，这两个问题并不好回答。在有关教育政策的世俗问题的伪装之下，这两个问题实际上涉及如何巧妙地结合历史意识和哲学优雅。堂吉诃德说过："我知道我是谁。"对于知道自己是谁的管理学教育者来说，回答这两个问题，就必须揭示学术生活的美学本质。知识之美大概在于精确表达，在于将复杂事物简单化，在于制造知性惊喜。知识为人生其他方面提供解释，让人生其他方面也具有美感。知识把意识和选择作为人类存在不可或缺的自负加以赞扬，让意识和选择具有美感。

以上所言很大胆（或者很愚蠢），但是操纵性很差？确实，我们最多只能为有关管理学教育的思考提供一些粗略的指导方针。第一，我们可以认为教育和研究的主旨在于展示、审视、欣赏想法之美。"赢家诅咒"是有些实际用途的，但是这个想

法之所以对于管理学教育来说特别重要是因为它特别美。第
二，我们可以尊重胜任力的美学价值。我们对卓越胜任力怀有
气势汹汹、肆无忌惮、自我沉溺的幻想，所有这些幻想都有其
一席之地，但是管理也敬重基础胜任力的优雅之处，就是那些
能让组织成为艺术品的优雅之处：文字不仅表达意思而且具有
风骨、管道不仅能够通水而且装得精致、马达不仅提供动力而
且演奏乐章、行动不仅实用而且华丽。第三，我们可以把管理
者和管理看作追求人性的象征。领导力的两难问题可以看成人
生两难问题的缩影，管理解决方案可以看成人性追求模型。

　　这样一种视角有时近似于神秘主义，在管理学教育的讨论
中，在对意义和美的追求中，采取这样一种视角，我们就很有
可能变得自命不凡，也很有可能变得夸夸其谈。我们也有可能
忘记教育的基本要求，也就是忘记：要读什么书，要上什么
课，论文要怎样评分，标准要怎样设定，如何保证厕所能冲
水，如何保证电脑能计算。结果确实很重要，否认这一点，不
仅很难，而且很愚蠢。

　　那些强调实现教育之本、崇拜教育之美的人，将功利主义
的教义和他们自己的教义匹配在一起：想法不仅是目的的工
具，而且是审视的对象。有关管理的讨论不仅有利于实现意
图，而且有利于探索话语的美和意义。教育不仅是增加个体和
社会效用的工具，也是人类精神的神圣元素。本质宣言：最
终，所有的人都会死亡，所有的物种都会灭绝，只有一样东西

能让一个生命与众不同，那就是如何用雅和美装饰从生到死的过程。

从这些倡导者的角度来看，商学院，和其他教育机构一样，把让人类状况和人类思想变得高贵当作自己的本质使命，并且通过坚持这一使命造就自己。他们这样描述管理学教育的表演和脚本：把常规的理智活动作为值得人类追求的美的载体和工具加以精炼。在这样的世界里，如果商学院碰巧也是有用的，那也未尝不可，但是人们不会刻意追求有用性。

6　建构管理学教育

我们简要粗略地介绍了管理学教育争论的历史。那段历史有关辞令，有关努力为世俗的行动提供高雅的理由。辞令往往渲染过度，争论往往没有结果，但是从那段历史中我们可以看出，管理者和教育者坚持想为教育实务和教育机构找到辩护理由。

不论是从商学院的历史，还是从管理学教育辞令的历史，我们都看不出，经验知识和学术知识之间的矛盾有望化解。我们只能看出，不同的历史阶段，强调点不同，强调点的转换造成历史阶段的更迭。

管理学教育在追求有用性和意义的过程中这样不断循环往复，很容易让人绝望。我们自然希望出现某种最终结果。然而，期待这种结果，是不合理的。经验信仰者和学术信仰者之间无休无止的争论有一个隐含功能，不是产生明确的答案，而是鼓励商学院的管理者慎重对待简单对策，也就是说，不能只强调经验知识忽视学术知识，也不能只强调学术知识忽视经验知识。

此外，争论又不仅仅是经验和学术之间的争论，还是有关采用什么标准才能两者兼顾的争论。功利主义道德观有其高贵之处，身份、审美主义道德观也有其高贵之处，在管理学教育中，将两者结合起来，也有其高贵之处。在最理想的情况下，有关经验知识的主张和有关学术知识的主张之间不可调和的矛盾为我们提供了一个机会，我们可以利用这个机会把商学院和管理学教育变得既更有用又更有意义、更美。要想得到一个皆大欢喜的结果，我们不能指望使用某个魔杖消除矛盾，而是只能依靠一种挑剔精神的两个不一致的声音进行无休无止的对峙。在对峙过程中，管理学教育被建构成既反映管理者、又反映教育者的样子，而且，在对峙过程中，管理者和教育者在为管理学教育辩护的同时也在定义自己——把自己定义成自己想成为的那种人。

本文最初发表于《加利福尼亚管理评论》，经过作者和出版商的允许在此翻译并再版。本文由詹姆斯·马奇和米尔·奥吉尔合写。

第15章 组织咨询和组织研究

1 引言

最早的组织学者几乎不区分咨询和研究，他们的客户也几乎不区分理论知识和实践知识。据我揣测，亚里士多德给亚历山大大帝上课所用的语言与他写有关政治制度的文章所用的语言一样既深刻又通俗；柏拉图讨论组织形式所用的风格和知识工具与他讨论物理教育所用的风格和知识工具是一样的；托马斯·阿奎那（Thomas Aquinas）向布拉邦女公爵（Duchess of Brabant）建议如何对待富有的犹太人以及背后原因时和他评价等级结构的理论基础时一样自在。即使是作为组织咨询的守护神，马基雅维利（Machiavelli）花在研究哲学上的时间和花在设计激励体系上的时间一样多，而且他不认为哲学和激励体系有什么很大的不同。

当然，那些时代都比较简单，而人们的生活今非昔比。如果古希腊时期就有管理学会（Academy of Management），而且如果古希腊时期的管理学会的会员数目占全体公民数目的比例和现在的管理学会的会员数目占美国和加拿大公民数目的比例一样，那么一张小小的公园长凳就够古希腊时期的管理学会举行年会。北美的管理学者只有一小部分加入了管理学会，然而管理学会的会员数目却既超过了美国政治学协会（American Political Science Association），也超过了美国社会学协会（American Sociological Association）在第二次世界大战结束之际的会员数目。涉足管理的人更多了，而且与前人相比，我们对管理有了更多的认识。

我们还更专门化了。我的研究领域是组织决策、学习、变革、领导力和权力，其他组织和管理研究领域也有很多专家，我敬佩他们，也认识一些这样的人，但是我认为自己不能代表他们讲话。我是一个学者，组织理论的象牙塔学者。在学者之外，还有很多其他人也在关心如何在组织之中生存或者如何让组织生存，我敬佩他们，也认识一些这样的人，但是我不会想象自己成为他们当中的一员。我做研究、喝酒、在学术净土上修行，大部分时间不用操心有用性。

因为我可以专心做学问，生活很平静，公休假很多，学生很懂事，而且我作为一名资深教授，享受着特殊津贴（绝无炫耀之意），所以我既不为如何做个有用的人而操心，也不为是一个有用的人而兴奋。但是，现实世界有时也会温柔地闯入我的生活，比如最近，一家大型杂志社让我评论（更多的是批评）最近的一本有关组织和管理的畅销书的研究基础。他们的邀请让我回想起近年来的其他畅销书，这些畅销书大都声称自己有着扎实深厚的学术基础。于是，我想谈论一个更受人关注的问题：追求知识和提供建议。

　　拒绝杂志社的邀请并不是什么难事，但是在拒绝过程中，我和一些朋友谈了几次话，谈话主题是：在这个不是只有一两个亚里士多德，而是有很多组织研究者和很多组织咨询师的世界里，组织咨询和组织研究之间是什么关系？这篇论文是一个人种志学者①对那几次谈话的报告，考察的是我们如何看待咨询和研究之间的知性关系。很多人，比如哈罗德·威林斯基（Harold Wilensky）、马文·苏斯曼（Marvin Sussman）和纪·班弗维尼斯特（Guy Benveniste），撰文讨论过专家和专家意见之间的关系，见解令人叹服。我之所以谈论"知性"关系，不是因为我认为"知性"关系最终能和那些人所描绘的关系分离开来，而是因为我认为，在我们热衷于理解知识追求的社会意义和政治意义的时候，我们也许很容易忘记知识追求的知性本质。毕竟，社会科学中的"新纯真（new naivete）"是理想主义对现实主义的臣服。在对"新世故（new sophistication）"的短篇颂词中，我将更多地谈论现实中的研究和咨询，而不是想象中的研究和咨询。

_____

　　① 许多人种志学者都在调查地区居住一年或更长的时间，学习当地的语言或者方言，而且尽最大的可能投入当地人的日常生活之中，但同时还要保持一个观察者的不偏不倚的立场。在这里，作者把自己称作人种志学者，就是强调他作为一个观察者的不偏不倚的立场。——译者注

2　咨询师之罪

我使用"咨询"这个词语的时候，指的是任何主旨显然在于为组织参与者就如何改进组织，或者组织中的个体的有效性提供建议的活动。顺着这个定义，咨询师指的不仅是那些有偿提供建议的个体或团体，而且，也许主要是指，写书的人以及教书的人。我所说的"研究"，是指任何同时具备以下两个特点的活动：（1）系统地收集有关组织的数据，或者围绕组织现象进行系统地思考；（2）公开发表结果的时候，用一种客观的方式把所得结果与其他研究（尽可能网罗全面）的结果联系在一起。顺着这个定义，研究包括组织研究杂志上常见的各种各样的理论研究和实证研究。

观察一下咨询和研究，我们就会发现两者有很多明显的不同之处。特别是，也是最明显的是，咨询和研究存在于不同的社会结构之中，有着不同的激励体系、不同的社会规范、不同的竞争和生存基础。尽管有少数几个人研究和咨询都做得游刃有余、硕果累累，但是大多数人要么主要从事咨询，要么主要从事研究。咨询和研究所需胜任力也许有很大的不同，但是即使没有什么不同，在社会化过程和经验的磨炼之下，咨询师和研究者还是会有很大的不同，咨询师做起研究来觉得不自在，研究者做起咨询来觉得不自在，甚至咨询师看不起研究者，研究者看不起咨询师。

当我让那些把自己归为研究者的朋友表达他们对咨询师的厌恶，他们所说的答案大都可以用我的一位朋友的话加以总结："咨询师说话搞笑、挣钱多多。"咨询师确实会挣钱，或者至少有些咨询师是挣钱的，咨询是一个有着巨大利润的巨大产业。然而，与其说他们抱怨咨询师会挣钱，不如说他们抱怨咨询师所收取的费用对不起咨询师所提供的知识。咨询师迎合雇主的偏见和偏好，为雇主粉饰暴行，让雇主不顾长远地花掉预算。

咨询师还说话搞笑。他们经常违反合理的研究标准，他们从未详细说明的全域中抽出定义不清晰的样本，得出牵强的结论，加以概化。他们似乎经常忽视（因为无知、懒惰或者贪婪）有关的研究文献。他们把复杂的事情简单化，进而错误地表征问题，对限制条件未进行足够的说明。他们靠自明之理、夸张、噱头混饭吃。即使他们有什么思想，也会为他们花言巧语的推销术和夸夸其谈的自大所掩盖。

我之所以背诵朋友们的抱怨，并不是为了认可这些抱怨（尽管我认为其中也有几分真实），也不是为了否认咨询师显然对研究者也有一大通类似的怨言，而是想说明研究者和咨询师之间的隔阂有多大。如果你相信这样的话，进而得出结论说：（1）咨询师不仅说话搞笑而且什么也没说；（2）咨询师与组织研究脱节，那么这也不能怪你。但是，我要说，如果你得出这样的结论，那么你就错了。在研究者看来，咨询师所用的语言也许有些奇怪，所用的归因方法和引用方法也许有些陌生，但是咨询师所表达的思想有时是非常眼熟的，而且有时非常煽动。毕竟，咨询师的这种风格，很大程度上可以追根溯源到切斯特·巴纳德（Chester Barnard）。

实际上，就像其他社会科学一样，组织研究中很多非常重要的理论的发展，遵循（而且有可能继续遵循）的是一种有些不同于充斥在研究方法学文献和哲学文献中的逻辑，也就是工程逻辑，或者说问题解决逻辑。工程逻辑或问题解决逻辑是，根据给定的结果推出充分条件；充斥于研究方法学文献和哲学文献的逻辑是，根据给定的条件推出必然结果。两者存在很大的差异。比如，如果我们请工程师设计一座桥，我们不会让工程师告诉我们将各种因素（材料、结构，等等）排列组合可以设计出多少种桥，而是告诉工程师我们希望建成之后的桥满足什么要求，然后让工程师根据这些要求进行设计。在一个复杂的系统里，前面那种逻辑比后面那种思路容易好几个数量级，后面那种逻辑甚至不可能得到答案。

因为我认为工程逻辑对于理解组织和管理来说非常重要，所以我不想提那种让我一定得出结论说咨询师是不合格的研究者的问题，相反，我想谈谈想象中的咨询（现实中的咨询也许有时是这个样子），同时穿插着谈谈想象中的研究。只要有组织，就一定存在投机钻营、争权夺利、阴谋诡计等现象，我不否认这一点，但是，我要在这些现象之中想象出一个具有适应性的组织，更确切地说，想象出一个由数个互相联系的具有适应性的亚单元构成的集合体。我还要想象，研究和咨询，除了帮助某些养尊处优的人满足各种各样的贪欲之外，除了帮助某些腐败的人维持既得利益之外，除了象征时髦的做法之外，还能帮助组织从经验中学习。

我所想象的故事是一个浪漫的故事，我这样想象，但是并不打算贬低其他可能的、不太浪漫的故事。与其说浪漫主义是世界观，不如说浪漫主义是策略。我想考察研究和咨询可能对组织学习作出什么贡献，找出改进方法（不必牺牲大笔收入、巨大荣耀，还可以继续愤世嫉俗）。

3　组织的经验式学习

组织从经验中学习，也就是说，监控、解释过去行动的结果，改变行动和信念。这样的经验式学习是一种依赖于历史的行动，决策工程师、商业策略学者和组织设计学者、行为取向的组织学者都探讨过这个问题。

组织至少同时沿着三个维度学习。

第一，组织学习采取什么战略，即如何给自己定位，如何分配资源。组织学习分别往装饰品生产和棒球生产投多少钱、多少时间，学习与其打消耗战（battle of attrition），不如打对位战（battle of position）；学习在旧对策的附近，而不是在远处寻找新对策。尽管学习涉及很多因素，但是组织只对强化作出反应。组织把更多的资源投到过去曾经与成功有联系的活动上，而不是过去曾经与失败有联系的活动上。

第二，组织学习获得什么胜任力，遗忘什么胜任力。越经常做的事情，组织越擅长；越少做的事情，组织越生疏。生产小饰品的组织，单位生产成本随着累积生产量的增加而降低（累积生产了一百万个小饰品后的单位生产成本低于累积生产了一千个小饰品后的单位生产成本），但是生产经验的价值随着距离的拉远而降低。军队的作战效率随着作战经验的积累而提高，研发效率随着研发经验的积累而提高，但是经验的价值随着时间的推移而降低。尽管有很多机制让组织中的个体和亚单元将从经验中获得的潜在收益以组织宽裕的形式储存着，但是我们一般预期，组织做一件事情做得越久，就越擅长这件事情，又预期，从经验中积累的胜任力，如果长期不用，就会退化。

第三，组织根据经验调整目标或者期望。组织学习可以合理地期望从环境中获得什么、发现合理的利润是什么、军队应该期望什么、研发可以做些什么。组织根据经验调整目标，结果，组织改变对成功（奖励）和失败（惩罚）的主观定义。

大部分组织学习文献一般分别探讨这三种形式的学习，在揭示某种学习的含义时不考虑其他两种学习，或者说不考虑这种学习与其他两种学习之间的交互作用。然而，显然，这三个维度的学习并不是独立的。资源分配影响组织行动，进而影响组织行动的频率分布，进而影响组织胜任力的分布。组织胜任力的分布，又会影响行动结果的分布，进而导致目标调整。目标调整，涉及重新定义成功和失败，就会影响到资源分配，进而影响胜任力分布。三种学习之间相互关联，很难单独考察其中一种而不关注其他两种。

　　让三种学习之间的交互作用变得更复杂的是，组织是亚单元的结合体，这些亚单元都同时在自己经验的基础上改变自己的资源分配、胜任力、目标。亚单元之间的联结纽带是互相依赖（某一亚单元要想实现目标，必须以其他亚单元成功实现目标为基础；或者，某一亚单元的输出是另一亚单元的输入）和等级协调。例如，某一资源分配决策，也许能让亚单元成功实现目标，就不能让组织成功实现目标，或者让组织成功实现目标，就不能让亚单元实现目标。理性组织和代理理论中这一常见的难题，在有着利益冲突的多重学习者系统里也很常见。既然某一亚单元的目标实现，受到其他亚单元以及整个组织所做决策的影响，所以不同亚单元之间的经验式学习是互相纠缠的。

　　另外，组织还和其他组织构成一个更大的系统，也就是组织群，或组织的环境。在这个更大的系统中，各个组织都同时在自己经验的基础上改变自己的资源分配、胜任力、目标。小饰品生产商要和其他小饰品生产商竞争争取顾客，军队要和其他军队竞争争取军事胜利，研发机构要和其他研发机构竞争争取新发现和新产品。由于竞争和模仿，一个组织的学习取决于其他组织的行动。

最后，最近的组织学习研究和组织决策研究强调了模糊性和不确定性对于理解现代组织的重要性。组织绩效不一定由组织行动精确决定；环境的限制条件也许并不能明确地指出；组织的目标也许是模糊的，就像行动的结果或者结果的原因也许是模糊的一样。由于这些因素以及其他各种各样"噪音"的影响，乍看非常明智的学习过程也许很容易产生非常异常的结果。

尽管存在这些非常复杂的情形，但是组织学习一般还是比较有效的。组织以及组织中的人通过经验学会了做很多很多事情。简单的经验式学习产生了大量专门化的平凡知识（ordinary knowledge）。任何组织，只要存活了一段时间，就会积累大量独特的具体背景型知识（context-specific knowledge）。期望什么？何时期望？如何处理？什么有用？什么没用？

经验式学习的有效性以及具体背景型知识的重要性，限制了咨询师在向组织提供建议中的作用。在大部分组织中，在大部分情况下，行动最好的智慧源泉是平凡知识，而且，大部分重要的东西，都被组织的独特特征抓住了（独特特征之一就是，哪些来自一般智慧的东西对组织有用）。在很多情况下，管理者如果想寻求建议，会发现求助于顾问或者研究不如求助于自己或者自己的副手。

因此，好的建议提供大都假定存在平凡知识，并且尽可能为组织提供与平凡知识没有一点重复之处的知识。由此我们得到一个明显的启示，这一启示可能会令人不安：既然平凡的具体背景型知识广泛存在、作用巨大，那么，一个建议如果企图总结尽可能多的"真理"就会与已知知识重复，因此没有多大的作用。换句话说，一个顾问，若是提供最大化"可释方差"的知识，那么就是在告诉组织很多耳熟能详、司空见惯的东西。

4　边际贡献

在平凡知识之外，研究和咨询还会对组织作出边际贡献。研究和咨询试图补充而不是重复经验式学习对组织的贡献。经验式学习并不完美，也有自己的陷阱。在本文的讨论背景下，我要提出三个重要的陷阱。

第一，经验式学习倾向于夸大实际发生了的事件的重要性，轻视本来可能发生的事件，因此对经验的增长速度比对世界的变化速度敏感得多。

第二，经验式学习倾向于对尝试关闭大门。学得快的学习者很容易固着在一个有回报但是并非最佳可能的行为上。当战略、胜任力和目标同步调整的时候，这种现象最容易发生。

第三，经验式学习并不是学习行为理论的好方式。假定证实理论是有回报的，而证伪理论是没有回报的，那么简单的学习倾向于把组织参与者逼往不可证伪的理论。

因为这些问题，所以个体组织简单的经验式学习是有缺陷的。研究和咨询是经验式学习的补充，也就是说，研究和咨询并不能替代经验式学习，但是可以弥补平凡知识的局限性。

汇集经验（pooling experience）。研究和咨询是跨组织汇集经验的工具。大部分组织咨询，以及大部分组织研究，涉及描述当前的实务，推广经验的收益。也就是说，不管是作为咨询师还是作为研究者，我们大部分时间所做的就是，作为信息网络的一部分促进经验的分享，报告别人这些天正在做什么。

工程经济学早期有关做中学的研究结果，特别是从中推出的政策建议，没有考虑个体和组织也是可以从其他个体和组织的经验中学习的。第二个小饰品制造商要想把单位生产成本降低到与第一个小饰品制造商持平，不一定非得像第一个小饰品制造商那样亲身积累那么多经验。有用的经验被编码成规则和流程在组织之间分享，在这个过程中，咨询和研究起到了很大的作用。

咨询和研究是如何发挥这方面的作用的呢？它们讲述有关成功和失败的故事，分析成功和失败的原因。隐含的目标就是传播与成功有联系的技术和流程，抑制与失败有联系的技术和流程的传播，如此汇集经验。这是一个强大的工具，如果有效的话，就能产生一个组织进化系统。然而，在这个进化系统里，所有的组织并非都是一个样子，而是各有差异，而且，组织形式的差异不仅随着差异性生存繁衍而变化而且随着经验共享和相互模仿而变化。

有效地解决问题，通常涉及做你以前做得很成功的事情，或者复制别人的成功对策。不管我们想做什么，比如想知道怎样生产鞋子、怎样打仗、怎样投资、怎样造桥或者怎样做爱，提高我们自己在某方面的能力的最好方式就是模仿在这方面做得很成功的他人的技术。在那个过程中，创新携带者也有一定的作用。所谓创新携带者，就是那种在一种新的组织形式或实务已经显示出特别优势，但是没有完全得到利用、成为标准之前发现这种新的组织形式或实务，并将之作为解决问题的新对策呈现给别人的人。这些新发现成为组织咨询师的噱头、绝活、创新。例如，"质量圈（quality circle）"或者"小赢（small wins）"就是这样的东西。成功的技术渐渐成为行为规范，表现形式为标准实务、运营流程和拇指规则，通过专业协会、教育机构、顾问和研究者传播开来。

研究和咨询这样汇集经验，弥补了平凡知识的某些缺陷。研究和咨询扩展了经验，进而有效地提高了经验的增长速度；既然学习者（即组织）有很多而不是只有一个，所以，被研究和咨询汇集的经验，与组织的自身经验合并在一起，会增加组织的经验的变异量，进而降低组织陷入局部最佳状态的可能性。

　　然而，这些好处也许不如我们期望的那么多。经验的汇集也许是虚假的。一方面，如果被汇集的经验不是独立的，那么多重学习者优势就会减弱。福特向通用汽车学习，通用汽车也向福特学习，那么各自所学的某部分其实就是各自原先知识的"回音"。此外，历史的启示很少是明摆着的，当历史的启示是模糊的时候，汇集就不大可能特别有用。模糊的经验被迅速地汇集，可以料到的是，这样下去，各种各样的咨询或各种各样的研究给出的建议就会趋于一致，这些建议对于管理有效性的贡献，就像时装对身体健康的贡献一样。最后，正如我们早先注意到的那样，被汇集的经验，与直接经验一样，不一定带来行为理论的改进——即使带来行为的改进。组织倾向于用老套的理论解释经验，汇集经验并不能减弱组织的这一倾向。

　　结果，尽管汇集经验无疑是比从经验中学习更强大的工具，但是它会导致组织咨询（以及研究）对重要管理经验的囫囵吞枣。例如，组织咨询（以及研究）在时间管理、高管薪酬以及管理信息系统方面的成绩历来不佳。尽管组织非常关注这些领域，但是组织咨询（以及研究）在这些领域进展很慢。然而，要是我没说错的话，这不是因为咨询师（以及研究者）的个人能力不足，而是因为从模糊的经验中学习、从回音式经验中学习存在固有的缺陷。

　　当然，这些问题，并不是组织或者其他多重行动者系统所特有的，而是从累积经验中学习的通病。我们从经验中学习，修正我们的行为；但是，每次修正都会让学习变得更复杂。例如，在著名的"双臂老虎机"例子中，就是在精炼既有胜任力还是发展新的胜任力之间权衡。在这个熟能生巧的世界，我们也许变得太擅长某种技能以致很难发展其他技能。在这个一部分被汇集的经验是直接经验的回音的世界，我们也许极大地夸大了那些经验的重要性。这些问题并非微不足道，而且没有具体到足以转化成行为的通解。

为经验提供解释。并非所有的咨询和研究都是旨在扩展经验，有些咨询和研究旨在新说历史，也就是，为经验提供新解释。这样的咨询和研究，一般会提出一些新观念、新隐喻、新模型或者新论断，给混乱的世界强加秩序，重构我们对经验的理解。这里所说的研究，指的是理论思考。理论思考是一种常见的研究形式，马基（MacGregor）、巴纳德（Barnard）、西蒙（Simon）和维克斯（Vickers）都做过这样的研究。当杰弗里·费弗（Jeffrey Pfeffer）写资源依赖理论的时候，当克瑞斯·阿基里斯（Chris Argyris）写学习理论的时候，他们并没有分享经验，也没有报告实证数据，而是侧重于理论阐述。

一说到理论思考，我们就会联想到"无用"，认为只有学者才做这种事情，然而，当代有几位非常成功的咨询师也很喜欢做这种事情，尤其是彼得斯（Peters）、沃特曼（Waterman）、迪尔（Deal）和肯尼迪（Kennedy）。最经典的例子，也许是现代咨询师戴尔·卡耐基（Dale Carnegie）。卡耐基不仅提供具体的建议，而且努力为人际影响力提供理论解释，特别是商品（包括想法）的推销者对购买者的影响力。

卡耐基认为，传统的瓶瓶罐罐销售模型（model for selling pots and pans）是不对的。大部分人以为，卖瓶瓶罐罐，就是向潜在买家提供有关瓶瓶罐罐的信息，让潜在买家认识到你的瓶瓶罐罐对他有什么吸引力。卡耐基认为，销售过程中存在几种交换，关键的交换与瓶瓶罐罐的属性基本没有关系。在他看来，世界上有两大商品，一个是自尊，一个是实质决策（例如，购买决策）。此外，他观察到两大商品的供应之间总是存在缺口，也就是说，无论何时何地，自尊相对于实质决策来说，几乎都是短缺商品。所以，他建议，要想影响别人，要想别人作出有利于你的决策，就必须让别人觉得受到尊重。实际上，有很多研究支持这一见解。卡耐基的部分阐述与学术社会心理学的平衡理论和一致理论有异曲同工之处，尽管他可能不知道他的思考（来自实用建议）与社会影响理论、平衡理论和认知失调理论（来自比较正式的研究）会殊途同归。

提供新观念，用于解释经验，是咨询和研究的一个主要功能。这样，大部分咨询，就像大部分研究一样，主要目的不是传播实证经验，而是为经验提供解释框架。管理和组织领域，最近的流行读物与研究文献之间的主要联系不是畅销书与实证研究之间的联系，而是那些读物与理论观念之间的联系。作者从组织理论当中吸取了很多观念，书中到处可见这些观念的影响痕迹。结果，恰当的咨询评论（包括管理畅销书的书评），往往更接近于理论评论（或者艺术评论），而不是实证研究评论。

　　详细地讨论应该如何评价解释性思考，非我意图所及，更非我能力所及。要想评价可选解释的质量，除了必须具备实证方法学方面的修养以外，还必须具备文学和艺术评论功底，因为它涉及评价思考的真理、美和正义，或者更精确地说，评价一个理论对真理、美和正义的边际贡献。解释性知识，就像外部经验知识一样，在平凡知识之外作出边际贡献。它所解释的世界，已经被平凡知识解释过了。任何一个组织参与者，只要在组织内部通过理性的方式积累了足够的经验，他对组织事件的预测力和控制力，几乎比任何理论知识（解释）本身都强。

　　这样，好的咨询，就像好的理论和好的艺术，强调的是事件的某些方面和某个解释框架，这些方面和解释框架本身有误导人的成分和夸张的成分，但是好的咨询和平凡知识结合在一起，能够增进组织对世界的理解。从这个角度来看，一个理论思考在多大程度上不重复平凡知识，有可能和它在多大程度上是正确的一样重要。要想让一个解释既不冗余又有趣，就要了解哪些东西是已知的，还要意识到，如果新解释与旧解释非常接近，那么新解释就是不足的，也就是说，要强调惊异性、煽动性和美在解释中的作用。

按照这样的标准，大多数咨询无疑都是不足的；咨询所提供的观念要么是平凡知识的一部分（大路货），要么错得没意思。但是咨询的不足之所以是观念的不足，不仅仅是因为咨询不把实证研究规则当回事。既然我们也可以对研究作出类似的评价，那么我们应该投入更多的注意力把有关组织行为的想法变得更有趣，这样做对研究文献和飞机杂志比较有用，好过让飞机杂志变得像研究文献一样。

5 结语

我从一个浪漫的故事开始，想象咨询和研究对组织适应有什么贡献——除了无数没有多少启迪意义的东西之外。在那个浪漫的世界里，咨询的知性问题与研究的知性问题大致一样。包括：在事件不独立、历史不清晰的情况下积累经验的复杂之处；在平凡知识之外作出边际贡献的困难之处；从实际上没有发生的事件中学习的微妙之处；产生有趣的解释框架，方便经验式学习的艺术之处。研究和咨询对这些问题的处理都不是特别好，实际上，这些问题不好处理。

我们没有罗列（或者否认）咨询的优点，也没有罗列（或者否认）研究者之罪，为什么我们放弃了罗列（或者否认）的乐趣？这一问题似乎足够严肃，足以引人探究。但是，如果我继续编织浪漫的幻想，探讨如何帮助组织改善基于经验的适应过程，我也不会罗列（或者否认）咨询的优点或者研究者之罪。我宁愿继续想想咨询或者研究对于组织适应还有什么其他次要贡献，努力想出一两个好到值得为之喝一杯的点子。我们也许会认识到好点子经常看起来是错误的，而且往往是稀缺的，并且认识到卢瑟·古利克（Luther Gulick）和戴尔·卡耐基都不是彻底的傻瓜。

本文最初发表于《应用传播研究杂志》，经过作者和出版商的允许在此翻译并再版。

第 16 章 诗歌和管理辞令：《1916 年复活节》

本文在探析威廉·巴特勒·叶芝（William Butler Yeat）的诗作《1916 年复活节》（*Easter 1916*）的基础上，阐述了这么一个命题：诗歌是表达、审视怀疑、悖论和矛盾的天然媒介。怀疑、悖论和矛盾是人生的特征，深为经验丰富的管理者所熟悉，但是，也许由于理性的压制，怀疑、悖论和矛盾一般很少出现在管理的公共语言中。

关键词：诗歌；模糊；正反情感；矛盾；悖论；管理

诗歌的用途在于展现心灵之美、卓越人性的瞬间闪光，任何别的用途都是多余的。然而，在功利主义文化里，人们有时宣称诗歌具有实际用途来为诗歌辩护。本着这样的精神，本文探析了诗歌在组织管理者生活当中可能存在哪些实际用途。本文将以著名诗人威廉·巴特勒·叶芝的《1916 年复活节》为例阐述以下命题：诗歌是表达、审视怀疑、悖论和矛盾的天然媒介。怀疑、悖论和矛盾是人生的特征，深为经验丰富的管理者所熟悉，但是，也许由于理性的压制，怀疑、悖论和矛盾一般很少出现在管理的公共语言中。

《1916 年复活节》是一首短诗，大约有 80 行、430 个单词。它是一首抒情诗，音韵优美，值得朗诵，即使不明白意思。字里行间飘荡着音符：

我在日暮时遇见过他们，

他们带着活泼的神采，

从十八世纪的灰色房子中，

离开柜台或写字台走出来。

字里行间飘荡着音符，仅此一点，就能让人喜欢上。然而，《1916 年复活节》也流淌着涓涓的意义之流，特别是，它阐释了 W.H.奥顿（W.H. Auden）的一个警句：诗歌是"复杂感情的清晰表达"。诗歌是一种探索，探索的是矛盾和悖论，探索的是相互冲突的感情能否同时并存，探索的是活在多重世界、体验多重感情是一种什么感觉，探索的是丑在造美活动中存在什么作用。

《1916 年复活节》纪念的是 1916 年都柏林起义，那次起义尽管失败，但是是爱尔兰独立史上一枚鼓舞人心的瑰宝。本诗颂扬了深信革命最终会取得胜利的起义领导者，追悼了起义遇难者，赞叹了他们"可怕的美"：

麦克多纳和康诺利,

皮尔斯和麦克布莱,

现在和将来,无论在哪里,

只要有绿色在表层,

是变了,彻底地变了:

一种可怕的美已经诞生。

本诗嘱咐读者把英雄当作挚爱的家庭成员来怀念:

是喃喃念着一串名字,

好像母亲念叨她的孩子。

　　然而,起义遇难者令人敬佩的品质,与其说是他们本身具有的个性,不如说是诗人创造出来的——采用诗歌体裁讲述爱尔兰独立革命史,就必须如此。他们的美,用现在的话说,是社会建构出来的美。他们的行动和他们的本性,被 1916 年行刑和爱尔兰随后的独立净化和神圣化。然而,诗人毫不掩饰自己对起义遇难者的矛盾情感。在诗人的眼中,一个起义遇难者生前是天真无知的家伙,另外一个是聒噪的煽动者,还有一个是自私的杂种。

　　好虚荣的酒鬼,我曾想。

他曾对接近我心灵的人，

有过一些最无聊的行动。

《1916 年复活节》是篇悼词，既颂扬又谴责 1916 年的英雄，敬佩之情和鄙夷之情难分难解。本诗告诉我们：激进变革中的领导者只有经过后人的重构才能成为圣人；我们经常在精神错乱的情况下决定着人生之战的胜与败；我们生活在由决策、革命、演讲、历史、集体目标构成的公共世界之中，同时也生活在充满野心、嫉妒、忧愁、恐惧和悲伤的私人世界之中；历史的要求也许与礼仪的要求互相冲突。本诗隐含的意思是：模糊、矛盾和正反感情并不是错误，不该排除在意识之外，要想明智地理解现实，就必须意识到它们的存在。每个优点都有其缺点，每个缺点都有其优点。

人生充满不可避免的复杂情感（喜乐参半、爱恨交织），这样一种人生观符合很多经验丰富的管理者的体验和理解，却不符合标准的管理辞令。标准的管理辞令要求果断、确定和清晰。通常，在人们的期望中，管理者应该把混乱表征为已澄清的混乱、把矛盾表征为已化解的矛盾、把估计表征为已确定的估计、把怀疑表征为已排除的怀疑。尽管管理者往往十分清楚人生充满混乱和矛盾，但是他们一般避免公开表达茫然的困惑、复杂的情感、私人的形象以及内心的煎熬。他们口中的世界是一个幻想的世界，比他们实际所生活的世界更简单，也比他们从经验中所了解到的世界更简单。

　　管理者通过辞令幻想出一个世界，这样做可以起到一个作用。有大量证据表明，信心和把握，即使没有事实依据，也能造就果断的行动，而果断往往是有效的前提条件。有效的管理者往往力求吸收模糊和怀疑，以免把模糊和怀疑传给组织中的其他人或者动摇行动的决心。领导者经常将事情简单化、明朗化，以鼓励追随者（以及他们自己）全身心地投入到伟大的行动之中。

　　促进组织变革的是领导者的简单、固执、盲目和一心一意，而不是他们的洞察力和灵活性。这一悖论很出名。一根筋是一种变革工具，在变革之际，具有适应性的组织往往会出现一个固执的领导者。正如《1916 年复活节》观察到的那样：

> 许多心只有一个宗旨，
>
> 经过夏天，经过冬天，
>
> 好像中了魔变为岩石。

　　坚定的领导者不会随遇而安、随波逐流，而是会与命运抗争——就像河里的石头，固执地"要把生命的流泉搅乱"。

　　《1916 年复活节》是一篇颂词，颂扬着狂热的梦想家对爱尔兰独立的贡献，然而，它也是一个提醒，提醒着人们其中的社会成本和人力成本。特别是，本诗观察到，领导者非常可能成为（或者经过一定的过程变成）一种不如人类有那么多绝对吸引力的东西：

　　一种过于长久的牺牲，

　　能把心变为一块岩石。

　　诗中刻画的英雄，因为做了太过长久的牺牲，所以丧失了对单纯信仰的丑陋信心，明智地理解了人生和现实的复杂性。他们本身并不美、不灵活，却对美和灵活性作出了贡献。

　　有其他选择吗？管理者能不能既保持对人生矛盾、悖论、模糊和正反情感的清醒认识（正如智慧、美和学习所要求的那样），同时又信奉简单、明确、一致和确定的辞令（正如管理规范和实务所要求的那样）？要想保持这种双重性，可以试着欣赏欣赏《1916 年复活节》之类的诗歌。这一做法并非绝对有效，但是会带来一定的帮助。管理语言要求符合一致规则、要求化解冲突，诗歌是个例外。诗歌是"复杂感情的清晰表达"，与此同时，不仅因为诗歌容忍矛盾，而且因为诗歌是一种私人辞令，所以，诗歌有利于维持人们对复杂性的认识。

　　本文最初发表于《管理探询杂志》，经过作者和出版商的允许在此翻译并再版。